JN116456

組織のメタファー

高橋正泰・木全　晃［編著］

文眞堂

読者の皆さんへ

　組織に関する研究が始まり 120 年が経っている。その間，様々なパラダイムや理論が展開されてきている。それらの組織に関する論をすべて理解するのは難しいが，組織の諸理論をできるだけ分かりやすく，なおかつ学術的にも理解できるように体系的にまとめることは可能である。しかし，組織の理論について本格的に学史（学説史）を学ぼうとするには，多くの知識を共に学ばなくてはならないし，特に理論に関してはメソドロジーを学ぶ必要がある。本書では，これまでの組織に関する理論をできるだけ分かりやすくまとめて，組織理論に興味をもってもらうことを意図している。そのために，メタファーとボールディング（Kenneth E. Boulding）のシステムの複雑性の階層モデルをもとにしながらこれまでの組織研究をまとめて解説している。

　このような著書としてはモーガン（Gareth Morgan）の *Images of Organization*（1st ed., 2nd ed.）（1986, 1997）や大月博司・藤田誠・奥村哲史著『組織のイメージと理論』（2001）がある。これらの著書は，組織を表現するために様々なイメージを取り上げて諸理論をまとめている。その意味では本書と同じような構成ではあるが，本書はイメージをメタファーとして，さらにボールディングのシステムの複雑性の階層に従って組織の理論をまとめているところに特徴がある。

　メタファーとは暗喩のことであり，今日では科学研究のメソドロジーとして認知されている。人間は何か未知のものに出合ったとき，それを理解しようとしてその未知のものに最も類似したものを記憶の中から引き出して既知のものとして理解しようとする。それがメタファーであり，人間が未知のものを理解しようとする根源的方法なのである。例えば，「人生は小川を流れる木の葉である」というように「人生」を「小川の流れに翻弄される木の葉」としてみることにより，人生をイメージとして写しだし，本来知ろうとする「人生」を理解しようとする方法こそがメタファーなのである。

　組織が存在することを認識できるけれども，具体的に何が組織かと問われると答えには窮する。会社であれば建物，そこで働く人やオフィイスや機材，人々の活動があり，そのうちのどれが組織であろうか。ワイク（Weick, K. E.）は，組織は存在しないとし，組織化のみが存在すると主張したように，組織とは具体的に，静態的にとらえることのできない活動が重要に思えるのは確かである。例えば，10人のビジネスマンに自分の属する会社について個々に答えてもらえば，全く同じ内容を語ることはまずない。異なった様々な答えが返ってくるはずである。このように組織とはある意味とらえどころのない存在であり，それ故に組織に対するイメージやメタファーを考える根拠があるように思える。

　組織の理論は機能主義といわれる客観的で，法則定立的，かつ経験的に実証できる対象として発展してきたが，このようなパースペクティブから組織の生み出す価値とか意味を解きほぐすことができるであろうか。企業の生み出す製品やサービスはまさに価値であり，顧客はその製品やサービスに主観的に価値があると思えばこそ経済的対価を支払うのであり，価値を認めなければ購入することはない。では，その主観的価値はどのようにして生まれるのであろうか。このような個人的意識の側面から考えてみると，目的を所与としてその目的達成の手段に焦点を当てた客観的，合理的議論ではこの問題を解決することはできない。また，われわれの周りには様々なシンボルが満ちている。会社のロゴ，国旗，オリンピックのロゴ，ブランドなど枚挙に暇はない。また，国歌，校歌，商品のデザイン，宣伝広告，さらに入学式や卒業式などの儀式がなぜわれわれの世界に必要なのであろうか。やはり人はシンボルに個人的価値や意味を見出し，それを必要とする存在であり，また自己言及により自らの存在やアイデンティティを獲得する存在なのである。その意味からすれば人々によって創られる組織も同様であり，組織は目的を達成する合理的手段であるとともに人々が意味や価値を生み出す存在でもある。

　以上の観点から，ボールディングのシステムの階層に従ってメタファーを用いながら，それぞれのレベルにこれまでの組織の理論を当てはめてまとめている。読者の皆さんには，本書を読んで頂いて少しでも組織論に興味をもってもらえることを願っている。

　本書の出版においては，出版のご承諾を頂きながら長い時間原稿を待って頂いた文眞堂の代表取締役社長の前野隆氏や編集の担当者に感謝とお礼を申し上げます。

2022 年 2 月　　　　　　　　　　　　　　　　　　著者を代表して

高橋正泰

木全　晃

目　次

終章　多様化する組織
コンフィギュレーションとこれからの組織の展開
―神の数式のメタファー―

序 章
組織のメタファーと組織モデル

Ⅰ. メタファーとは何か？

　組織の研究において 1980 年代から議論されてきている組織のメソドロジーとしてのメタファーは，組織現象を理解する上で有用な方法として認知されてきている。メタファーは永らくその主観性の故に科学的研究方法としては受け入れられてこなかったが，1990 年代の社会構成主義や組織シンボリズムにみられる解釈的な組織論，さらにポストモダンニズムの台頭により組織研究でも注目される研究方法となりつつある。

　組織の理論研究では，パラダイム（paradigm）と同様にメタファー（metaphor）という用語がよく使用されるようになった。簡単にいうと，メタファーとは，理論モデルにおいては複雑な問題を分かりやすいイメージに要約し，混沌を理解可能なものとするとともに，新たな現象に出合った時に人間が最初にその現象を理解しようとする人間の認知に関する本質的な特質および能力である。つまり，未知のものを既知のもので知るという，人間が本来経験的に身につけ，使用してきた方法である。このメタファーが永らく科学的研究方法として認められなかった理由として，それが客観性を欠き，曖昧さを研究対象に持ち込むということにあった。メタファーへの注目は，社会科学におけるポストモダンの台頭により解釈的研究が再評価されたことと無縁ではない。メタファーは単なる比喩ではなく，複雑な問題を分かりやすいイメージに要約し，そしてそれらは，組織における人間の態度，評価，行動に影響を与える重要な概念でもある。Black (1962) による「おそらくあらゆる科学はメタファーに始まり，代数学で終わるに相違ない。またおそらくメタファーなしに代数はありえなかったろう」[1] (p.242) という主張は非常に興味深いものである。

　本書ではこの組織のメタファーをボールディング（Kenneth E. Boulding）
のシステムの複雑性のモデルを用いて組織について分かりやすいイメージで説
明しようとするものである。

Ⅱ. ボールディングの複雑性階層システム・モデル

　Barnard（1938）以来，組織理論はシステムズ・アプローチが研究方法とし
て用いられ，さらに Thompson（1967）からオープン・システムとクローズ
ド・システムとして研究されてきている。Boulding（1968）のシステムの複雑
性の階層モデルは，しばしば組織システムを考察するときに用いられるモデル
であり，システムとしての組織を理解する上では有効なモデルとなっている。
特に，組織論の中心的概念であるオープン・システム・モデルの限界を指摘す
るとともに，さらに現実の我々の世界のシステムへの理解のための道筋を示す
複雑な組織システムを扱う必要性を論じている。
　Boulding（1956）によれば，システムはその複雑性により9つの階層に分け
られる。
　第1のフレームワークスはシステムの静態的，構造的特性，つまり物的側面
を示し，基本的な仮説はクローズド・システムであり，インプット，目標，人
的特性，外部情報，決定プロセスは含んでいない。組織チャートの研究は，こ

図序-1　システムの階層（Boulding, 1956）

（複　雑）

9　複雑性を特定できないシステム

8　多頭システムズ

7　シンボル処理システムズ

6　内部イメージ・システムズ

5　成長システムズ

4　オープン・システムズ

3　コントロール・システムズ

2　クロックワークス

1　フレームワークス

（単　純）

のレベルの研究であるといえる。

　第2のクロックワークスは，第1のフレームワークスと基本的には同じであるが，ダイナミックな特性を持つ点で異なり，時間とともにシステムの状態は変化する。ある時点をみると，レベル2の現象はレベル1のモデルを使って記述することができる。

　第3のコントロール・システムズは，本質的にはクローズド・システムであるが外的に与えられる目標に反応する。コントローラーとオペレーター間の相互作用によって下位レベルからは区別される。所与のコントロール・クライテリオンからみると，レベル3はレベル2システムと同じように行動する。

　レベル4のオープン・システムズはスループット（input-transformation-output）によって特徴づけられ，自己維持の特性，生存目標の保持，そしてシステムの維持のために環境適応が可能である。具体的にはアウトプットとパフォーマンスの関係，生産関数，能率と有効性の検証が挙げられる。

　レベル5の成長システムズは，にわとりと卵の関係システム（egg-chicken system）におけるように，発展のためにあらかじめプログラム化されたインストラクションを持っており，生成メカニズムがレベル5のモデルを特徴づけている。システムの目標を成就するために相互に依存した機能を果たすサブパートにより分化がみられ，システムの形態は時間とともに変化，成長し，進化し，そして環境に適応するこのシステムは目標と方向をもっている。レベル5モデルはレベル4，3，2そしてレベル1の特性を有している。レベル4までのシステムはいわゆるアダルト・システムであり，組織の誕生と成長，そして目標が形成され時間とともに変化が組織に生ずるという点でレベル5システムと区別され，最近の組織進化モデル，組織ライフ・サイクル論，組織イノベーションはこのレベルのシステム・モデルであると考えられる。

　第6の内部イメージ・システムズは，分化システムズであり，その本質的特徴は環境の詳細な認識であり，それは精錬された情報の受け手を通して行われ，知識構造やイメージのなかに組織化される。そして整理されてはいないが神経システムが存在し，複数の目的が追求され，組織は反応を選択する。ただし，レベル6モデルは自己認識の特性はもっていない。

　レベル7のシンボル処理システムズは，自己認識の能力をもっており個人と

しての人間とアナロジーであると考えられる。Berger & Luckmann（1967）の現実の共有モデルの社会的構築プロセスは，環境イメージをもつという点でよい例であるといえる。レベル7モデルは言語やコーディング・スキームを必要とし，抽象的な概念を扱い，このシステムは独自の人間的特徴をもっている。

　レベル8の多頭システムズは，社会組織であり，価値システム，宗教，道徳，芸術，音楽，共有されたシンボル，共有された文化を創造し，歴史，未来をも創造すると考えられる。レベル7とレベル8のシステムの違いは，完全な文化をもつと思われる洗練された，かつ共有された意味のシステムであるか否かという点である。

　レベル9のシステムは，複雑性を特定できないシステムとされる。

　オープン・システム・モデルは，現実にはオープン・システムの条件を満たしておらず，例えばトンプソン・モデル（Thompson, 1967）は，マクロ・レベルの組織の逆機能，組織を理解するのに適した人間行動のより高い精神機能に十分な注意を払っていない。ここに，言語の使用と共有される意味の創造を強調する組織の文化モデルが言及されるのである。

　組織の概念モデルはレベル4で固定されており，また公式モデルやデータの収集努力はレベル1，2に基づいている。しかし，あらゆる人間組織はレベル8の現象であると考えられる。

　オープン・システム理論の限界を Pondy & Mitroff（1979）は，

1）　組織の内部構造の維持に焦点をおき，組織行動の生態学的影響に十分な注意を払っていないこと

2）　マクロ・レベルの逆機能の理解に十分努力を払わなければならないこと

3）　他の分野の人間モデルを考える必要性があること

4）　組織の自己再生の問題

5）　探求的システムとしての組織論の適合性についての我々の既知への疑い

6）　人間組織を扱うことの不十分さ

と要約している。組織での言語やコミュニケーションのほとんど無意識で，非

合理的な側面への注目は，Boulding（1956, 1968）のレベル8モデルへのアプローチの道をひらき，公式組織に言語の概念を統合することにより，知覚，意味の創造，コミュニケーション，そして社会的影響についてのより深い理解がなされると思われる。伝説の創造と伝播における言語の使用によって，組織は道具的社会的ディバイス以上のものとなる。組織についてのこのようなイメージは，言語のもつシンボリックで表現的な機能の考察なしでは不可能であり，言語は，組織の文化メタファーの重要な要素なのである。言語といったシンボリック・モードは，共有した現実を容易なものとし，言語のもつ重要性が指摘されるのである。

　組織シンボリズムの組織観は，まさにレベル8への組織研究の移行可能性を問題にしているのである。つまり，組織シンボリズムは，組織の意味の創造と維持を行うシンボリック行為のパターンにその理解の焦点をおき，組織は共有されたシンボルと意味のシステムとして理解される。シンボルは意味のある関係のなかで連結されており，ある状況下で人々の活動がどんな関係にあるかを示す。このパースペクティブは個人が自分の体験をいかに理解し，解釈するか，そしてこれらが行動にいかに関連するかについて組織の分析を集中する。つまり，シンボリックな行為を通して組織創造と維持が主張されるのである。

Ⅲ. 組織のメタファー

　組織のメタファーとしては，バーンズ＆ストーカー（Tom Burns & G. M. Stalker）による「機械的組織」「有機体的組織」のメタファーが有名である。Morgan（1986, 1997）は，組織のイメージとして「機械」「有機体」「頭脳」「文化」「政治システム」「精神的な檻」「流れと変換」「支配の手段」を挙げている。また，大月他（2001）は，「組織を合理性から見る組織」「機械的・階層的組織観」「有機体システムとしての組織観」「プロセスとしての組織」「進化論的組織観」「資源と組織」「文化としての組織」「解釈主体のとしての組織」「コンフリクトと交渉の場としての組織」「主導権争いの場としての組織」「制度としての組織」「契約の束としての組織」の12のメタファーを挙げている。これらの組織観はイメージとされているが，まさにメタファーである。

　組織は，その組織を見る人々によって様々に捉えられるとすれば，それだけ多くの組織のメタファーがあることになる。Burns & Stalker (1961) による「機械的組織」「有機体的組織」と表現される ① 機械的・有機体のメタファー，他にも ② 劇場メタファー，③ 政治メタファー，④ ジャズメタファー，⑤ 進化論メタファー，⑥ 資源のメタファー，⑦ 制度メタファーなどが考えられるが，本書ではこのようなメタファーをボールディングのシステムの複雑性モデルに従って組織のメタファーを示し説明している。

　以上の説明から，本書は以下のように構成している。

　各章を順番に読むことにより，これまでの組織論の歴史も同時に理解することができよう。メタファーとして各章で論じられている諸理論を学び，組織の理論に興味をもってもらうことを期待している。

【注】
1 ）　ここでの Black の引用は，Turner （1974: p.25, 訳 p.18） を引用した。

第 1 章

地図としての組織

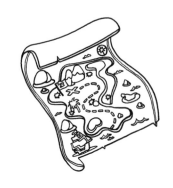

Ⅰ. 地図のメタファー

　私たちはどのような時に地図を開くのか。新たな土地に赴く時，どのように進めば良いのか地図に尋ねる。未知の土地，まだみぬ「世界」について見聞を深める時，おもむろに地図を開く。等高線を読み解けば，私たちの足元に広がる地面がどのような構造になっているのか，標高や地形を読み解くことができる。地図を開くことには様々な理由があるだろうが，いずれの状況下においても共通していることは，私たちは向かう場所や土地について，どのような構造になっているのか，その全体像を把握するために地図を開く。組織についても，その構造を理解するための手がかりとなる地図がある。「組織図」である。

　「三人寄れば文殊の知恵」や「衆力功あり」という諺にあるように，複数の人が集まることによって，1 人では発揮できない力を生み出すことができる。重い荷物を運ぶ時，1 人では持ち上げることすらできなくても，誰かの手を借りることによって軽々と運ぶことができるようになる。また複数の人が知恵や経験を持ち寄ることによって，1 人では思いつかないアイディアが創出される可能性がある。つまり人々は，他者と集い，協力して物事の達成を目指すのである。

　バーナード（Chester I. Barnard）が組織を，「2 人以上の人々の意識的に調整された活動の諸力のシステム」（Barnard, 1938: p.73, 訳 p.76）と定義づけたように，組織は複数の人々から構成されるものであり，組織が掲げる目標を達成するために役割や仕事を割り振り，協働するのである[1]。こうした協業のシステムがどのような全体像をもって構成されるのか，その内部の協力関係や，

誰がどのような業務を行っているのかということ，さらには組織全体の指揮命令系統や組織全体を流れる情報の経路を目に見える形で表現したものが組織構造であり，組織図として組織の地図に表されるのである。

　組織構造は「組織内で各職位が一貫した関係を保っているシステム」（Scott et al., 1981: 訳 p.193）と定義され，組織がその機能を果たすために形態を与えるものと考えられている（Lunenburg, 2012）。組織は組織の目標を達成するために組織のメンバーが仕事を分担するが（Hatch, 2013），これを分業（division of labor）という。分業とは，責任の所在や職務に関わる作業タスクを組織のメンバーやグループに割り当てるため，適切に行われることによって合理的な組織行動を可能にし，その結果として，効率的な組織目標の達成を実現できると考えられる。このような，個人とグループの間の仕事の責任や割り当てに関する正式な構造，すなわち，分業の体系を図式化し，情報の流れや意思決定の系統，システムの体系が組織構造なのである。

　分業に際してそれぞれの職能において細かく分化が行われるが，大月（2006）によると，分化は大きく3つに分類できることを示している。まず一つ目はプロセス的分化である。プロセス的分化とは，人材や材料のインプットから製品やサービスのアウトプットに至るまでの一連の経営活動の循環で生じる活動による業務上の分業である。例えば自動車を製造し販売する会社を思い浮かべると，自動車の材料となる鉄などの材料やネジなどの部品を調達し，それらを加工し，組み立ての工程に入る。そして組み立てが完了した製品は市場に流通販売される。このような生産活動の一連のプロセスの中で，調達，加工，組み立て，販売といったように分業が行われることがプロセス的分化である。2つ目は要素的分化である。経営資源として捉えられているヒト・モノ・カネ・情報をそれぞれの要素ごとに分ける方法である。一般的な企業に置き換えて考えると，人事部門，製造部門，販売部門，経理部門，IT 関連部門といった，経営管理に関わる要素を部門ごとに割り当てる分業が要素的分業に当たる。そして3つ目は部面的分化である。これは経営活動で不可欠となる計画や調整，統制といった重要な場面で行われる意思決定によって分けることである。例えば企業の現状を分析したり全社的な戦略の策定をしたりすることを経営戦略室や調査部といった部署が行うことである。

　さらに，組織はこれらの分業の体制を類似する課業や関連する活動にまとめて部門や事業部をつくる。このような活動を部門化（departmentalization）という。組織図には個々の組織のメンバーによる細かな職務の分業体制を反映することはせず，個々の分業体制をそれぞれの部門や事業部を個々の分業体制として示すことによって組織構造を構成するのが一般的である。

II．組織構造の決定要因

1．何が組織構造を決定づけるのか

　アメリカの経営史学者であるチャンドラー（Alfred D. Chandler, Jr.）が残した「組織は戦略に従う」という命題は，あまりにも有名である。これは，Chandler（1962）がGMやフォード，デュポンなどのアメリカを代表する企業を対象とし，それらの企業の成長と歴史を研究したところ，戦略を変更すること戦略を変更することをきっかけとし，異なる組織構造を採用していることを指摘したことによる。つまり，組織は選択した全社的な戦略によって，それを効率的に遂行するために最適な組織構造を選択するということであり，経営戦略と組織構造は密接に関連するものとして捉えられる。こうしたチャンドラーによって与えられた命題により，多くの経営学者が戦略と組織構造の関係性を問う研究を行っている（e. g., Hall & Saias, 1980; Wilkins, 2008）。

　組織構造を決定づけるのは戦略だけではない。例えばミンツバーグ（Henry Mintzberg）は組織設計の視点から，組織の構造の検討を行った。Mintzberg（1989）は，組織内部で分割された様々な仕事を調整することに組織構造の主目的があり，その調整を誰がどのように実現するかによって組織がどのような構造を形づくるかが決まると説明する。つまり，組織はごく自然に群れを成しながら相対的配置とも訳されるコンフィギュレーション（configuration）[2]に落ち着いていくのである。

　このようなコンフィギュレーションによって自然的に組織の構造が決定するわけであるが，ひとまとまりになる組織の特徴の違いや，うまく調和しない組み合わせに気をつけなければならない。組み合わせを間違えると組織はうまく機能しない（Mintzberg, 1989: 訳 p.258）。

　そこで考慮しなければならないのが，組織の構造を決定づける諸要素と状況の諸要素である。Mintzberg（1989: 訳 p.263）は構造の諸要素として以下の9つを挙げている。

1)　タスクの専門化
2)　作業プロセスの公式化（職務記述書，ルールなど）
3)　職務に必要な公式の教育訓練
4)　ユニットのグルーピング（機能別または市場別など）
5)　各ユニットの規模（すなわち管理者の管理範囲）
6)　活動計画と業績管理システム
7)　タスク・フォースや統合マネジャーおよびマトリックス構造のようなリエゾン装置
8)　権限ラインに沿った権力の委譲（垂直的分権と呼ばれる）
9)　権限ラインから外れて非管理者になされる権力の委譲（水平的分権と呼ばれる）

　状況の諸要素には，① 組織の年数と規模，② 生産の技術的システム，③ 環境条件，④ 組織の権力構造を挙げている（Mintzberg, 1989: 訳 p.264）。例えば起業したばかりで組織として存続している年数が短く，歴史も浅い組織の場合，組織の規模は大きくなく，組織の官僚制化や肥大化がそれほどまでに進んでいない。このような組織だと，創業者が大部分の権限や裁量をもつ場合が多く，組織構造は単純な形をとると考えられている。またさらに，常にイノベーションが求められるような産業や業界に身を置く組織が変化に柔軟に対応できない組織構造を維持することは，組織の機能不全を指摘せざるをえないため，ミンツバーグの指摘するような諸要素を検討しながら組織の構造を設計することが求められる。つまりこれらの構造の諸要素と状況の諸要素が組織の構造の要素に影響をもたらすものなのである。

2．組織構造と官僚制
前節までに組織の構成要素について概観したが，こうして設計された組織構

造はどのように統制されるのだろうか。ウェーバー（Max Weber）は支配の類型として，合法的支配，伝統的支配，カリスマ的支配を示した。このうちの合法的支配に起源をもち，組織の一般的構造や本質的な要素を説明するために示されたのが官僚制（bureaucracy）である[3]。官僚制組織は理念型の組織であり，大きな組織を合理的に管理するのに適したシステムであると論じられ，組織構造を検討する際の原点であるともいえる。

　図表1-1に示されるように官僚制は，① 分業，② 権限の集中，③ 階層性，④ 合理的な人事管理，⑤ 規則と規制，⑥ 文書記録という大きく6つの特徴がある（小暮，2004: p.8）。特に，① 分業と② 権限の集中が官僚制の固有な特徴であるといわれており，組織のメンバーは横方向に分業された職務に対し，権限をもつトップから降りてくる指揮命令によって業務を遂行する。このように組織の階層の下にいくに従って大きく広がる分業の体制と，権力が上にいくにつれて集中していく権限の集中化をピラミッドにたとえることもある。

　官僚制を採用する組織では，明確な指揮命令系統があり，情報の流れが明らかで組織のメンバーは規則に則って行動する。これは合理的に組織目標を達成することを意味するほかに，組織が継続性をもって存続していくことも可能にすると考えられている。したがって，大きな組織を効率的に管理したり組織の合理性を担保したりしようとするには，ある程度官僚制化することから免れな

図表1-1　官僚制の特徴

① 分業	・それぞれの従業員が専門化された仕事を行うことによって，職務がより効率的に遂行される。
② 権限の集中	・下位部門のコントロールのために権限を集中させる。 ・専門化された仕事の調整を行う。
③ 階層性	・上位の階層から下位の階層に対する監督，命令。 ・下位の階層からの報告を受ける。
④ 合理的な人事管理	・従業員の選抜は客観的基準と志願者の資格要件とを比較して行われる。 ・従業員を職務に適合される努力が払われる。
⑤ 規則と規制	・組織幹部が組織内の従業員と組織外の有資格者に対して画一的に適用する明瞭な方針を持っている。
⑥ 文書記録	・組織の連続性や行為の統一性を確保するために，取引を詳細に記述した綿密な文書によって業務処理される。

（出所）小暮（2004: p.8）を参考に筆者作成。

いのである。

　一方で Merton（1968）によると官僚制の構造は，訓練された無能（trained incapacity），目的の転移（displacement of goal），規則への過度の同調（over-conformity），繁文縟礼（red tape），過度なセクショナリズム（sectionalism）といった逆機能（dysfunction）が生じる可能性がある。また官僚制組織ではイノベーションや改革が起きにくい「機械的組織」として捉えられるため（Burns & Stalker, 1961），どれくらい官僚制化した組織構造をとるべきかについては，組織の特性などを考慮する必要性があるだろう。

3．組織構造と管理原則

　ファヨール（Henri Fayol）は経営管理の父と呼ばれるように，経営学や管理論，プロセス学派に大きな影響をもたらした人物である[4]。ファヨールの管理原則は組織構造を検討する上で重要な指針となる。彼自身は14の管理原則を提唱しているが，Koontz & O'Donnell（1955）ではそれを発展させ63もの管理原則を明らかにしている（詳細は第2章を参照されたい）。これらの管理原則の中で特に以下の5つの原則は，組織がとるべき組織構造を検討する際に重要な指針となる。

1) 専門化の原則：生産性向上のために分業することによって組織のメンバーが担う業務の幅が狭まること。業務の効率化や熟練化することが期待される。
2) 権限・責任一致の原則：権限と責任を適切に与え，そのバランスを適切に保つこと。
3) 命令一元化の原則：1人の管理者のみから指揮や命令を受け，混乱を回避すること。
4) 統制の範囲（span of control）：1人の管理者が統制できる人数は限られているため，適切な人数の部下をもつこと。
5) 例外の原則：マネジャーは管理的な業務に専念し，経営活動で生じた反復的な業務は部下に任せること。

　次節では実際の組織の構造を紹介するが，この上記の5つの視点を念頭に，それぞれの組織構造を捉えていく。

Ⅲ．基本的な組織構造

　ここまで，組織構造を決定づける様々な要因を検討したが，本節では，組織の基本的な構造を参照する。特に，ライン組織，ファンクショナル組織，ライン・アンド・スタッフ組織，事業部制組織，マトリックス組織，ネットワーク組織について説明する。現代の企業組織では，単純にこれらの組織構造をとる場合もあるが，これらの組織構造の特徴を組み合わせて最適な組織構造をとる企業が多いことから，ここで取り扱う組織構造は真に基本的な構造であるということがいえる。

1．ライン組織（line organization）

　様々な組織構造の類型がある中でも最も単純で基本的な形ともいえるのがライン組織である。ライン組織の特徴は，図表1-2に示されるように組織のトップから組織を構成する構成員の全てがひとつながりになっている点にある。つまり，すべての指揮・命令が1人の上司からなされるため，指示に一切の混乱が生じず，命令一元化の原則の観点で優れた組織構造といえる。しかし，1人

図表1-2　ライン組織

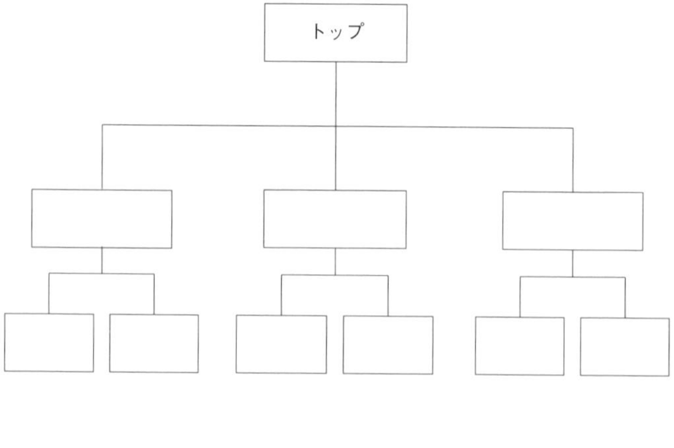

のトップが組織のすべてを管理しなければならないことから，トップは多様な知識と責任，そして組織全体を管理する能力を併せもたなければならない。また，組織のメンバーが多くなったり事業規模が拡大したり，組織が成長を遂げると，1人のトップが組織のすべてを把握することは極めて困難になる。例えば現代のような技術革新が著しい環境において，組織が扱う技術は刻一刻と変化するが，そのような状況下では技術に関してばかりでなく，それを使いこなすスキルも求められる。したがって新しい技術を取り扱うために組織は専門化と分業が進み，組織は高度化する。そればかりでなく，組織のメンバー同士のコミュニケーションや事業が拡大するといった要因によって，トップが対処すべき問題は増える。このように組織は多様で複雑な様相へと変化していく。したがって，組織の高度化や複雑化の局面を迎えると，ライン組織よりもさらに多くの部門と機能が兼ね備えられた組織構造が求められ，それとともに構造を変更することが求められるようになるのである。

2．ファンクショナル組織（functional organization）

　ファンクショナル組織は，職能別組織と訳されるように，機能や職能といった業務内容によって分化した組織構造である。テイラー（Frederick W. Taylor）の科学的管理法の中で考案された，一つの職能に対して1人の職長が責任をもって管理を行うという職能別職長制に起源をもつ組織構造であるため，専門化の原則の観点で特に優れた組織構造だと考えられている。実際に様々な企業で取り入れられ，一般的に「組織図」といわれて思い出される構造はこのファンクショナル組織に近い。図表1-3に示されるように製造や販売，人事，経理のような職能ごとに部門化する方法であり，担当者の専門的な知識の習得や短時間での技術の熟練に寄与するという長所がある。さらに専門によって分化することから，調達された材料や担当者のノウハウや技術などの共有が比較的容易に可能であるため，規模の経済を享受することができるという利点もあると考えられる。

　このような組織構造は，専門化による多数の長所がある一方で，短所も多い。その一つ目に，過度に専門化することによって部門間の対立が生じやすいことがある。具体的に製品を製造して販売する企業を想像して考えてみよう。

図表1-3 ファンクショナル組織

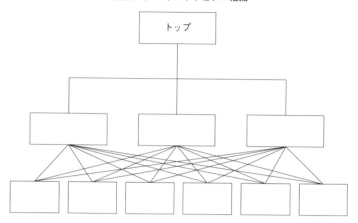

製造部門が製品に対して細部までこだわりをもち，上質な材料を使って製品を製造すると，コストが予算を上回るという現実に直面する。しかし経理部門はなんとか製造に関わるコストを下げることによって組織全体の利益の確保を優先させたいと考えるだろう。また，販売部門は顧客との直接的な関わりから，顧客が求める製品を求める価格で販売したいと考える。このような製品の質や価格，かかるコストというように，それぞれの部門が重視する視点は異なるため部門間の溝は案外深く，業績への責任の所在が曖昧になる。したがって，部門間の調整が必須となるのだが，ファンクショナル組織ではそれにかかるコストが増大するということが2つ目の短所として考えられている。そして3つ目の短所は，調整は組織全体を広い視野でみる経営陣に委ねられるため，トップのマネジメント層に過度な負担がかかることである。経営陣は的確な意思決定を行うための経験と判断力をもたなくてはならなく，必要とする知識と能力も幅広くなければならない。したがって，部門間の調整があまり必要のない組織や，種類の少ない製品を製造して限られた規模で販売するような比較的小規模な組織のための組織構造であると考えられる。

3．ライン・アンド・スタッフ組織（line and staff organization）

ライン・アンド・スタッフ組織は，ライン組織とファンクショナル組織の構

造的特徴をもつ組織である。図表 1-4 にも示されるようにライン・アンド・スタッフ組織は，ライン組織の構造的特徴を基礎に置き，トップから組織の構成員に至るまでが命令一元化の原則によって繋がれていることと，ファンクショナル組織の特徴である専門化の原則によって組織の分業が成り立つ。

　さらにこの組織固有の特徴として，スタッフ部門の存在がある。この「スタッフ」とは参謀と訳されることからも分かるように，もともと軍隊で開発され用いられていた組織構造である。スタッフ部門の役割は経営企画や研究開発，マーケティングなどの専門的な知識を必要とする場面でライン部門に助言を行い，サポートする役割を担う。特にライン部門に対する助言などの諸作業について，経営管理の全般について行うスタッフをジェネラル・スタッフ（general staff），特定の場面で行うものをスペシャル・スタッフ（special staff）と呼ぶ（権，1991）。

　ライン・アンド・スタッフ組織は，スタッフ部門の機能によってライン組織の短所として捉えられている，トップマネジメント層の役割的負担などの課題を克服できるほか，ライン部門も，より専門的な助言をもとに業務を執行することができるという長所がある。例えば大学組織を思い浮かべると，研究機関として研究を行い，教育機関として教育を提供する，大学でのライン部門を担う教員と，時間割の作成や学部単位の予算の管理など大学運営に関わる専門知

図表 1-4　ライン・アンド・スタッフ組織

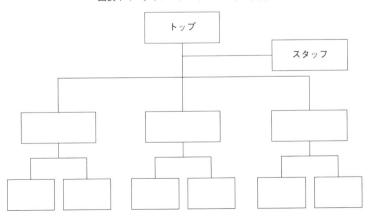

識をもって大学の講義や学生を支援する職員がいる。このどちらも大学組織には欠かすことができない機能であり，それぞれが異なる特色のある業務にあたることにより，大学組織が成り立つのである。

　このような長所がある一方で，ライン部門とスタッフ部門の権限や職務の線引きが曖昧になり調整が困難になることがある。また，スタッフ部門からの助言を受け入れるか受け入れないかはライン部門が決めることができることや，スタッフ部門の機能を超えてライン部門に対して権限を行使する場合もあり，スタッフ部門の本来の役割が機能しなかったり，異なる機能を担い異なる視点をもつライン部門とスタッフ部門の間に意見の対立といったコンフリクトが生じやすいといった短所があることも指摘される。

4．事業部制組織（multi-divisional structure）

　事業部制組織は，「機能部（本社）」と「事業部」という2つの異なる機能をもつ領域から形成される，企業の統括システムと定義されている（Gabele, 1981, 訳 p.19）。この定義の中にある「機能部」とは，調達や生産，販売，財務，管理のような部門を指し示し，企業におけるすべての事業横断的な職能に対して権限をもつ。一方の事業部は，製品や生産場所，生産プロセス，生産技術，顧客グループ，地理的単位などによって部門化し，各事業部が独立採算制を採用し，一企業のように経営活動を行う。そのため，図表1-5のように一般的に事業部制組織では本社から権限が委譲された各事業部が分権的に意思決定を行う特徴がある。事業に関する意思決定や決算なども事業部単位で行われることから，本社は事業部ごとの業績評価がしやすく，また，全社的戦略の策定や意思決定に注力することができるという長所がある。組織が大きく成長すればするほど，本社が事業に関連するすべての市場の状況を把握して事業に関与し，意思決定を行うことが難しくなる。つまり事業部制組織は，様々な事業を展開する比較的大きな企業に有利な組織構造であると考えられている。

　一方で，一つの企業を母体としながら事業部ごと事業を行うことによる短所もある。例えば，市場や原材量，技術などの経営資源が事業部間で重複する場合が多々存在すると考えられるが，事業部間同士で共有が行われないため規模の経済や範囲の経済の観点で無駄が多くなる。さらに，事業部間での競争が激

図表 1-5　事業部制組織

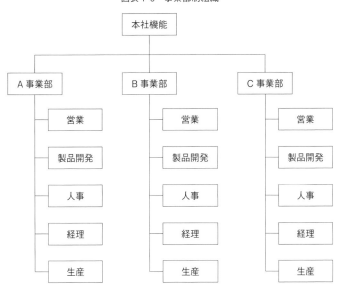

しくなることもあり，事業部間の調整に関わる様々な短所が考えられている。実際に事業部制を取り入れ，本社機能と事業部との間のガバナンスの機能不全に陥った東芝では粉飾決算が行われた。このように事業部制における本社と事業部，あるいは事業部と事業部の間の競争関係には課題がある。この点に関連して Gabele（1981: 訳 p.25）は，Gälweiler（1971）が示した，① 経済的に十分に独立企業のように営まれること，② 同時により大きな全体，すなわち企業全体の部分であること，③ 法的には独立していないこと，という事業部の普遍的特徴を用いて，本社と事業部の協働関係が明確ではないことを指摘し，事業部制組織では本社と事業部の効果的な協働が成功の秘訣であると説明した。

　また，働く人の視点では，所属する事業部が自分の意思では決められないという短所がある。日本の本社一括採用という雇用形態の場合，どの事業部に所属するのかという全社的な人事権は採用した本社にある。業績の良い事業部に配属になった場合はよいが，業績の低迷している事業部に配属された組織のメンバーが低く人事評価される可能性があるほか，それに伴い，従業員のモチ

ベーションの低下が問題視される。

　事業部制組織とよく似た組織構造をとる，カンパニー制と呼ばれる仕組みが
あるが，これは事業部制組織よりも各事業部への権限委譲の程度が進み，事業
部がより独立した企業のように自律的な経営をするようになったものである。
現在の日本では，事業部制を日本で最も早くから取り入れていたといわれてい
るパナソニック（旧松下電器産業）や，三菱商事といった企業で用いられてい
る組織構造である。

5．マトリックス組織

　マトリックス組織とは，職能別志向と事業部志向の両方を組織形態に反映さ
せたものと定義づけられている（Galbraith & Nathanson, 1978: p.9）。ファン
クショナル組織は職能ごとに部門化し，事業部制組織は事業単位に部門化した
組織構造であったが，マトリックス組織の場合は図表1-6のように，単一の軸
によって部門化したのではなく，この2つの軸を取り入れた組織構造である。

図表1-6　マトリックス組織

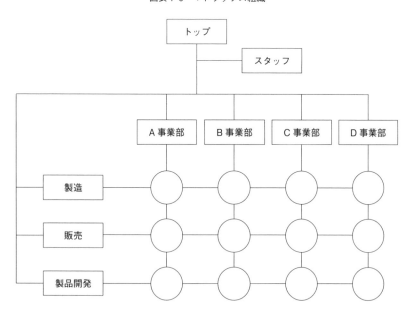

　事業部制組織では，事業部ごとに独立採算で事業を行うため，事業部ごとのあらゆる資源を共有することが難しいという短所があった。例えば事業部で同様の技術を用いて製造する場合においても，事業部が独立しているために同様の専門家を事業部ごとに配置したり，同じ材料を用いて製造するにもかかわらず，別の取引先から個別に仕入れをしたりする状況が生じていた。しかし，マトリックス組織では，横方向に事業部を並べた時には縦方向に職能ごとに部門化した専門家を配置し，その縦と横のグリッド内に各部署を置く。そのため，製品や事業部の個別の戦略等にとらわれずに組織内のノウハウや技術，原材料といった資源を共有することができる利点がある。

　しかし，職能に関わるリーダーと事業に関わるリーダーといった具合に，各部署には複数の上位者が存在するようになる。つまり命令一元化の原則に対して複数のリーダーからの指示を受けることがあるという状況や，このような状況下ではコンフリクトが生じやすいという課題がある。さらに複数のリーダーが存在することによって責任の所在が曖昧になる。また組織のメンバーは，常に縦方向と横方向の円滑なやりとりが必要となるといった短所もあるため，組織内部の人々のコミュニケーションの流れといった様々な面で乗り越えなければならない課題のある組織構造である。

6．ネットワーク組織

　近年の情報化や脱工業化が進んだ現在，注目を集めているのがネットワーク組織である。ネットワーク組織は，「組織の内外において，ヨコの連携を活かしつつ，人材，資源，情報，ノウハウを最適に結合するような組織活動の形態」であり（若林, 2009: p.4），硬直化する組織への貢献が高いと考えられている。Burns & Stalker（1961）の有機的組織という概念をモデルに展開され，図表1-7のように人々あるいは組織同士が緩やかに，水平的なコミュニケーションで結ばれる特徴がある。このような複雑な結合関係にあるため，自ずと分権的で自律的に仕事に取り組む関係が成り立ち，結果としてイノベーションが起きやすいと考えられている。

　イノベーションの喚起以外にもネットワーク組織にはいくつかの長所がある。例えば，社会ネットワークを媒介にして水平的に，緩やかな結合をしてい

図表 1-7　ネットワーク組織

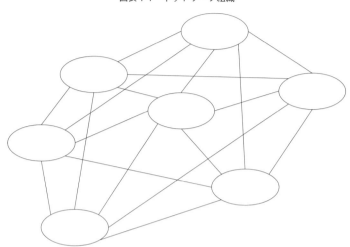

る点が特徴として挙げられているが（寺本，1990），従来通りの組織の構造の
ように垂直的に階層や明確な分業によって形成されるのではなく，組織の構成
員が階層や立場に関係なく，コミュニケーションを通じて組織構造を形作るの
である。つまり，誰か決まった管理者による指示や命令によって動くのではな
く，組織のメンバー自らが組織目標の達成のために行動することができる。こ
のような組織では判断が個々人に委ねられるため，より速いスピードで意思決
定が行われる。さらに，協同のネットワークを通じてメンバー間の新しい情報
や知識の共有が行われるため，組織として新しい知識を獲得し，さらに異なる
行動パターンを学習することができる利点がある。また，従来のような明確に
部門化された組織ではないため，組織内外のヒト・モノ・カネ・情報を動員す
る際の障壁が低くなる。これらの点から，調整や意思決定に必要だった時間や
コストの削減が可能であることが考えられている。

　以上の短所がある一方で，緩やかな結合関係という観点での短所がいくつか
ある。一つ目は，主体間の緩やかな結びつきが突然解消する可能性である。つ
まり事業，あるいはプロジェクト自体に不安定性や不確実性が生じるため，こ
のような場合には組織が長期的に安定して成長していくことは難しい。2つ目
は，ネットワークが崩壊することにより，それまでの学習の成果や蓄積された

知識が損なわれてしまう可能性である。映画の製作現場を例に考えてみる。例えばＡという映画を制作するために映画監督，役者，カメラマン，衣装担当者，音声担当者，編集担当者など様々な分野の専門家が集められ撮影が行われる。しかしひとたび撮影が終了すると解散し，この作品に携わったメンバーはそれぞれに別々の作品の制作に携わるようになる。Ａという作品の製作の中で蓄積された作品作りのノウハウはそれぞれのメンバーが別の現場に活かすこともできるが，脚本を変え，新たなメンバーで取り組むとなると，異なる演出方法や管理の方法が求められ，むしろＡという作品の製作で培われたノウハウが邪魔になる可能性もある。このようにネットワーク組織には不安定性と知識の蓄積の面で課題が残る。

　若林（2009）の定義にもあるように，ネットワーク組織は単一の組織内の構造や協同の関係にとどまらず，組織間の水平的な関係を表す際にも用いられる概念である。例えば近年では異業種の企業同士がネットワークを結び，お互いの得意分野の知識を持ち寄って新しいサービスや製品を開発する事例がある。また最近はコ・ワーキングスペースが普及し，空間を共有する者同士の不意の出会いによって新たなビジネスが生まれることもあるようだ。このような動きもネットワーク組織の醍醐味かもしれない。急激に進む技術革新や製品ライフサイクルの短期化の傾向のある環境下では，ネットワーク組織のような構造を組織間で構築し，イノベーションを喚起することが組織の競争力の強化に繋がる方法の一つとなる可能性がある。

Ⅳ. 地図としての組織デザイン

　組織構造を組織活動の目的に合わせて計画して編成することを組織デザインという（Daft, 2000）。前節で取り上げたような基本的な組織構造をそのままの形で取り入れる組織は少なく，実際の組織のマネジメントにおいては図表1-8で示すように選択した戦略に合わせて，課業，構造，情報および意思決定プロセス，報酬システム，人間といった，組織がもつ様々な要素を組み合わせて組織をデザインすることが求められる（Galbraith & Nathanson, 1978）。

　本章の冒頭で「組織は戦略に従う」というチャンドラーの命題を示し，組織

図表1-8　主たる組織デザイン変数とその適合

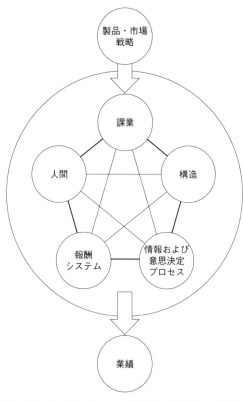

（出所）　Galbraith & Nathanson（1978: 訳 p.2）をもとに筆者作成。

構造は組織の戦略によって決定づけられるものと考えられることを説明した
が，戦略以外にも組織構造やデザインを決定する要素がある。例えば，組織は
外部環境や内部環境の状況や変化，それらへの適合関係によって取るべき組織
構造が変わってくる。バーンズとストーカー（Tom Burns & G. M. Stalker）
のコンティンジェンシー理論では，ある程度安定した環境では官僚制組織のよ
うな機械的構造が，不安定な環境ではネットワーク組織のような有機的構造の
方がより優れていることを説明している（第5章参照）。機械的構造と有機的
構造の特徴を図表1-9に示すことができる。また，組織の規模（size）の拡大

図表 1-9　機械的組織と有機的組織の特徴の比較

機械的構造 （予測可能性，説明責任）	有機的構造 （柔軟性，適合可能性，イノベーション）
高度の水平的垂直的分化：権限とコントロールの階層構造	高度かつ複雑な水平的垂直的統合：課業についての知識に基づく権限とコントロールのネットワーク
高度の公式化：役割の定義，責任，指示，仕事の方法が安定的	低度の公式化：課業と責任が状況に応じて再定義される
集権化：意思決定は，階層組織のトップによってなされる	分権化：意思決定は，状況に最も明るいものおよび／または実行担当者によってなされる
明文化された規則，手続き，標準作業手順書による標準化	共同の問題解決と相互作用を通じての相互調整と課業・方法の再定義
権限による詳細な監督と地位に基づく威信	監督下にない個人的専門能力と創造性専門能力に与えられる威信
指示の形をとる垂直的（上司－部下の）伝達	頻繁な水平的伝達，しばしば異なる部門出身者間の相談の形をとる

（出所）　Hatch（2013, 訳 2017: p.157）より筆者作成。

などによっても組織の構造や構成要素の配置は変更される（Mintzberg, 1989）。つまり組織デザインとは，組織内部のあらゆるシステムと外部の環境との再調整のプロセスであるとも考えられる。したがって，組織の内部や外部の様々な状況を読み取り，そして分析を行い，組織目標や戦略に合わせて組織デザインを行うことがマネジャーには求められる。このような組織をデザインすることについては，第6章で詳しく取り扱う。

【注】
1）　協働システムについては，本書の第3章を参照のこと。
2）　コンフィギュレーションの状況に落ち着いた組織の構造には，① 単純構造，② 機械的官僚制構造，③ プロフェッショナル的官僚制構造，④ 事業部制構造，⑤ アドホクラシーがある。（Mintzberg, 1989: 訳 pp.264-288）。
3）　官僚制とその逆機能については，第2章でも詳述しており参照されたい。
4）　ファヨールの経営者の職能論については第2章を参照のこと。

第2章

時計としての組織

Ⅰ．時計のメタファー

　今日，我々の生活は時間による影響を受けている。あらゆる活動が時間と紐付けられており，移動や作業，そして睡眠でさえ時間による影響を受けている。もはや我々の生活は時間とは無関係には成立しない。したがって，日常生活において時間の確認は常に行われる。

　我々は時間を時計を通じて把握する。ではその時計は何によって特徴づけられるのであろうか。織田（2017）は時計には，① 駆動するエネルギー源，② 時計信号源となる規則正しい振動（サイクル，リズム），③ 時刻の表示機構が必要であると指摘する。時計を駆動するエネルギー源や時を表示する機構も時計には必要不可欠である。しかし，今日我々が時計に対して高い信頼を寄せているのは時計が常に一定のリズムで規則正しく時を刻み続ける点にある。一旦リズムが定められると時計の種類などによってリズムが異なることはない。そうした標準に従って一定のリズムを刻み続けているが故に我々は身近な時計をみることで時間を正確に把握することが可能となり，様々な活動を効果的に行うことが可能となる。

　標準化された動き（リズム）による駆動は時計だけがもつ特徴ではなく組織もまた備えている特徴である。組織には大量のマニュアルや規定，規則，ルールが存在する。我々は何か対処すべき事柄に直面した際，それらを確認する。もしそれらに対応策が記載されていれば，その指示に従い処理する。このように規則やマニュアルが存在することで大量の案件を処理することが可能になる。この点は上記の時計の特徴と非常に似ている。効果的な方法が規則やマ

ニュアルとして標準化（リズムの決定）されることで，その標準に沿うことで（一定のリズムで時を刻むこと），一定水準の質を担保する対応が可能となる。そのため組織における標準化の側面を強調すると，組織を時計のメタファーを用いて理解することは自然な成り行きである。

　だが，組織を時計として捉える考え方は，決して目新しいものではない。古くはボールディング（Kenneth E. Boulding）がシステムの複雑性を説明する際，時計仕掛け（clockworks）のメタファーを用いている（Boulding, 1956）。また本書に先行してメタファーを用いて組織を考察したMorgan（2006）や大月・藤田・奥村（2001）では，時計とは完全に一致はしないものの類似のメタファーである機械のメタファーを用いて組織を考察している。そのため，本書における他章の議論と比較すると，組織を時計のメタファーとして捉えること自体のオリジナリティは乏しい。しかし，そのことは組織を理解する際，時計のメタファーを用いることの必要性・妥当性を何よりも示していると理解可能でもある。そのため，本書においても時計のメタファーを用いて組織を理解することについて触れておく必要がある。

　本章では，組織を外部環境から切り離したクローズド・システムとして捉え，組織内部の標準化や原則の側面に着目した組織理論を紹介する。具体的には，既存の組織理論の文脈において伝統的組織論に位置づけられるテイラー（Frederick W. Taylor）の科学的管理法とファヨール（Henri Fayol）の管理論，そしてその後の発展を取り上げる。さらにウェーバー（Max Weber）が指摘する官僚制組織を取り上げる形で標準化や原則の側面に注目した組織理論を概説する。

Ⅱ．科学的管理法

　テイラーによって提唱された科学的管理法は今日では組織論だけでなく，経営学全般，そして我々の生活に多大な影響を与えた重要な研究として位置づけられている。その科学的管理法の内容は彼が生きた時代，そして彼自身のキャリアと密接に関連している（岸田・田中, 2009）。テイラーが生まれたアメリカでは19世紀から20世紀にかけて資本主義社会が成熟する中でビッグビジネ

スと呼ばれる大規模企業が生まれ，独占企業や寡占企業が台頭する時代であっ
た。大規模な企業合併および吸収の後，経営に関する関心はそれまでの市場の
拡大と競合他社との調整から企業内部，具体的には生産の合理化へと関心が
移っていった（岸田・田中，2009）。

　そんな時代の中，テイラーは19世紀中頃の1856年，アメリカのフィラデル
フィアの裕福な家庭に生まれた。頭脳明晰でハーバード大学に合格するもの
の，自身の病気によって進学を諦め，ミッドベール製鋼所にエンジニアとして
雇用された。その後短期間で職長に昇進し，やがてチーフ・エンジニアとなっ
た。その後，ベツレヘム製鉄工場に移り，晩年はコンサルタントとして自分の
考えを普及することに尽力した（岸田・田中，2009）。

　エンジニアとしてのキャリアをスタートさせたテイラーが工場の現場でみた
光景は，今日の工場とは大きく異なるものだった。当時の工場では作業のやり
方やスケジュールなど作業全般の管理が客観的な根拠に基づかない職長の経験
や勘によって管理される，いわゆる成り行き管理（drifting management）に
よって運営されていた。また，工場の労働者自身も職場の人間関係の重視か
ら，生産性の基準を現場の人間関係の規範に合わせる，いわゆる組織的怠業が
蔓延しており，十分な生産性を生み出していなかった。さらに，工場の現場は
上記のずさんな管理や組織的怠業によって経営者と労働者との間に労使対立の
問題が生じていた。

　このように，テイラーが生きた時代，そして彼がみた工場の現場には，従来
とは異なる新たな管理手法の確立が求められていた。そうした要請に応える形
で彼は科学的管理法（scientific management）と呼ばれる一連の管理手法を
提唱したのである。

　テイラーに始まる科学的管理法は以下の取り組みに要約可能である（Conti,
2013; 岸田・田中，2009; 大月他，2001）。

　まず一つ目は動作・時間研究である。テイラーは労働者が行っていた仕事を
細かく観察し，仕事のやり方に関する標準（ワン・ベスト・ウェイ）を設定し
た。具体的には，一つの仕事を構成する各課業（task）を特定すると同時に，
その課業を多数の単純な基本動作に分割および不必要な動作の除去を通じて標
準的な作業方法が確立された。また，それらの標準的な作業方法に関して最も

熟練した労働者を観察し，それぞれの基本動作に必要となる時間をストップ
ウォッチを用いて計測した。そしてその時間に予想される中断や休憩時間など
を含める形で，課業を行う標準的な作業時間が設定された。この標準的な作業
方法と作業時間を組み合わせることで，一日の公正な作業量が設定された。そ
の結果，現場の職長の経験や勘（成り行き管理）ではなく，客観的基準に基づ
いて設定された課業による管理（課業管理）が可能となった。さらに，仕事に
必要とされる職務およびその効果的な作業方法が特定化されることで，作業に
適した従業員を選抜あるいは教育することが可能となった。

　2つ目はインセンティブ・システムの改良である。一つ目の取り組みによっ
て標準的な作業方法と作業時間が特定・設定されたが，こうした動作・時間研
究によって設定された公正な作業量を達成した労働者にはボーナスとしてより
多くの賃金が与えられた。これが差別出来高賃金制である。この差別出来高賃
金制によって，それまでブラックボックスであった労働者の賃金が客観的合理
性をもつようになった。また労働者にとっても評価基準が明確になることで勤
労意欲が高められ，最終的には労使対立が解消されることが期待された。しか
し，この差別的出来高賃金制には批判も存在する。それは，ボーナスが与えら
れる基準となる「公正な作業標準」が，最も熟練した労働者を対象とした時間
研究に基づいて設定された点にある。そのため，実際には大部分の労働者が公
正な作業標準を満たすことができず，ボーナスを獲得することができないケー
スが頻出した。

　3つ目は業務の計画と実行を区別したことである。テイラーは業務を計画す
る職能とそれを実施する職能を分離した。これはそれまでの業務のやり方とは
全く異なるものである。上述したように，従来は作業のやり方やスケジュール
は労働者（および現場の職長）に委ねられていた。しかし，科学的管理法では
労働者の業務から計画に関する部分が取り除かれ，もっぱら目の前の作業に従
事することが求められた。さらに，その考え方を拡張したのが職能別職長制で
ある。それまでは一人の労働者に対して一人の職長がすべての指示を行ってい
たのに対して，テイラーは職長が行う管理職の仕事には質的な差があり，職長
が担うべき様々な業務をすべて一人の職長によって管理することは不可能であ
ると考えた。そこでテイラーは職長に求められる仕事を計画的な職能と現場監

督的な職能に区別した。職長の仕事を8つに分離することで，それぞれの専門
的な立場から労働者に対して適切な指示を送ることが重要であるとテイラーは
考えたのである。その職能別職長制は以下の図表2-1のように図示される。

　職長の仕事を職能によって分割することで，テイラーは効率的な工場運営が
可能になると考えた。しかし，労働者からみると，それぞれ専門が異なるとは
いえ，複数の上司から命令を受けることになり，現場の混乱の原因となった
（後述の命令の一元化の原則を参照）。そのため，先の動作・時間研究やインセ
ンティブ・システムと比較すると広く浸透することはなかった。また，労働者
の業務から計画を取り除き，目の前の作業に集中させたことは，労働者が機械
と同じ存在であるとの誤解に繋がった。実際，労働の人間性に対する批判が労
働組合を中心に生じた。

　だが，科学的管理法は業務の大幅な効率化を実現し，製品の生産コストを大
幅に削減させた。実際，テイラーが科学的管理法を確立したベツレヘム製鉄工
場では1トンあたりの平均コストが0.072ドルであった従来の生産方法が科学
的管理法を導入することで0.033ドルまで減少した。また，従業員の平均賃金
も従来の1.15ドルから1.88ドルまで上昇した（Taylor, 1911）。こうした実務
上のインパクトの大きさから，科学的管理法は急速に普及した。科学的管理法
はアメリカのみに留まらず，日本やロシア（ソビエト），フランス，イギリス，
ドイツといった当時の国家間の同盟関係や政治体制の違いにかかわらず世界中

図表2-1　職能別職長制

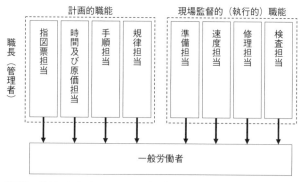

（出所）　岸田・田中（2009: p.15），大月他（2001: p.14）を参考に筆者作成。

に普及した（Conti, 2013）。

　科学的管理法はガント（Henry L. Gantt）やギルブレス夫妻（Frank B. Gilbreth & Lillian. M. Gilbreth）などの後継者によってさらに発展し，精緻化されていく[1]。また，フォード自動車の創業者であるフォード（Henry Ford）は科学的管理法のアイデアに加えて，ベルト・コンベア・システムを導入し生産性の向上を図った。その結果，当時は限られた富裕層のみしか購入することができなかった自動車を，一般家庭でも購入可能な水準にまで引き下げることに成功した。このように科学的管理法は後の我々の生活に大きな影響を与えており，20世紀を代表する思想となったのである。

Ⅲ．ファヨールの管理論

　組織論においてテイラーと並ぶ古典的研究に位置づけられているのがファヨールによって提唱された管理論である。ファヨールはフランスの炭鉱会社に鉱山技師としての就職後，所長を経て1888年に同社の社長に就任し，長年経営者として手腕を発揮した。その後，彼は自らの経営者としての経験に基づき『産業ならびに一般の管理』を著した。ファヨールは今日ではテイラーと並び，経営学（そして組織論）の萌芽期において多大なる貢献をした人物に位置づけられている。しかし，上述のテイラーと比較するとその業績が認知されるのには時間がかかった。その理由として，ファヨールの業績が彼の人生の後半に公表されたこと，そしてフランス語で執筆されたファヨールの著作が英語に翻訳されたのが1949年であり，英語圏での業績の受容が遅れたことなどが指摘されている（Kiechel, 2012; 岸田・田中, 2009）。

　テイラーとほぼ同時代を生きたファヨールだが，いずれも組織おける標準化の側面に注目しているという点で似ている。しかし，テイラーが現場である工場の生産性向上という課題に熱心に取り組んだのに対して，ファヨールは自らの経営者という貴重な経験に基づき組織全体に関して多く言及している。

　ファヨールの管理論において特筆すべき点は，以下の3つに要約可能である（北野, 1977）。まず一つ目は管理と経営の区別である。ファヨールは自身の実務家としての経験から企業には，① 技術活動（生産，製造，加工），② 商業活

動（購入，販売，交換），③ 財務活動（資本の調達とその最適運用），④ 保全活動（財産と人員の保護），⑤ 会計活動（在庫調整，貸借対照表，原価計算，統計），⑥ 管理活動（計画，組織，命令，調整，統制）の6つの活動が存在することを指摘した（岸田・田中，2009）。特筆すべき点はこの6つの活動が特定の会社だけに現れる活動ではなく，企業の大小にかかわらず，すべての企業に当てはまる普遍的活動であると指摘した点にある。また，彼はこの6つの機能を統合させ企業を事業の目的に向かわせる役割が経営だと指摘した（北野，1977）。ここに彼の経営と管理との区別を確認することができる。すなわちファヨールにとって管理とは6つの企業活動を構成する活動の一つであり（そして企業において職位が上がるほど管理活動が占める割合が大きくなる），経営とはそれら6つの活動を統合させる役割と捉えたのである。

　2つ目の特徴は管理における原則が提唱されたことである。ファヨールはテイラーと同様に企業や組織を運営する際の標準化の重要性に注目しており，経験や勘によって経営がなされるのではなく，普遍的な原則によって経営が行われるべきだと考えていた（北野，1977）。そのため，彼は自らの著作の中でその普遍的原則を生み出すための「叩き台」として14の管理原則を提唱した（北野，1977）。その原則は具体的には図表2-2のとおりである。

　以上の14の管理原則の中でも特に有名なものが，命令の一元化の原則であり，今日の多くの実務の現場でも採用されている。上述のとおり，これらの原則は叩き台としての性格が強く，高度な普遍性を備えているとは言い難い。しかし，ファヨールが管理をどのような概念として定義していたのかについて上記の管理原則から推察可能である（Pugh & Hickson, 2000）。また管理原則の指摘によって管理の全体像が明らかになったことで，管理に関する教育も盛んになった。実際，ファヨール自身も軍事高等学校や経営学センターにて管理者教育に関わった（Crainer, 2000）。

　3つ目の特徴は，管理を構成する要素の特定である。先述したとおり，ファヨールは企業活動の6つの活動を特定する中で，その重要な活動の一つとして管理活動を指摘した。さらに，ファヨールはその管理活動の具体的な構成要素に言及した。具体的には，彼は管理活動は以下の5つのプロセスによって構成されると指摘した（岸田・田中，2009; 北野，1977）。

図表 2-2　ファヨールの管理原則論

	原則	内容
1	分業	仕事を特化することで，個人が技能を身につけ，生産性の向上が可能
2	権限・責任	司令を出す権利であり，その行使には責任がともなう
3	規律	従業員は管理者が優れたリーダーシップを発揮した際に命令に従う
4	命令の一元化	各労働者の上司は一人だけにすべき
5	指揮の統一	同種類の活動に関わっている人は，単一計画の下で同一の目標を持つべき
6	全体的利益優先	管理者は会社の目的が常に優先するように留意すべき
7	報酬	給与は重要な動機づけ要因の一つである
8	集権	集権も分権と同様に重要であり，その問題は事業が置かれている状態と人員に依存する
9	階層連鎖	指揮の統一には階層秩序が必要。しかし，水平的な情報伝達もまた，基本的なものである
10	秩序	物的・社会的秩序が重要。前者には資源の浪費の最小化，後者には人材の「適材適所」が該当
11	公正	「思いやりと正義の組み合わせ」で従業員を扱うことが重要
12	在職権の安定	管理者の育成には費用と時間がかかるため，従業員の不安定さは企業衰退の原因となる
13	創意	すべての人員に何らかの形で創意を発揮させることは組織の成功にとっての源泉
14	団結心	企業内の人々の調和・団結は企業の大きな力

（出所）　岸田・田中（2009: pp.34-38），Pugh & Hickson（2000 訳 pp.145-146）を参考に筆者作成。

1) 予測：未来を検討し，活動計画を立てること
2) 組織：物的・社会的二重側面をそなえた企業の組織を構成すること
3) 命令：従業員を機能させること
4) 調整：すべての活動と努力を結集し，統一し，調和させること
5) 統制：あらゆる事柄が確立された法則や与えられた役割に従って進行するように確認すること

　これらの5つの管理活動の具体的な順番についてファヨールは特に論じていない。しかし，後年の研究によってこれら5つの管理活動は上記の順番通りのプロセス，さらに循環プロセスとして受容された（北野，1977）。また循環プロセスとして捉えることによって，予測から始まり統制で終わる一連の活動という，管理活動の全体像が把握可能になった。これら管理活動の要素の指摘は

我々の管理に対する理解を大きく向上させると同時に実践にも影響を与えた。実際，今日の実務の現場にて頻繁に用いられている PDCA（Plan-Do-Check-Action）サイクルはファヨールによるこの5つの管理プロセスを原型としている。このファヨールによる管理活動の要素の指摘は，彼の議論において最も注目されることになり，彼の議論は管理過程論（あるいは後の後継者を含めて管理過程学派）として呼ばれるようになる。

Ⅳ．伝統的組織論の展開

1．組織原則論と経営管理過程論

伝統的組織論は上述の古典的研究から開始されたが，その後，彼らの業績を引き継ぐ人物たちの貢献によってさらに発展した。代表的なものとして，本項では以下，ブラウン（Alvin Brown）の組織原則論とクーンツとオドンネル（Harold Koontz and Cyril O'Donnell）の経営管理過程論を概説する。

ブラウンはテイラーやファヨールと同様に，実務家としての自らのキャリアを築いた人物である。その過程で，組織改善のための行動の指針となるような原則がこれまで存在しなかったと感じ，自らその原則の定式化を行った（松岡, 1969）。上述の原則に関する言及，特にファヨールの管理論は主に経営現象を対象としていたのに対して，ブラウンによる議論は組織原則論と呼ばれているとおり，経営現象よりも組織現象に特化している（石本, 2003; 松岡, 1969）。実際，彼の主著である『経営組織』（Brown, 1947）では，組織の目的やその先行性などの側面から96もの原則が指摘されているが，その多くが組織を主語とした原則である（例えば「組織は努力をより効果的に協同させる手段である」「組織は努力に先行する」など）。

松岡（1969）によると，ブラウンによる組織原則論の特徴は以下の2つに見出すことができる。まずは組織への強い関心である。本節で取り上げる他の研究とは異なり，ブラウンは経営活動における原則を定式化するのではなく，あくまで組織的な問題に注力して，組織原則の確立に関心を向けている。これは上で例示した原則に代表されるように，彼が組織に関する現象が他の諸現象に先行することを強調しているからである。2つ目は個人に関する問題の軽視で

ある。彼が指摘した96もの原則をみてみると，組織構造などに多くの原則が割かれている一方で，個人についての言及が少ない。高宮（1961）はブラウンの組織観について，組織を個人からなるものとして捉えているものの，特定の個人からなるものとしては捉えておらず，この点にブラウンの合理的組織観を見出すことができると説明している。

　以上の議論の特徴から，ブラウンの組織原則論はしばしば機械論的すぎると批判される。しかし，松岡（1969）はブラウンの議論の特徴は，ブラウンが実務家として直面した当時の状況，すなわち急増する需要や戦時動員による中間・末端管理職層の極度の不足といった状況下ではある程度の割り切りが必要であったためではないかと考察している。だが，その原則は精緻化されたものであり，古典的管理論や伝統的組織論の一つの到達点だと評価することができる（松岡，1969）。

　一方で，クーンツとオドンネルによる議論はファヨールの管理論，特に管理過程論の代表的な継承者とされている。ファヨール同様，彼らもマネジメントの普遍性について認識しており，ファヨールによって提示された原則を整理し精緻化することで管理に関する概念的枠組みを提示することを試みた（Wren，1994）。

　クーンツとオドンネルは経営者の任務を業務遂行に必要な内的環境を設定することだと捉えており，その中核に彼らが指摘する「経営管理職能」を位置づけている（岸田・田中，2009）。この経営管理職能は計画，組織，人事，指揮，統制の要素から構成される。以下，岸田・田中（2009）を参考にそれぞれの要素を概説する。

　計画とは意思決定であり，企業とその下位部門が従うべき活動の方向を選択することを指す。ここでの計画には組織の使命や目標，戦略，予算を定めることなどが該当する。次の組織は目標を達成するために必要な活動を決定し，これらの活動をグループ化し，成員に割り当てることを指す。次の人事は組織構造によって用意された地位を充たすことを意味する。具体的には地位にふさわしい人物の調査や評価，選択，訓練，能力開発などが含まれる。指揮は成員を企業の目標に向かって効果的，能率的に行動させることを指す。今日における動機づけやコミュニケーション，リーダーシップの議論がここに含まれる。最

後は統制である。統制とは企業の目標および計画の達成が確保されるよう，成員の諸活動を測定し，修正することを指す。具体的には計画からの逸脱を発見したり，その修正に必要な情報を提供することなどが含まれる。クーンツとオドンネルはこのような経営管理職能は歴史的普遍性をもっており，あらゆる組織に普遍的に存在していることを指摘した。

　また，クーンツとオドンネルはファヨールの継承者だと位置づけられているため，当然ながら管理の原則についても重要視している。実際，彼らは上記の経営管理職能の5つの要素に沿って63の原則を提示している（石本, 2003）。また，その原則の提示する過程での科学的プロセスを重視しており，観察による事実の決定や仮説の設定，仮説の検証といったプロセスを経た後に原則が提示されることを重要視した。この『経営管理の原則』(i.e., Koontz & O'Donnell, 1964）は経営学，特に経営管理論において当時の標準的なテキストとなったため，彼らの考え方は広く普及することになった。

　以上の2つの議論からも分かるとおり，伝統的組織論はテイラーやファヨールの古典的研究から原則を精緻化したり，考察対象を企業からより普遍的な組織に変更するという方法で発展していった。しかし，その後，組織に対する考え方は伝統的組織論が前提とするような外部の環境との繋がりをもたないクローズド・システムとしての組織観ではなく，外部環境との結びつきをより重視したオープン・システムとしての組織観が重視されるようになる。そのため伝統的組織論において強調されてきた標準化や原則といった考え方の有効性や普遍性に疑問が投げかけられ，後年の議論にその主役を譲ることになった。

2．ウェーバーの官僚制組織論

　ウェーバー（Max Weber）はテイラーやファヨールと同時代に生きたドイツの学者である。彼の関心は幅広く，その業績は宗教学から政治学，社会学，そして組織論などの分野に貢献している。

　ウェーバーは当時出現しつつあった大規模企業を考察する際，支配，すなわち個人がなぜ命令に従うのかという基本的命題から議論を出発した（岸田・田中, 2009)。前章で概説されているとおり，彼はその過程で支配には3つの形態が存在することを指摘している。一つ目はカリスマ的支配である。カリスマ

的支配とは個人がもつ特別なパーソナルな特性，すなわちその超自然的，超人間的な特性に基づく支配であり，救世主や政治的指導者が該当する。だが，支配の源泉が個人の特性にあり，カリスマ的な指導者が不慮の事態によって不在となった場合，組織が崩壊することがある。2つ目は伝統的支配である。この支配の源泉は先例と慣習である。集団の権利と期待は，これまで踏襲されてきたことを神聖とみなすことによって確立される。指導者は継承した身分に基づく権限を有し，権限の程度は慣習がどの程度定着しているかによって決まる。3つ目は合理－合法的支配である。ここでの合理的とは，ある手段が目的を最大限に遂行することを指し，合法的とは権限の行使が規則と手続きに従って行使されることを指す。ウェーバーはこの合理－合法的支配こそが近代大規模企業の支配を特徴づけており，そしてそれは彼が官僚制と呼ぶ組織形態（すなわち官僚制組織）によって実現されると指摘した。

　官僚制組織の特徴は以下の5つのように要約可能である（桑田・田尾，2010）。

1)　規則と手続き：何をどのようにすべきかを公的に定めること
2)　専門化と分業：互いに役割を明確に定めて，重複しないようにすること
3)　ヒエラルキー：指示を出す人，指示を受ける人などの役割を分化することで組織内にヒエラルキーを形成すること
4)　専門的な知識や技術をもった個人の採用：与えられた職務を遂行するために必要な能力をもつ人物を採用すること
5)　文書による伝達と記録：ミスや誤解が生じないよう，文書を通じて正確に伝達すること

組織はこれらの特徴を備えることで，組織が直面する複雑な現象に対応可能となる。そのため，組織が大規模になるにつれて組織は上記の特徴をより顕著に備える傾向がある。例えば，知人数名で会社を起業した直後は価値観を共有する少人数の密なコミュニケーションで様々なことが対応可能なのかもしれない。しかし，会社の規模が大きくなるにつれて組織内に規則やヒエラルキーなどが生まれ官僚制組織の性質を備えていくのである。

　以上のように，ウェーバーによって提唱された官僚制組織に関する議論は当時出現しつつあった大規模組織がもつ性質を正確に捉えていた。実際，今日で

は企業だけでなくあらゆる大規模組織が官僚制組織の性質を備えている。しか
し，官僚制組織にはデメリットも存在することが指摘されている。その代表例
が「官僚制の逆機能」と呼ばれている現象である。これは，前章でも触れたと
おり，社会学者のマートン（Robert K. Merton）によって指摘された現象で
ある（Merton, 1968）。組織には組織が意図した結果を生じさせる機能である
順機能と意図されない結果を生じさせる機能である逆機能が存在する。マート
ンはこの考え方に基づき，官僚制組織は組織内部を効率化・合理化させること
で組織の目標を達成しやすくなることを目的として導入されるのだが，逆機能
によってむしろ組織の有効性を阻害する可能性があることを指摘した。彼が取
り上げた官僚制の逆機能の典型例が目的と手段の転倒である。上記の官僚制組
織の特徴でも触れたが，官僚制組織は組織を効率的に運営するため規則や手続
きが重要視される。しかし，あまりにも規則や手続きが重要視されすぎると，
しばしば組織を円滑に運営するための手段にすぎなかった規則や手続きが「規
則や手続きを守る」という目的に置き換わってしまうのである。この場合，規
則や手続きが組織の目標を達成するために有効でなくなってもそれらを守るた
めに非効率な組織運営が継続され，結果として官僚制組織の追求が逆に組織を
非有効的なものにするのである。

Ⅴ．時計のメタファー ―意義と限界―

　本章では組織がもつ特徴のうち，時計のように予め決められた規則や標準に
よって課題を効率よく処理する側面を強調した「時計として組織」に該当する
組織理論を概説した。本章で取り上げた理論のいずれにも標準化によって組織
を捉えている部分を垣間みることができる。テイラーの科学的管理法における
動作・時間研究やファヨールやブラウン，クーンツ・オドンネルの議論原則の
指摘，そしてウェーバーの官僚制組織における官僚制組織の特徴などはその典
型である。こうした点を踏まえると，初期の組織に関する研究の多くは組織が
もつ標準化の側面に焦点を当てて考察してきたと評価可能である。
　だが，当然ながら組織を時計として捉えた場合，組織のあらゆる側面が理解
できるわけではない。それだけでなく，時計のメタファーを用いることで組織

の他の特徴が捉えづらくなることもある。その典型例が外部環境との関わり合いである。本章で取り上げた時計のメタファーでは組織を外部環境との関わり合いが存在しない，いわゆるクローズド・システムとして捉えてきた。そのため，もっぱら組織内部の観点のみを強調し，標準化に基づいていかに組織を効率的・効果的に運営するのかのみに焦点を当ててきた。しかし，組織は外部環境との関わり合いの中で存在している。本書にて後述されるコンティンジェンシー理論に代表されるように，組織の有効性は外部環境との関係性によって決まることも多い。組織を時計のメタファーを用いて理解することで，組織内部の標準化やそれに基づく効率的な組織運営を理解することは容易となる。しかし，そのことによって，上述するような側面の理解が難しくなる点は留意すべきであろう。

だが，時計が今日の生活を効率的かつ有意義なものにしているのと同じく，標準化に基づく組織運営が当該組織の成果，そしてその成果の恩恵を受ける我々の生活に対して与えた影響は大きい。そのため現在では企業組織だけでなく，行政や教育，病院といったあらゆる組織が標準化に基づく組織運営を行っている。その点において今日の組織を理解する際に，標準化という視点は不可欠な要素であるといえ，その重要性は今後も衰えることはないだろう。

【注】
1）　科学的管理法とその展開については，本書の第5章で「計算」という視点から詳述している。

第3章
アクアリウムとしての組織

I. アクアリウムのメタファー

　海の様々な生きものの生活を間近で観察できるアクアリウム（水族館）[1] は，欧州で 19 世紀半ば，日本でも 19 世紀末に初めて一般公開された（溝井, 2018）。当初は，複数の水槽をしつらえたシンプルな展示だったというが，時代とともに進化し，現代は，イルカやアシカなど海獣ショーといったアトラクションはもとより，バーチャル・リアリティの描く海中や波を疑似体験したり，入館者が実際に生きものに手で触れて飼育に参加したりする工夫も見受けられるようになった。そもそもアクアリウム（aquarium）は，① ガラス製などの透明な水槽を用いて水族を様々な角度から観察可能であること，② 「水族の安定したコミュニティー」を展示した「小宇宙」であること，を条件とする（溝井, 2018: p.66）。またアクアリウムは広い意味でのミュージアムに含まれるとするなら，世界の断片を集め，それを所有するというコレクション的性質に基づく側面と公共への開放という側面をもち，もともと大衆の教化のための社会的装置として考案された（矢島, 1996）。このようなアクアリウムのメタファーを通じて，本書の序章で示したボールディング（Kenneth E. Boulding）のシステム 3（コントロール・システムズ）は，どのように組織論のなかで捉えられるのだろうか。

　アクアリウムは，あくまで生きものの暮らしを限られた空間のなかで疑似的に体験するものである。このことからすると，組織内の諸活動に焦点を当てたクローズド・モデルが呼応する。しかしながら前章の時計仕掛けのメタファーとは異なり，組織を"生きもの"として捉える，いわば生態学的な視点をもつ

組織観が親和的であろう。これら2つの側面に関係するものとして，本章では，バーナード（Chester I. Barnard）の組織論を取り上げる。これは，キャロル（Glenn R. Carroll）が，バーナードの主著『経営者の役割』の大部分は協働と管理行動に関する議論が占めることから，「バーナードがなぜクローズド・システム論者として記憶されてきたかが容易に理解される」（Carroll, 1990：61，訳 p.76）としていること，またバーナードの主著と組織生態学との概念的類似性も指摘していることを拠り所とした。

　バーナードの組織論・管理論については，既に多くの議論がされており[2]，また，古典的組織論批判で知られるペロー（Charles Perrow）が厳しい眼を向けながらも，今日の主要な組織論の理論的輪郭はバーナードによって最初に描かれたとしているとおり（Perrow, 1972: p.74，訳 p.105），後の組織研究に多様なバリエーションをもたらした。例えば，ウィリアムソン（Oliver E. Williamson）が編纂した『現代組織論とバーナード』では，組織学習論，組織生態学，組織文化論とバーナードの主著との繋がりが論じられており，後のサイモン（Herbert A. Simon）の意思決定理論，セルズニック（Philip Selznick）の制度論への影響も指摘されている。そこで本章は，主にバーナードの組織論の基本内容を概観する。その際，パラダイムの議論などを参照しつつ，キャロルの指摘にみられる組織生態学との結びつきをみる。そして，バーナードの組織論との交差からセルズニックの制度論を概説する。

Ⅱ．協働システムと公式組織・諸力

1．システムとしての組織
　バーナードの描く世界の基礎を成すのは，協働システム（coöperative system）である。協働システムは，物的・生物的・社会的要因[3]からなり，また組織は協働システムのなかの1つのシステム（サブシステム）であり，例えば教会，政党，軍隊，企業，学校，家庭などが相当するという。これらの組織は，「2人以上の人々の協働」（Barnard, 1938: p.65，訳 p.67）という点で共通するといえ，それぞれの組織には公式組織（formal organization）と非公式組織（informal organization）という2つの側面が措定される。公式組織は，「2

人以上の人々の意識的に（consciously）調整された活動や諸力のシステム」（Barnard, 1938: p.73, 訳 p.76）である。端的にいえば，システムとは相互に作用する要素の複合体（Bertalanffy, 1968: p.55, 訳 p.51）であり，公式組織の要素は意識的に調整された「活動」と「諸力」（forces）ということになる。こうした公式組織の定義は組織研究者の多くが知るところであるが，「人間にせよ，また客観的結果にせよ，それ自体が組織ではない」（Barnard, 1938: p.76, 訳 p.79）と明言されるように，われわれが日常的に知覚する一般的な人間や集団の集まりではない。換言すれば，公式組織は組織貢献者らの活動や諸力からなる構成概念であり，活動や諸力という機能の集合体であって，非人格化される。この公式組織はバーナード自身がいうように主著の中心をなす仮説であり，物理学でいう「重力の場」や「電磁場」を意味する。

　一方の非公式組織は「個人的な接触や相互作用，人々の関連づけられたグループの総体」（Barnard, 1938: p.115, 訳 p.120）と定義され，不明瞭で構造や下位単位をもたず，公式組織に支配されていない状態の人々の繋がりや相互作用である。ここで Barnard（1938）は，定義上の理由から非公式組織の「目的」を除外するとし，そこで生じる「結果」が公式組織にとって意味をもつとした。結果とは，①一定の態度，慣習，制度などを確立すること，②公式組織の発生条件を創り出すこととする。そして公式組織にとっての非公式組織のもつ機能として，①伝達機能，②凝集性を維持する機能，③自尊心や自主的選択力を維持することを挙げる。

　では，こうした組織において，人はどのように描かれるのだろうか。

　バーナードは，人体はそれ自体が不可分な物的要因と生物的要因からなる一つの有機体としたうえで，人間有機体（human organism）の相互作用は物体間や動物のそれと異なり繋がりを取り除いて機能しえず，2つの人間有機体間の相互反応は一連の適応的行動の意図と意味への応答であるとする。この人間という有機体の相互作用に特有の要因を，社会的要因とした。そのうえで，彼は主著において用いる「個人」（individual）についての定義を展開する。個人とは，「過去と現在の物的・生物的・社会的要因である無数の諸力や事物を具体化する，単一で，ユニークで，独立の，孤立した全体」（Barnard, 1938: p.12, 訳 p.13）という。そして直接的にある個人の関係する組織の問題となる場合

を除き，その個人の経歴やその理由について関心を払わないと補足する。さらに主著では，人々（persons）を２つの方法で扱うとする。一つ目の方法は公式組織の定義でみたとおり純粋に機能とみなす特定の協働システムの貢献者としての人であり，彼らの協働の努力は非人格化（de-personalized）され，社会化されるとする。そこでは，個人の活動は非人格的体系の単なる一部にすぎない[4]。２つ目の方法は，制限された程度の選択力をもち物的・生物的・社会的要因の独特な個人化としての人であり，ある特定の組織の外部にあって協働システムから孤立し対立する個人とする。これは，バーナードが組織貢献者に含める「商品を購入する顧客，原材料の供給者，資本を提供する投資家」（Barnard, 1938: p.77, 訳 p.79）をさすものといえる。

2．物的・生物的要因と協働の制約

　Barnard（1938）は，「協働は個人にとって制約を克服する手段として存在理由をもつ」（p.23, 訳 p.24）としながら，諸力（物的・生物的・社会的および，心理的要因）の制約要因としての側面について説明する。最初に語られるのが物的・生物的要因であり，その際，この２つの要因のみが存在すると仮定すること，人間をオートマトン（automaton）のようなものとして取り扱う必要性があることに言及しつつ持論が展開される。

　Barnard（1938）は，「ある事柄が遂行できないのは物的制約あるいは生物的制約のいずれかの理由による」（p.25, 訳 p.26）とし，協働の目的達成の制約は「個人の生物的才能や能力」と「環境の物的要因」の結びつき（joint）の結果であり，このような制約は目的の観点からみた全体情況の関数（function）とする。例えば人のエネルギーを機械的に適用する場合，体力についていえば集団の能力は個人の能力に勝る。また，気候の不安定さによる物的環境の制約が生じたなら，これに協働は適応せねばならない。実際には，仕事が異なった場所で同時に遂行されたり，継続性やスピードが求められたりするなどの複雑な条件のもとで協働は行われ，この適応過程がマネジメント・プロセスとする。バーナードが制約を「全体情況の関数」とする意味は，１人では動かせない石の例話によって理解が容易かもしれない。「石が人に対してあまりに大きすぎる」という表現は環境の物的要因に制約があることを，「人が石に対して

あまりに小さすぎる」という表現は人の生物的要因に制約をみるためという。一般に変化が可能と思われる要因を「制約的」といい，ある要因を変化させると，結果として全体情況の変化で制約がなくなったり他の要因が新たな制約となったりする。制約は目的を達成し得ると理解された場合に認識され，環境の物的要因を変え得ないとみなすのは「人間の生物的特性」にあり，その力は限定されている（Barnard, 1938: p.24, 訳 pp.25-26）[5]。

3．社会的・心理的要因，有効性と能率

　次にバーナードは，心理的要因と社会的要因について小さな紙幅で記述する。心理的要因とは，個人の行動を結果づける要因であり，個人の現状と歴史を決定づける物的・生物的・社会的要因の合成物，あるいは残余物とする。Barnard（1938）は，個人に経験や選択が帰されるゆえ，その個人は2つの点から評価されるとする。一つ目は，状況における個人の能力であり，2つ目は能力により設定される限界内での決断や意欲とする。これらの側面に対処する場合，前者については操縦しうる客体とみなし外的要因の操作を通じて接近すること，後者については欲求を満たす主体とみなし外的要因を所与として扱うとする。最終的にバーナードは用語上の理由を挙げながら，個人のうちから公式組織を動かす（心理的要因に起因する）社会的要因はない，とする。

　社会的要因は，公式組織の側から個人を動かす（operate）ものとされる。Barnard（1938）は，議論せねばならない社会的要因として，以下の5つを挙げる（pp.40-45, 訳 pp.42-46）。

1)　公式組織内の個人間の相互作用：この相互作用は公式組織や個人の目的ではないが，避けることができない。非論理的，非公式的である。公式組織に好ましい方向にある限り役立つが，そうでなければ協働の制約となる。

2)　個人と集団間の相互作用：上記の個人間の相互作用と同様の側面をもつ。ただし集団の相互作用は，集団内の個人間の相互作用の単なる合計以上となる場合がある。集団は，個人の動機に普通なら生じないような変化を及ぼすことがあり，この変化が公式組織に好ましい方向にある限りその集団は役立ち，そうでなければその集団は制約となる。

3)　公式組織の影響の対象としての個人：公式組織から個人に対する意図的な関係を示す。一つは，公式組織のなかに個人をひき入れる（bring）特定の行為の側面であり，もう一つはシステム内で彼の諸行為をコントロールする側面とする。誘因あるいは強制の問題であり，個人の心情への影響は避けられない。これらの影響がマイナスに作用すると，協働の制約となる。

4)　社会的目的と協働の有効性：協働の目的は明確に個人的目的と区別される。公式組織の目的が達せられる程度を有効性（effectiveness）とし，その評価は公式組織の観点で決定すべきとする。個人的努力の有効性には，① 協働目的の達成という観点から判断する側面，② 個人的動機を満たしているかどうかという側面という 2 つの意味がある。個人的努力の有効性は前者から決められ，後者はここで直接関係しない。

5)　個人的動機と協働の能率：協働は個人的動機を満たすために結成されるので，協働の能率（efficiency）は貢献者個人の能率の合成物であり，個人の動機の総計が協働全体の動機となる。つまり，協働の能率は組織貢献者の個人的動機の複合物であり，「動機は個人的なものであるから，この能率の唯一の決定因子は個人である」（Barnard, 1938: p.44, 訳 p.45）。もしもある個人の貢献が協働に不可欠であり，その個人が自身の貢献を非能率的（動機を満たされない）と判断し行為を辞める場合，公式組織は存続できず，すべての非能率となる。そこで Barnard（1938）は，協働の能率は限界（marginal）貢献者によって決定され，公式組織の能率の唯一の尺度をその存続能力に置く。

社会的要因については，さらに説得や誘因による接近の方法が説かれる。

ここまではバーナードの主著の前半部分を中心に骨格となる協働システム，公式組織，諸力を主に概説した。次節では，公式組織をシステムとする視点について考えるうえでの材料を若干，提供する。

Ⅲ．組織理論のパラダイム

バレルとモーガン（Gibson Burrell & Gareth Morgan）による『組織理論

のパラダイム』では，「客観－主観」の次元と，社会の性質に関する「レギュ
レーション－ラディカル・チェンジ」の次元から成る2軸により，4つの社
会科学のパラダイムが示されている（図表3-1）。前者の「客観－主観」につ
いては，存在論，認識論，人間性，方法論から特徴づけられる（Burrell &
Morgan, 1979: pp.4-7, 訳 pp.6-10）。後者の軸の「レギュレーション」（regu-
lation）は，本質的に人間事象における規制の必要性に関心をもち凝集性や連
帯の性質を強調するものとされ，対する「ラディカル・チェンジ」は，急進
的変動，深層的な構造的コンフリクト，支配の諸様式や構造的矛盾に対する
説明をみつけようとし，現状の受容よりもそれに代わりうるものに関心をも
つ（Burrell & Morgan, 1979: pp.16-17, 訳 pp.22-23）。図表3-2は，この2軸
によって分類された4つのパラダイムに，組織分析の主要学派をプロットした
ものである。社会科学におけるシステム論（社会システム論）は，客観的－レ
ギュレーションという特徴をもつ機能主義者のパラダイムのなかに描かれる。
　もっとも，それぞれのパラダイムは必ずしも典型的なかたちで認識や方法論
が採られるわけではなく，認識と存在の接合にいわゆる変換理性[6]が働き，多

図表3-1　社会理論分析に関する4つのパラダイム

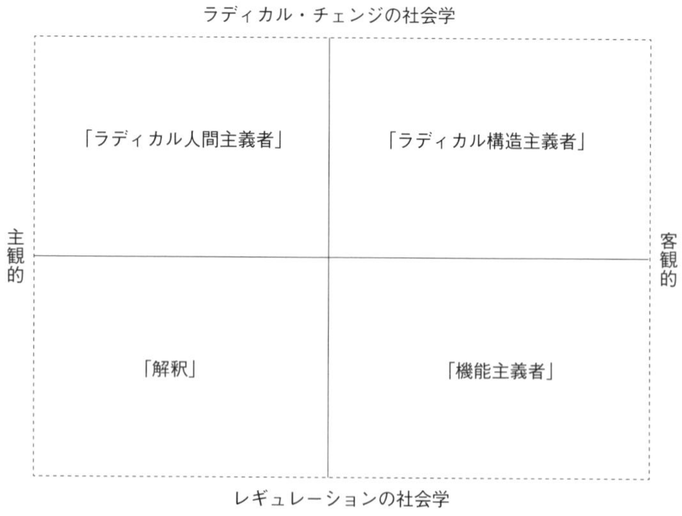

（出所）　Burrell & Morgan（1979: p.22, 訳 p.28）。

図表 3-2　組織分析の主要学派

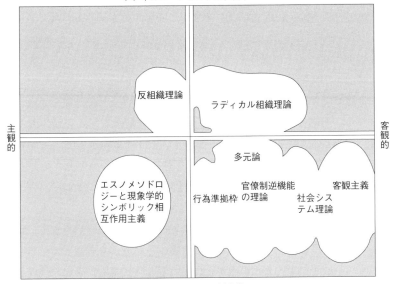

ラディカル・チェンジの社会学

反組織理論

ラディカル組織理論

主観的

客観的

多元論

エスノメソドロジーと現象学的シンボリック相互作用主義

行為準拠枠

官僚制逆機能の理論

社会システム理論

客観主義

レギュレーションの社会学

(出所)　Burrell & Morgan（1979: p.30, 訳 p.37）。

　様な方法と見解が同じパラダイムのなかに併存することもあって，科学的方法は約束として手続きを採ることから諸仮定のネットワークの関係を評価せねばならない（高橋, 1998a: p.44）。こうした制約を踏まえたうえで，バーナードのシステムとしての公式組織の仮説はどのような組織分析と親和的か，機能主義者のパラダイムの他の主要学派との関係をみることも有益であろう。

　そもそもシステム理論の系譜は，「機械システム論」と「サイバネティクス的（有機体）システム論」に大別される（新田, 1990）。前者の特徴は，目標指向システムでなく他律的システムという点，主に閉じたシステムであり，他システムとの接続が可能という点などにある。一方で後者の特徴は，自立システム，開いたシステムであることから環境変化に適応して自己組織し，自己維持し，自己成長し，外部との境界が明確で全体として機能完結している点などにあるという。もっとも，これら2つの自然科学に源泉をもつシステム観

は社会－文化的システムの分析に不適当とされ，社会学領域では社会－文化
的システムの「構造生成的特質（morphogenic property）の理解」の必要性
（Buckley, 1967: pp.4-5, 訳 pp.5-6）を求め，モデル化も試みられた。またグル
ドナー（Alvin W. Gouldner）による組織分析の枠組みとして「合理的モデル」
（rational model）と「自成体系モデル」（natural-system model）の識別があ
る（Gouldner, 1955: 訳 pp.329-332）[7]。

 1) 合理的モデル：組織は合理的に設計された用具，目標達成の手段と考え
  られる。組織は人間のエネルギーを集中，増幅する形式合理的構造をも
  ち，その技術的長所が強調される。所与の目標に向かって，諸部分が規
  則正しく連動するとみる機械モデルを意味する。このモデルの源流はサ
  ンシモン（Henri Saint-Simon）の近代組織観にあり，ウェーバー（Max
  Weber）の官僚制理論によって定式化された。

 2) 自成体系モデル：計画組織による人工の秩序よりも自然のままに成る秩
  序のほうが優れていると捉える。目標達成は組織がもつ複数の必要性のう
  ちの一つにすぎず，公式組織から自成する非公式組織に研究の焦点が当て
  られる。組織構造は自成的かつ自動均衡的（homeostatical）に維持され
  ると考え，組織の諸変化はシステム全体の均衡への脅威に対する累積的，
  無計画的，順応的反応の結果とみなされる。コント（Auguste Comte）
  に源流をもち，セルズニックやパーソンズ（Talcott Parsons）らの理論
  に代表される。

 上記の2つの組織分析モデルは，先の自然科学を源泉とするシステム観（機
械システム論，サイバネティクス的（有機体）システム論）にそのまま対応す
るわけではなく，例えば「自成体系モデル」は，一種の有機体モデルを下敷き
にしているにすぎない。組織分析ではどちらか択一的に依拠するというより
も，組織の一部は合理的モデルで分析し他の一部は自成体系モデルで分析する
といったように，しばしば折衷的に用いられる（Gouldner, 1955: 訳 p.333）。

IV．組織均衡論，オーソリティー

1．協働意欲，共通目的，伝達

　本節では，Barnard（1938）の後半部分で主に言及されている組織均衡論について，どのような変数間のバランスが措定されているかをまずみる。

　Barnard（1938）によると組織は，① 相互に意思を伝達できる人々がおり，② それらの人々が貢献しようという意欲をもって，③ 共通目的の達成をめざすときに成立する[8]。これにより組織の存続は，伝達（communication），貢献意欲（willingness to serve）あるいは協働意欲（willingness to coöperate），共通目的（common purpose）という相互依存関係にある3要素の内的均衡におかれるが，究極的には外的な全体情況との均衡の問題となる（Barnard, 1938: pp.82-83, 訳 pp.85-86）。外的均衡とは，組織の共通目的が環境の情況に対して適切か否かという問題と，組織と個人の間の相互交換の問題という。組織の成立・存続の3要素の中身は，以下のように示される。

1) 協働意欲：組織に個人的意欲は不可欠だが，組織に必要な意欲は献身，個人活動の統制への明け渡し，個人行為の非人格化を意味する。これがなくして協働の努力の凝集，結合，諸活動の調整は行い得ない。協働への貢献が生じるのは，個人が協働に伴う犠牲とその組織からの誘因を考え，他の協働の機会と比較したうえで，その組織が与える誘因がプラスになるからという。協働意欲は，個人の観点からすると欲求と嫌悪（reluctance）の合成，組織の観点からすると提供する客観的誘因と個人に課す負担との合成であり，その尺度は個人的，主観的となる。つまり個人の組織への「貢献」（contribution）と組織が与える「誘因」（incentive）のバランスとして，協働意欲は理解される。

2) 共通目的：組織の目的が貢献者によって容認されなければ協働活動を鼓舞することにならない。目的には「協働的側面」と「主観的側面」があり，前者は組織の利益という特殊な観察者の立場であり，後者は組織全体にとっての意味をいかに考えるかという個人の立場を示す。「協働的側面」からすると共通目的は，組織の決められた目的であると貢献者によって信

じ込まれているもの，あるいは本当に存在しているという信念を管理職能によって植え付けられたものという。また「主観的側面」からすると，個人にとって意味をもつのは組織が課す負担と与える利益いかんの問題となる。共通目的と個人動機が一致することは極めて稀であり，両者は明確に区別されねばならない（Barnard, 1938: pp.88-89, 訳 p.92）。

3）　伝達：共通目的と貢献を望む諸個人の存在は協働において反対極にあるため，共通目的は伝達されねばならない。伝達の方法は言葉によるものが中心だが，ある動作による以心伝心（observational feeling），つまり相手の意向を言葉によらずに理解する能力は大きな要素となる。組織の構造，広さや範囲は伝達の技術によって決定される。

2．有効性と能率

協働の永続性は，「有効性と能率という2つの条件に依存する」（Barnard, 1938: p.60, 訳 p.62）。「有効性」のテストは共通目的の達成に関係し，「能率」のテストは個人的動機の満足に関係する。

1）　有効性：「主として技術的プロセスの問題」（Barnard, 1938: p.91, 訳 p.95）であり，目的達成の程度が有効性の度合いを示す。その度合いは，組織によって決定されるべきであり，その決定の基礎は，実施された行為や客観的結果が，個人的動機を満たすに必要な諸力を組織のために十分に確保したかどうかにある（Barnard, 1938: pp.55-56, 訳 pp.57-58）。

2）　能率：組織の能率は協働に必要な「個人的貢献の確保についての能率」（Barnard, 1938: p.92, 訳 p.96）を意味する。組織の能率は個人の負担と満足を釣り合わせる能力であり，このバランスは，① 個人の動機を変える，あるいは適切な動機をもつ人と交代させる（社会的要因による働きかけ），② 個人に生産成果を分配する（物質的・社会的要因による働きかけ）といういずれかによる。個人の満足は物質的利益と社会的利益の多様な割合からなり，組織は個人の満足の余剰を作り出さねばならない（Barnard, 1938: pp.57-58, 訳 pp.59-60）。

Barnard（1938）によれば，有効性は専門化（specialization）の革新の工夫と採用によってもたらされ，専門化は一般的な目的を細部の目的へと分析す

ることに第一義的意味がある（p.132, 訳 p.138）。専門化の基本事項は作業の，
① 場所，② 時間，③ 共にする人々，④ 対象物，⑤ 方法とプロセス，にあり，
そこでの協働行為の正しい順序を発見し，工夫することが第一歩となる。

　以上のように，共通目的は伝達の媒介によって維持され，協働の継続性は
「有効性」と「能率」のバランス，協働意欲は「誘因」と「貢献」のバランス
といった対比関係が見て取れる。

3．オーソリティーと無関心圏

　オーソリティーは「公式組織における伝達（命令）の性格」であり，それに
よって組織貢献者は自身の貢献を支配するものとして受容する（Barnard,
1938: p.163, 訳 p.170）。組織の失敗はオーソリティーを維持できないからであ
り，組織貢献者が命令の受容に伴う負担を自己の利害に反する利益均衡の変更
と考え，貢献を撤回したり控えたりすることにより生じるという。オーソリ
ティーに基づく伝達には，① 権威あるものとして受容する主観的・人格的側
面，② そのものの性質を示す客観的・公的側面，が識別される。

1)　主観的・人格的側面：次の4つの条件が満たされたときに，個人は伝達
　　を権威あるものとして受容し得る。これは，組織貢献者が伝達を，① 理
　　解でき，実際に理解する，② 意思決定にあたり組織目的と矛盾しないと
　　信じる，③ 意思決定にあたり自己の個人的利害全体と両立しうると信じ
　　る，④ 精神的にも肉体的にも従い得る，場合である。オーソリティーは，
　　あくまで個人の受容や同意に基づくものとされ[9]，個人が解釈するまで意
　　味をもたず，矛盾する命令は組織を麻痺させる。オーソリティーは個人の
　　受容に基づくという仮定にあって，永続的な協働の確保が可能となるの
　　は，個人の意思決定が次の条件下で行われるためという。これは，① 慎
　　重に発せられる命令は通常，前述の4条件を満たしている，② 諸個人に
　　は「無関心圏」（zone of indifference）[10]が存在し，その圏内での命令は
　　オーソリティーの有無を意識的に反問せずに受容され得る，③ 組織に貢
　　献する人々の利害は，グループの結果として無関心圏の安定性を維持する
　　よう個人の主観や態度に影響する，からである（Barnard, 1938: p.167, 訳
　　p.175）。無関心圏内の命令とは，受容可能な順に命令を並べた場合，①

問題なく受け入れられ得る命令，②受け入れられるものと受け入れられ
ないものの瀬戸際にある命令，③確実に服従されない命令，となるが，
①を指す。無関心圏は，組織への個人の執着を決定する誘因が負担と犠
性をどの程度超過するかに応じて広くもなり，狭くもなる。

2) 客観的・公的側面：Barnard（1938）は，上位権威は仮構（fiction）で
　　あるとしたうえで，組織にとっての必要性の一つを，決定の責任を個人
　　から組織に委譲するプロセスであること（個人が自己および他者の組織
　　行為の責任を必要以上に引き受けたがらないため，オーソリティーを認
　　めようとする），もう一つを，組織の利益が重要であるという非人格的
　　な見方を生じさせることとする。伝達は公的性格にあるときにのみオー
　　ソリティーをもち得るので，その確立のための時間，場所，服装，儀式，
　　認証などが重要とみなされる。客観的オーソリティーは，すべての組織
　　貢献者に明確な公式的経路を要求すること，すべての伝達は認証される
　　（authenticated）べきことなどが示される。こうした伝達の原則は，職位
　　を機能させる際に叙任，就任，宣誓などの儀式を通じてオーソリティーを
　　周知する方法と同様，組織の忠誠心や連帯感を醸成するプロセスと位置づ
　　けられる。

次節では本章の冒頭で示したように，Barnard（1938）の主著と組織生態学
との概念的類似性について，若干の検討を加える。

Ｖ．組織生態学における概念的類似性

組織生態学（population ecology）とは，英国の生物学者であるチャールズ・
ダーウィン（Charles Darwin）の進化の法則やプロセス（変異－淘汰・選択－
保持）[11]を組織論に応用したものである（Hatch, 2013）。詳細な検討は本書の
第7章に譲るとして，ここではアウトラインをみる。

組織生態学は，環境が競争者集団のなかからその環境要件に最も合った組織
を選択すると仮定し，組織個体群（population）内における経済競争を自然淘
汰の一形態と捉え，多様な組織形態の誕生と消滅を生態学的プロセスの結果と
して説明しようとする（Hatch, 2013: p.72, 訳 p.116）。この分野の研究に，ハ

ナンとフリーマン（Michael T. Hannan & John Freeman），オルドリッチ
（Howard E. Aldrich）によるものなどがある。こうした組織生態学は環境決
定論として位置づけられ，近年の地球環境問題がさすエコロジーとは異なるも
のであり，組織の支配的特徴を慣性力（inertia）に置き，組織個体群という分
析単位に関心を寄せる点に特徴がある（高橋他, 1998: pp.65-66）。

　Carroll（1990）は，Barnard（1938）が組織生態学者であったことを意味す
るのではないと断りをしつつ，組織生態学者が関心をもつ問題の多くに彼が取
り組んだとし，その根拠を以下のように示す（p.59, 訳 pp.74-75）。
　1）　組織の慣性的性質の認識
　2）　公式組織の生成・拡大の議論のための個体群メタファーの利用
　3）　組織の設立時点の識別
　4）　組織の発生と存続への関心
　5）　組織内刷新という責務の認識
　6）　組織コミュニティーの階層的概念化
　7）　組織間の競争概念
　8）　存続が非経済的要因に依存するという議論

　確かに Barnard（1938）は，例えば 2)について，「日常，われわれの目につ
くのは，数多くの失敗者のなかでうまく生き残ったものである。常に注意をひ
き続ける組織は例外であって原則ではなく，しかもそのほとんどがせいぜい短
命なものである」（p.5, 訳 p.5）と記している。上記の 8 項目以外にも，生物が
細胞増殖によって成長し単位細胞より始まることが，組織にも当てはまると述
べている（Barnard, 1938: p.105, 訳 p.110）。そして Carroll（1990）は，『経営
者の役割』をもとに再構築した組織生態学的な要約を以下のように示す。

　組織は強力な慣性をもち，これらは個人－経営者でさえ－の組織変革能力を
　制限する。他の組織との競争は，個人の忠誠心と彼らの奉仕をめぐって生じ
　る。存続するに足りる個人の貢献を抽出し，維持するのに成功した組織はう
　まくいく。成功の他の比較尺度は存在せず，これに達する条件は経済学的で
　あると同様に，心理学的，社会学的，および政治学的である。（Carroll,

1990: p.60, 訳 p.76)

　この要約には，組織生態学が特徴とする環境決定論的視点や個体群に関する
基本前提は十分に見受けられないようである。また，環境による組織への影響
はおよそ描かれていない。このことに関連して Scott（1990）は，「バーナー
ドはいたるところで環境の重要性を認めてはいたけれど，これらの洞察を体系
的に探求しようとはしなかった」（p.44, 訳 p.56）とする。また Douglas（1990）
も「バーナードは，組織の環境について語り，相互的な適応について多くを述
べるけれども，一種総括的な環境についてしか記述していない」（p.101, 訳
p.129）としている。こうした指摘と，ここまでの『経営者の役割』を検討し
た範囲からすると，あくまで Barnard（1938）は組織のなかの協働を "生きも
の" とのアナロジーを用いて描いたといえ，「生態学」的類推として理解され
る。

Ⅵ．意思決定とリーダーシップ[12]

　本節では Barnard（1938）の意思決定とリーダーシップに関する記述を整理
したのち，Selznick（1957）の制度論をみる。その際，Selznick（1957）が
Barnard（1938）によって触発された要素として，Williamson（1990: p.5, 訳
p.4）が挙げた「非公式組織，リーダーシップ，目標形成，道徳的秩序の注入」
が検討される。

1．組織的意思決定の機会主義的側面

　Barnard（1938）は，すべての調整された協働努力は2つの意思決定行為を
含むとした。一つは，個人が組織貢献者となるかどうか，あるいはそれを継続
するかどうかを決定する反復的な「個人的意思決定」であり，もう一つは，組
織目的との関係や組織への効果の見地から比較考量しつつ行われる非人格的な
「組織的意思決定」とする。前者は他者に委譲し得ないのに対し，後者はしば
しば委譲・専門化され得る。組織的意思決定の責任は，実際に割り当てられて
はじめて個人に課せられる場合が多い。その中心的ないし一般的責任を管理者

に割り当てるのは，管理者の職能の本質が組織的意思決定プロセスの専門化を表すからである。組織的意思決定の一般的条件は機因（occasion），証拠，環境からなる（Barnard, 1938: p.189, 訳 p.197）。

1)　意思決定の機因：自己の職位の範囲内で能力の限度を守りつつ，機因を選別せねばならない。決定の機因は，① 上位者からの権威ある伝達，② 部下から意思決定を求められる場合，③ 管理者自身のイニシアチブに基づく場合，により生じる。「相対的」重要性からすると管理者の意思決定が第一に注意を引くが，「総体的」重要性からすれば主要な関心が必要なのは，手段の最終選択がなされる，非管理的な「現場」での組織貢献者による反復的な組織的意思決定にある。組織の上位，中位，下位の階層ごとに意思決定の条件，型，性質が異なることに注意が必要となる[13]。

2)　意思決定の証拠：管理者の意思決定を知るには間接的証拠の積み重ねによらねばならないが，最も直接的には命令発出の結果である。「管理的意思決定の真髄とは，現在，適切でない問題を決定しないこと，機熟せずしては決定しないこと，実行し得ない決定をしないこと，そして他者が成すべき決定をしないことである」（Barnard, 1938: p.194, 訳 p.202）。「機熟せずしては決定しない」とはある態度の言質をとられたり偏見を拡大させたりしないことを，「実行しえない決定をしない」とはオーソリティーを破壊しないことを，「他者が成すべき決定をしない」とはモラールを保ち責任を明確にしオーソリティーを維持することを意味する。

3)　環境の性質：組織的意思決定の機能は，「目的」と「環境」（物的・社会的世界，外的事物，情況等）の関係の調節とされる。① 目的：現在の目的は，以前の組織的意思決定の結果であり客観的事実である。目的は環境の諸部分に意味を与えるために必須であり，一般の目的を具体的目的に分解し絶えず環境に即して精緻化する反復的意思決定により，目的の完成が一つの経験ルートとなる。② 環境：目的を除外した意思決定の環境は，「明らかに目的達成を促進したり阻害したりする事実」と，「取るに足らない無関係な背景にすぎぬ事実」とに識別される。そこで意思決定は，好ましい要因の利用や好ましくない要因の除去などによる代替案の選択か，目的そのものの変更による新たな環境の創造か，いずれかに絞られる。前者

は後述の客観的・機会主義的側面に，後者は主観的・道徳的側面に関係する。

Barnard（1938）によると，組織の行為は「個人目的でなく組織目的によって支配されている個人の行為」（p.185, 訳 p.194）であり，そうした行為の専門化による割当は「組織の論理的ないし意識的な思考過程（thinking process）」（p.186, 訳 p.194）とする。そして組織内の意思決定の技術は「組織の思考過程」（organizational process of thinking）と換言され，個人のそれと同類ではないと明示される。このよう Barnard（1938）は組織の思考，換言すれば組織の意識を仮定しており，人間行動を「組織的」なものと「非組織的」なものとに識別すべきとする立場に立つ[14]。

組織的意思決定は，2つの型が識別される。一つは組織目的の「利益」（good）に関係する客観的・機会主義的側面であり，もう一つは「理想」に関係する主観的・道徳的側面であり，いずれも公式組織に不可欠とする（Barnard, 1938: pp.200-201, 訳 pp.209-210）。

客観的・機会主義的側面に必要な分析は，コモンズ（John R. Commons）から借用した「戦略的要因」の探索を通じて見出される。Barnard（1938）によると，戦略的（制約的）要因は，「正しい方式で正しい場所と時間にコントロールすれば，目的を満たす新たなシステムないし一連の条件を確立するもの」（p.203, 訳 p.212）であり，意思決定の環境の中心点とされる。つまり戦略的要因は，ある要素を削除あるいは変化させることで目的が達成可能なもの，あるいはもともと情況の集合体の中に欠落しているものを意味する。他の不変のままのものを「補完的要因」とすれば，戦略的要因がコントロールされた後，それは補完的要因となり，他の補完的要因が次に新たな戦略的要因となる。突き詰めれば，意思決定プロセスは選択を狭める技術である（Barnard, 1938: p.14, 訳 p.14）。組織では，異なる時間に，異なる職位の，異なる管理者や他の人々による連続的意思決定が必要とされ，そのプロセスには終わりがない。

一方で主観的・道徳的側面とは，物的・生物的・社会的経験のルートを通じて人々の感情に影響を与え，協働の新たな目的を形成する管理者のリーダー

シップに関係する。これについては，次のセクションで詳述する。

２．管理者のリーダーシップと道徳性

　Barnard（1938）は管理者のリーダーシップを，「信念（faith）を創り出すことによって，協働的な個人的意思決定を鼓舞するための諸個人の力」（p.259, 訳 p.270）とし，これを組織に不可欠な要因とした。「協働的な個人的意思決定」とは，何を意味するのだろうか。前述のとおり「個人的意思決定」は，個人が組織への貢献を継続するか否かの選択を意味するものの，なぜ「協働的」必要があるのか。このことを理解するために，少し回り道をしなければならない。

　Barnard（1938）は，管理者のリーダーシップに２つの側面を識別する。一つは，局部的かつ客観的で積極的な行為に求められる「技術的側面」であり，時と場合により変動しやすいものとする。もう一つは，より普遍的かつ絶対的，主観的で一般に責任という言葉に含める「道徳的側面」とし，行動に信頼性と決断力を与える性質とする。先の意思決定の「主観的・道徳的側面」に呼応するものである。

　Barnard（1938）は，「道徳」（moral）とは個人に内在する一般的，安定的な性向であり，これと一致しない欲望や衝動，関心を禁止・統制し，一致する場合に強化する傾向とし，個人に外的な諸力（物的・社会的環境や生物的特性等）から生じるとする。ここで Barnard（1938）が示す「道徳」とは通常の法規制をさすものではなく，「個人に対して現に働きかけている累積された諸影響の合成力」（p.262, 訳 p.273）という点に注意が必要である。そして「道徳」は私的な「行動準則」（code of conduct）と換言される。そこではいく組かの行動準則が同一人物に内在すると仮定され，具体的な情況下では準則間の対立が生じやすい。Barnard（1938）は，準則間の対立が個人のなかで生じている場合，「組織準則が支配的となろう」としつつ，例えば多くの優秀な芸術家や技術者などの専門職にみられるように「正しい方法で仕事をすることが支配的な道徳準則である」とする（p.266, 訳 p.277）。このように「道徳」という言葉は，組織に由来する「組織準則」，そして「道徳準則」へと丁寧に言い換えられる。

　また Barnard（1938）は，わが家が焼け落ちながら職務を務めた電話交換手の例を引きながら「組織準則」と「道徳的必要性」を類似したセットとして扱い，個人の準則ではなく組織の準則に従ったその行動を「責任感が高かった」と評価する（p.269, 訳 p.281）。そして個人が組織の要求に同意するか否かは個人にとっての，制裁によって修正された積極的・消極的誘因の効果，道徳準則の有無，準則間の対立の有無，組織準則の重要性，責任感の程度などに依存するとした（Barnard, 1938: p.270, 訳 p.282）。つまり，「道徳」は，組織の協働を確保するために重要な変数として取り出されるのである。もっとも人々は行動準則の数に差があり，その対立のジレンマを抱え，責任を回避したりする。そこで管理者の責任および道徳の創造に関する議論が展開される。

　Barnard（1938）によると管理責任には，複雑な「道徳準則の遵守」と「道徳準則の創造」が求められるという。端的にいえば，前者は管理職能におけるセルフコントロールといえる。そして後者は，組織に「基本的態度や忠誠心を教え込むプロセス」であるとともに組織内コンフリクトを解決するために「道徳的基礎を考案すること（inventing）」を意味する（Barnard, 1938: p.279, 訳 pp.291-292）。Barnard（1938）は，管理者に要求される大部分の意思決定は組織人格による組織準則内にあって，個人準則（個人人格に基づく）は直接関係しないとしてきた。しかしながら道徳性の創造が問題であるとき，管理者にはリーダーの見地から個人準則と組織準則とが一致しているという「確信」の要因が求められる。これは，管理者が組織と個人という二重の人格（dual personality）[15]から準則を擦り合せ，「組織のためにすることが正しいと彼らが自ら信ずる確信」（Barnard, 1938: p.281, 訳 p.294）である。道徳性の創造とは，組織に準則が混在する複雑なコンフリクトが生じた際，組織の"「思考」"に沿った「個人的確信」を管理者がすべての組織貢献者に届かせる「同化作用」（coalescence）と捉えられる[16]。Barnard（1938）は，この職能をリーダーシップの本質とした。このセクションの冒頭で示した「協働的な個人的意思決定」を鼓舞する力とは，このような文脈とともに用いられている。

3．制度的リーダーシップ論

　米国の社会学者として知られるセルズニックは，自著『TVA と農業地帯－

公式組織の社会学的研究』で，地域社会の利益をめざし農業地域プロジェクト
として発足した TVA（Tennessee Valley Authority: テネシー川流域開発公社）
が農科大学，地元自治体，政治家，ビジネスリーダーといった多様な利害関係
者をいかに取り込んでいったかを記述し，『組織とリーダーシップ』で制度の
正統性のパラドックスを「組織」と「制度」をその価値観の違いから区別する
ことで説明した（Hatch, 2013: pp.35-36, 訳 p.58）。

　Selznick（1957）が捉える「組織」とは，意識的に統合された活動からなる
無駄のないシステム[17]であり，「処分可能な道具」「仕事をするために考案され
た合理的器械」と表現される。一方で「制度」は，社会的必要性と圧力による
「自然の産物」「反応的，適応的有機体」により近い（Selznick, 1957: p.5, 訳
p.8）。こうした客体としての組織と，主体としての有機体という区分はあくま
で分析上のものであり，両者は連続した概念であって二項対立ではなく 2 つの
重なり合う円の関係にある（西尾, 1987）。そこでのセルズニックの関心は，
「組織」が「制度」へと変化するプロセスに置かれる。この制度化は，タスク
の技術的要求を超越した「価値を注入する（infuse）」ことである（Selznick,
1957: p.17, 訳 p.22）。言葉を換えれば，組織がアイデンティティを獲得するプ
ロセスを意味する。組織は制度化により，処分可能な道具から個人的欲求充足
の源泉としての「集団理想の容器」へと変化する。これは，

　　1）　自己防衛手段としての管理イデオロギーの発達，

　　2）　エリート（elite）の形成と維持に対する制度的価値の依存，

　　3）　集団的利害を反映した内部抗争の存在，

などの組織内の自然的傾向により現れる。また価値注入が成されたか否かを知
るテストは，「処分可能性」（expendability）に置かれる。組織が人々の願望
をシンボル化するようになり，組織が改造されるか破棄されるとき，人々はア
イデンティティが侵されたように思い，反抗が生じる。価値注入が成される
と，純粋に経済的，技術的根拠に基づく処分可能性は低減される。

　また Selznick（1957）は，価値注入によって制度が現れ，「組織性格」
（organization character）が創出されるとした。そして人々の不可逆的なコ
ミットメントの受け入れ，換言すれば社会的結合によって，組織性格が固定さ
れるとする。先にみたとおり，Barnard（1938）は組織の思考を仮定したが，

セルズニックは制度化による組織性格という構成概念を仮定した。したがって制度化とは，組織が環境との相互作用を繰り返して次第に有機体としての性格を強めていくプロセスである（西尾，1987: p.43）。「性格」は，心理学のパーソナリティ臨床研究に基づく類推とされ，その属性は① 歴史的所産である，② 統合された所産である，③ 機能的であり自己の再構成を重視する，④ 新たな欲求，問題を生み出す点で動的である，に置かれる。パーソナリティ臨床研究と同様，制度的研究も歴史的起源と成長段階，性格構造に伴う特殊問題を突き止めようとする（Selznick, 1957: pp.141-142, 訳 pp.173-174）。つまり，組織のもつ独特の歴史，内部（主にインフォーマル組織）の人々や集団，それらが作り上げた既得権益，環境に対する適応様式などの反映として，組織という社会構造の性格形成のプロセスをとらえようとするのである。

　Selznick（1957）が示す制度的研究の特徴を整理すると，① 内部と外部の社会的勢力（forces）をともに考慮しつつ組織形態や慣行の適応的変化と進化を強調する，② 新たなパターンの出現と古いパターンの衰退の物語は，意識的計画の結果でなく新たな状況への自然的で概して無計画な状況適応として語られる，③ 最も興味深く鋭い分析は，組織の役割と性格の著しい変化である適応を，歴史によって課せられた問題への組織反応と扱っている，④ 法的ないしフォーマルな変化を，既にインフォーマルには実質的に完了した進化を記録し正規のものとしてみる，ことに集約される（p.12, 訳 p.17）。こうした制度化の作用因となるリーダーに仮定されるのが，制度的リーダーシップである。

　制度的リーダーシップはルーティンの意思決定ではなく危機的（critical）決定を担うので，制度化のプロセスが自然消滅するか統制された段階で制度的リーダーシップはしばしば不必要となる。セルズニックは制度的リーダーシップの主要なタスクを，

1)　制度的使命と役割の定義：内外の有力な要求と組織の真のコミットメントを発見するための自己評価を伴う目標を設定すること，

2)　目的の制度的体現：「性格」を形造り，政策（policy）を組織の構造に組み入れ思考と反応の様式に反映させ，信頼度を増すこと，

3)　制度的完全性の防衛：リーダーシップ機能のなかで最も重要なものの1つである。存続に努力を集中するのではなく価値と特有のアイデンティ

ティを維持すること，

4)　内部コンフリクトの秩序化：大規模組織は多数のサブ組織から構成され
た政治機構であり，内部のパワー・バランスによって深刻な影響を受け
る。したがって自発的協力を最大限に得るために，利害が広く代表される
ことを許容しパワー・バランスを維持すること，

から成るとする（Selznick, 1957: pp.62-64, 訳 pp.76-77）。そして制度的リー
ダーシップは，中立的な人間集団をあるコミットメントをもつ政治集団
(polity) に変化させる政治的志向がことに必要とされるが，これを「狭い権
力闘争と同一視してはならない」(Selznick, 1957: p.61, 訳 p.74)。

　そもそも Selznick（1957）は，「社会科学と道徳哲学は相いれない別々のも
のではない」という立場から，大規模組織におけるステーツマンシップ
(statesmanship) [18] という意味でのリーダーシップの本質を議論した。した
がって，制度的リーダーシップはステーツマンシップに近似する。「経営者は，
管理的経営から制度的リーダーシップに移行するときステーツマンになる」
(Selznick, 1957: p.4, 訳 p.7) との主張は，組織の管理能率にのみ没頭する経営
者へのアンチテーゼとも捉えられる。

Ⅶ. アクアリウムとしての組織

　本章ではアクアリウムのメタファーをもとに，主に Barnard（1938）の組織
論・管理論をみてきた。このメタファーが象徴する，クローズド・モデルの組
織観と組織を“生きもの”として捉えるアプローチは，彼の主著におよそ適合
的であることをみてきた。前者については，端的には組織内の均衡として，例
えば組織成立の諸要素，有効性と能率，誘因と貢献，公式組織と非公式組織，
個人準則と組織準則といったように，協働に仮定される要素間の多様なバラン
スの問題，マネジメントの諸課題を幅広くかつ詳細に追究した結果と理解され
る。また後者については，Carroll（1990）による組織生態学と『経営者の役
割』との概念的類似性に関する記述をもとに，そこでは生態学的類推としての
組織の発生，分化，存続が主に描かれていることをみた。このような組織観，
および生態学的類推は，Selznick（1957）の制度としての「自成体系モデル」

（Gouldner, 1955: 訳 pp.330-332）と少なからず交差する。

　そもそも制度的研究は，Selznick（1957）が明示するところによれば，内部と外部の社会的勢力（forces）をともに考慮し組織（制度）を説明するものであり，確かに彼の『組織とリーダーシップ』では，組織のミッションや目標は内的情勢や圧力のみならず外的期待や圧力によって定義され，「社会的基盤」による選択の影響を受けることが企業を例として述べられている。しかしながらSelznick（1957）の制度論は，あくまで組織の内的環境の自然的な適応プロセスを，リーダーの機能を中心に据えて論じたものであり，その多様な環境要素の中身や「より大きな社会共同体」と組織の相互作用関係を積極的に取り扱うものとはいえない。こうした意味で，本章のアクアリウムのメタファーが取り扱うのはSelznick（1957）の制度論までであり，マイヤーとローワン（John W. Meyer & Brian Rowan）以降の新制度派組織論にみられるオープンシステムとしての理論展開については他のメタファーに譲るほかない。またSelznick（1957）は，パワーやポリティクスについて多くの知見を残しながら，組織から制度への単一の変化プロセスに焦点を当てた。必ずしもすべての組織がこのシンプルなプロセスを経験するとは限らず，これについては，本書の第12章のパワー・コンフィギュレーションの理論が補強するであろう。

【注】
1）　アクアリウムの起源をどのような形態に求めるかで異なるが，12〜13世紀の中国で，娯楽としての金魚飼育が既に上流階級に浸透していた（溝井，2018）。
2）　飯野（1978），加藤・飯野（1986），中條（1998）など日本で多くの議論がみられる。
3）　協働システムの構成要素はバーナードの主著の緒論での言及に従った。第4章の心理的要因，第5章の冒頭に唐突なかたちで個人的要因の記述もみられるが，全体として「物的・生物的・社会的要因」が主に言及されている。
4）　村田（1984: pp.146-147）は，人間と協働との間には避けようのない矛盾があるとしている。例えば，個人は人格を育成し成長を志向する一方で組織は非人格化を要求し，組織が誘因を提供すると個人はそれに抗うことが困難となる。また，独立と従属，統制と被統制などの問題も，ある部門を統制する主体が同時に経営者によって統制される客体であるという二律背反にあって，こうした個と全体の矛盾は，村田（1984）の垂直同型という人間モデルのなかで，人間，組織，社会，世界と垂直に縦貫するものと表現される。
5）　こうした記述のなかに，サイモンの「限定された合理性」の萌芽がみられる。また本節以降では，部分的に協働システムを公式組織と読み替えている。
6）　今田（1989）を参照のこと。
7）　訳者・塩原勉「解説1　組織分析における発想の諸様式」から引用し，「自成体系」という塩原

　　訳を用いた。これは，（Gouldner, 1959: p.401）が Comte に "Natural-System Model" の源泉を措
　　定する際，注目した用語が "spontaneous" であったことによる。

8) 　岸田（2006: pp.241-242）は，諸個人の手段の一致による組織成立を論じている。

9) 　オーソリティーの源泉の法定説，受容説，職能説については三戸（1973: pp.154-161）を参照の
　　こと。また Weick（1969）はバーナードの受容説を引用し議論している。

10) 　この用語はサイモンによって「受容圏」として継承される。

11) 　入山（2017: p.133）は「多様性」（variation）－「選択」（selection）－「維持」（retention）－
　　「苦闘」（struggle）というプロセスをもとに組織メンバーの多様性を議論している。

12) 　本節は拙稿（木全，2000）の一部を用い，大幅に加筆・修正したものである。

13) 　次章でのサイモンによる意思決定の階層性に呼応する。

14) 　Weick（1969）は「組織的」という限定の仕方の有用性に疑義を呈し，「従業員の組織内におけ
　　る感受性は組織外での感受性と連続したものである」と指摘している（p.25, 訳 p.50）。

15) 　すべての組織貢献者は二重人格をもつものとされる（Barnard, 1938: p.88, 訳 p.91）。二重の人
　　格および道徳性に関する批判的視点については Perrow（1972: pp.77-80, 訳 pp.110-113）を参照
　　されたい。

16) 　人々のエネルギーの源泉を創造する「組織との情動的同一化（identification）」というセルズ
　　ニックの言葉と近似する。

17) 　Barnard（1938）を参照したとの明示がある。

18) 　『日本国語大辞典』（小学館）によると，ステーツマン（statesman）は「すぐれた見識をもつ
　　政治家」をさし，悪い意味で使うポリティシャン（politician, 政治屋）とは区別して用いられる。

第4章

船としての組織

I. 船のメタファー

　船は人や物を水上で運ぶ器だが，我々の日常において様々な比喩として利用されてきた。新たな生活を始める際には「船を漕ぎ出す」，仕事をともにする際には「同じ船に乗る」などと用い，もともと"船"には人々が暮らす生活共同体というニュアンスが含まれている。船舶の動力源は人力に始まり，帆，エンジンと進化してきており，その目的に沿って人や乗り物を運ぶフェリー，モノを運ぶコンテナ船，戦闘に用いる軍艦など機能が特化され，宇宙船や飛行船など天空を航行するものも広い意味での船といえる。

　船を方向づけるのは輪状の舵であり，右に進む際には面舵，左に進む際には取舵といい，これを操るのが操舵手である（拓海, 2006）。また航海する者にとって欠くことのできないものに，海図がある。海図には，船舶の航海の目標となる岬や海岸の地形，灯台の位置といった標識に相当するものから，航行する海域の水深や海潮流の速さ，方向なども詳細に記されており，これらを用いて航海時の天候や気候変動などを計算・予測しながら，最も安全で短時間での航海が可能となるような航路を決定する。

　組織を船にたとえるなら，経営者，管理者は船長や船頭といえる。「船頭多くして船山に登る」という諺があるとおり，リーダー間のコンフリクトは組織の適切な舵取りを阻む。また自らが置かれている外部環境を知り，その変化をつかむことは，海図と航海時の天候を知ることを示す。環境に適応すると同時にドメインを選び取る戦略は，安全かつ最短の経路選択が必要であることを意味する。そこで本章では，舵取りとしての意思決定理論，海図を把握して安全

な運航経路を選び取るものとしてのコンティンジェンシー理論，航路の総合的な判断としての戦略選択アプローチの諸説をみていく。

II. 舵取りとしての意思決定[1]

1. 目的－手段の連鎖としての組織

　組織における意思決定理論の精緻化は，主にハーバート・サイモン（Herbert A. Simon）の諸研究にみることができる（Simon, 1945, 1957a, 1976）。

　サイモンは，経験的に観察可能な事実や状況に対し，操作可能な用語や理論体系による概念定義に基づく論理実証主義を拠り所とし，伝統的管理論を批判しながら人間の行動は決定すること（deciding）と行為すること（doing）を含み，両者は不即不離としつつ組織全体のどこにでも観察可能と捉え，両者の連鎖である意思決定プロセスの探求こそ管理論に不可欠とした（Simon, 1957a: p.1, 訳 p.3）。管理過程を意思決定のプロセスと捉え，すべての組織行動は個人が物理的に可能なすべての行動からある特定の行動を「意識的または無意識的に選択することが伴う」（Simon, 1976: p.3, 訳 p.5）とし，意識や熟考を意思決定の要素として限定せず，自動的な選択・決定もその範疇とした。これにより意思決定をもとに組織全般を捉えることが可能となり，心理的統制による管理論を探求するのであった。

　その際に Simon（1957a, 1976）は，意思決定プロセスを目的－手段（end-means）の連鎖，換言すれば諸前提から結論を引き出す過程と捉え，2つの「決定前提」（decision premise）を示している。「価値（value）前提」と「事実（factual）前提」である。前者は，「べきである」「良い」「好ましい」といった倫理的要素を含み，主観的かつ経験的に合理的にその正しさをテストすることができない命題とされ，主に最終的な目的に関係するものとする。後者は，真実か虚偽か，実際に起きるか否かをテストすることが可能な命題であり，客観的で論理実証主義により検証が可能とし，主に手段に関係するとした（Simon, 1976: pp.45-46, 訳 pp.56-57）。前章の Barnard（1938）の区分からすると，前者が道徳的要因，後者が戦略的要因に呼応する。

　また組織は，個人から意思決定の自主権を一部とりあげオーソリティーの階

層のなかで意思決定を分業する垂直的専門化によって特徴づけられるとし，職務の分業である水平的専門化と識別される（Simon, 1957a: pp.8-9, 訳 pp.11-12）。垂直的専門化は下位組織にとっての目的はより上位の組織にとっての手段であり，中間目的から組織の上位目的へ近づくほど価値的比重が高まり，価値前提と事実前提は不可分となる。ここで Simon（1957a, 1976）は，2つの前提は完全に分離できないことを認めながらも，多くの中間的目的は手段にすぎず，客観的に確定できない倫理的正しさを含む組織の最終目的は「当為」とし，事実的命題の側面に注視することによって意思決定の科学化を志向する。意思決定過程の研究は，中間的にせよ最終的にせよ，「所与とされるある倫理的前提から出発しなければならない」（Simon, 1976: p.50, 訳 p.61）。こうして価値的命題を退けて事実的命題が討究される。そして意思決定過程は結果の観点から手段の合理的選択のプロセスと再定義され，代替的選択肢－結果（alternative-consequence）の体系として位置づけられる。

2．限定された合理性

客観的合理性モデルは，意思決定に先立つ「代替的選択肢の概観」―「生ずる諸結果すべての考慮」―「全代替的選択肢から1つの行動を選択できる基準としての価値体系」を必要とするものの，人間の実際の意思決定は以下の3点において「合理性の限界」（limit of rationality）のもとにある（Simon, 1976: pp.80-84, 訳 pp.103-107）。

1) 知識の不完全性（incompleteness of knowledge）：各選択の諸結果および環境について部分的な知識しか，人間は保持し得ない。合理性は，限られた変数と範囲の結果のみを含んだ閉ざされた体系を他から分離したにすぎない。

2) 予測の困難性（difficulty of anticipation）：将来の結果の予測は，実際の経験と同じ強さで感情に働きかけることはない。想像した諸結果の価値づけの変化は補われねばならず，その能力の程度において制約される。

3) 行動の可能性の範囲（scope of behavior possibility）：可能な行動パターンのすべてを考え尽くすほどの想像力を人間は持たず，実行可能な代替的行動として想起されるのはほんのわずかにすぎない。

　また Simon（1957b）は，全知全能を仮定された客観的合理性モデルとされる「経済人」（economic man）ではなく，実際の人間行動の心理学的特性を組み入れた「経営人」（administrative man）を経済学者は考慮すべきとする（pp.198-200，訳 pp.370-372）。限定された合理性の原則は，組織論のまさに中心に位置するとともに人間行動を論じる際の核心的視点であるとされる。そして彼は，経営人モデルの制約に着目した理論展開として，組織の「心理的環境」（psychological environment）の統制を試みる。

　Simon（1976）は，人間の行動が動物のそれと異なる点は「順応性」（docility）にあるとする（p.86，訳 p.109）。その特徴は，自らの動作の結果を観察し望む目的を達成するためにその動作を調節すること，観念的な経験や他者とのコミュニケーションにより代替的選択肢に対応する結果を，実経験を経ずに予測する「学習」（learning）にある。そして，過去と同様の問題が発生した場合に自然的，人工的貯蔵庫から情報を利用できる「記憶」や，適切な行為を無意識に選び取る「習慣」によって組織のルーティン，つまり繰り返し生じる問題の取り扱い方法がマニュアルや慣行に埋め込まれるという組織上の工夫が生じる。また Simon（1957a, 1976）は，組織における人間行動のパターンに「刺激－反応型」（stimulus-response pattern）と「躊躇－選択型」（hesitation-choice pattern）を識別する。これについて Simon（1977）は，前者を「プログラム化し得るもの」，後者を「プログラム化し得ないもの」と分

図表 4-1　意思決定における伝統的技術と現代的技術

意思決定の種類	伝統的意思決定技術	現代的意思決定技術
・プログラム化し得るもの： 　日常的反復的決定 （これらを処理するために特別な処理規定が定められる）	・習慣 ・事務上の慣例：標準的な処理手続き ・組織構造：共通の期待，下位目標の体系，よく定義された情報網	・オペレーションズ・リサーチ：数学解析モデル，コンピュータ・シミュレーション ・電子計算機によるデータ処理
・プログラム化し得ないもの： 　一度きりの構造化しにくい例外的な方針決定 （これらは一般的な問題解決過程によって処理される）	・判断，直観，創造力 ・経験則 ・管理者の選抜と訓練	・発見的問題解決法（これは以下のものに適用される）：人間という意思決定者への訓練，発見的なコンピュータ・プログラムの作成

　（出所）　Simon（1977: p.48, 訳 p.66）をもとに作成。

類し，用いられる具体的な技術を整理している（図表 4-1）。もっとも Simon（1957a, 1976）は，人間の合理性に限界があることを考慮すると，「躊躇−選択型」は最終的に行動に結びつかないことも多いとし，むしろ組織における実際の行動の多くが習慣的であることから，「刺激−反応型」における刺激が適切な経路に方向づけられる行動開始メカニズムを探求する。

3．オーソリティーと一体化

　組織の心理的環境の統制の方法の一つが，オーソリティー（authority）の行使である。オーソリティーは「他者の行為を左右する意思決定を下すパワー」（Simon, 1976: p.125, 訳 p.162）と定義され，組織内の個人の行動を外部の行動から区別するものであり，組織のフォーマルな構造を付与するものとされる。その機能について Simon（1976）は，① 行使する者に対して責任を強いること，② 意思決定を行う際に専門化をもたらすこと，③ 活動の調整を可能にすることとし，その矛盾や葛藤を防止・解決するために命令の統一性，ハイアラーキーに基づくオーソリティーの割り当てがあるとした。組織においてオーソリティーを受容せしめるのが，広い意味での「制裁」（sanction）という。これは，罰を下すことによる刺激のみならず，社会的制裁や個人間の心理的相違，共同の目的達成といった諸要因を含む。さらに，下された意思決定を個人が進んで受け入れる範囲を「受容圏」（area of acceptance）とし，その大きさは「オーソリティーがその命令を強制するのに用いる制裁によって決まる」（Simon, 1976: p.152, 訳 p.194）としている。このアイデアは，前章のバーナードの「無関心圏」を援用したものである。

　組織における個人の意思決定を支配する価値や目的は当初，オーソリティーの行使によって課せられるものの，次第にこれらは内在化される（Simon, 1976）。つまり外部の刺激を伴わずとも組織目的に合致した意思決定を「間違いなく」することになり，これは「忠誠心」（loyalty）の2つの側面，組織の目的への愛着と組織それ自体の存続と成長への愛着によるものである。このようにして「組織人としてのパーソナリティー」を獲得した個人は，組織的価値尺度による意思決定を行うとされ，これを Simon（1957a, 1976）は「一体化」（identification）と呼称する。正確には，「ある人が意思決定を行う際，特定の

グループにとっての結果の観点から，いくつかの代替的選択肢を評価すると
き，その人はグループに自身を一体化している」（Simon, 1976: p.205, 訳 p.260）
と示される。

　この一体化のメカニズムは単純ではないが，およそ3つの要素が関係してい
る（Simon, 1957a: pp.209-211, 訳 pp.269-272）。

　　1)　組織の成功に対する個人的関心：組織的価値尺度による意思決定は非個
　　　　人的だが，組織への所属は個人的動機に基づく。個人が自ら非個人的な組
　　　　織のための意思決定を行うのは，多様な誘因によって組織に結び付けられ
　　　　ているからである。

　　2)　私的経営心理の伝播：経済の私的分野の経営者は，個々の企業の利益の
　　　　観点から意思決定を下すという仮定に基づいて動く。この制度的な選択心
　　　　理は公的分野にも持ち込まれ，ともに存続目的との一体化をもたらす。

　　3)　注意の焦点：管理計画によって，最も直接的に影響を及ぼす価値や集団
　　　　に管理者の注意を集める。

　このようにして Simon（1957a）は，他の価値や可能性を無視するまでに個
人の視野を狭くさせ，組織の目的に自身を重ね合わせるという一体化の現象
は，組織の意思決定環境を構成するうえで重要な心理的プロセスであるとし，
組織メンバーの意思決定を支配するための総括的な整備を可能にするとした。

　以上のように Simon（1957a, 1976）は，「刺激－反応型」の行動パターンを
意思決定プロセスの中心に据えることにより，心理的環境の統制の理論を展開
した。次節では，ここで捨象された「躊躇－選択型」意思決定をみるべく，
ジェームズ・マーチ（James G. March）とサイモンの組織論を参照する。

Ⅲ．満足化基準とイノベーション

1．主観的合理性と満足化基準

March & Simon（1958）は，動機づけと目的が組織の人間行動にいかなる
作用を及ぼすか，組織内の意思決定やコンフリクトを詳細に整理・分析するな
どし，限定された合理性のもとにある経営人の，不確実性のもとでの選択は客
観的に合理的（objectively rational）ではなく主観的に合理的（subjectively

rational）であるにすぎないとする（March & Simon, 1958: pp.136-138, 訳 pp.207-210）。そしてほとんどの人間の意思決定は「個人的，組織的に関わらず，満足できる代替肢の発見と選択に関係しており，例外的な場合にのみ，最適の選択肢の発見とその選択に関係する」（March & Simon, 1958: pp.140-141, 訳 p.214）とした。一例として，干草の山から縫い針を探す場合，最も鋭い縫い針を探すという複雑なプロセスを必要とするのが最適化であるのに対し，縫えるに充分な針を探すことが満足化に相当するという。こうして人間の意思決定は，最適化された経済人のそれではなく，「満足基準」（satisfactory standard）に依拠する経営人のそれとして捉え直される。

　また人間の選択は常に現状について限定され，近似的で単純化されたモデルに照らして行われ，これを選択者の状況定義と呼ぶ。その際，個人的ないし組織的行動は環境からの刺激などによって2つの極をもち，1つの極は「ルーティン化された反応」（routinized response），もう一つの極は「問題解決的反応」（problem-solving response）と呼称される（March & Simon, 1958: pp.139-140, 訳 pp.211-212）。

1)　ルーティン化された反応：刺激に対してほぼ同時的に，既存の学習された反応の集合からなる「実行プログラム」（performance program）を通じてプログラムが呼び起される。

2)　問題解決的反応：探索，つまり行為の代替的選択肢や諸結果を「発見すること」を含む。すぐに役立つ実行プログラムが個人のもつレパートリーにない場合，その全体的発明や精密化が含まれる。

　ただし人間行動の大部分において，環境からの刺激が直ちに高度で複雑に体系化された既存の反応の集合（実行プログラム）を喚起するように，組織のなかの多くの行動も同様に実行プログラムによって支配されるとする。March & Simon（1958）によると，往々にして組織は問題解決的活動を最小にとどめながら，標準業務手続等として公式化された実行プログラムの組替え，修正を行い，状況定義との整合性を高めながら予測可能性を増大させることで環境からの不確実性に対処するものとされる。また新たな探索によって修正されたプログラムがいったん組織の反応の集合に加わると，その範囲において問題解決的反応は実行プログラムに組み込まれるので，問題解決的活動それ自体も程度

の差こそあれルーティン化されるという。

2．希求水準とイノベーションの確率

　March & Simon（1958）は，イノベーションについて前述の満足基準を用いて説明する。彼らによると，ゴーイング・コンサーンズのもつ大きな慣性（inertia）は埋没原価（sunk cost）の原理に基づいて理解が可能であり，新たな行為のプログラムを発見し形成するためのコストも同じように捉えられる（March & Simon, 1958: p.173，訳 p.264）。先の満足基準に照らし合わせれば，「不満足」でない限り既存プログラムの継続的な選択が志向される。それでも組織の行動にイノベーション（innovation）が起こるのは，新たな実行プログラムを工夫し評価することを必要とするような変化が生じたときであり，しかもそのプログラムが組織のレパートリーに入っておらず，既存のプログラムのルールを切り替えるなどの単純な適用によって導入できないときとする。ここでイノベーションという概念は，実行プログラムの創始（initiation）として扱われ，その契機は，「希求水準」（aspiration level）と「最適ストレス」（optimum stress）によって説明される。

　満足基準と密接に関わる「希求水準」は，時間が経過すると現状の実績水準に順応すること，定常状態にあって緩やかに上昇しやすいこと，過去の実績や他の組織が達成した水準に順応するなどの傾向をもつ（March & Simon, 1958: pp.182-183，訳 pp.279-280）。このため，イノベーションの確率は，環境の変化によって既存の実行プログラムが希求水準に比して不満足に振れたときに増大しやすく，革新のための努力は市場占有率や投資利益率などが低下した際に生じやすいという。さらに，急速かつ劇的なイノベーションは組織の希求水準と実際の達成水準の乖離を意味するストレスに関係し，最適なストレスは「希求が達成をわずかに上回るとき」（March & Simon, 1958: p.184，訳 p.281）であり，例えばロバの鼻頭からほんの少し離れたところに人参をぶらさげることと例示する。実際の達成水準が希求水準を上回ればイノベーションの動機づけは弱く，希求水準が達成した水準をはるかに上回るなら欲求不満と絶望による神経症的反応がイノベーションを妨害する。

　一方で March & Simon（1958）は，イノベーションのタイミングや資源配

分にも言及する。実行プログラムの創始は，① 目的の明確性，② 明確な時間
の切迫，という2つの要素が作用するという。前者は日常の課業から切り離さ
れ独立の予算をもった組織単位の創設を意味し，後者は活動間の優先順位の設
定や創始活動のスピードに影響を及ぼすとする。もしも組織のすべての資源が
既存プログラムの実行に動員されるならば，新たな実行プログラムの開発は緩
慢になるか，休止状態に陥る。つまり，ルーティンがイノベーションを駆逐す
ることを意味し，彼らは貨幣論の法則を援用した「計画のグレシャムの法則」
("Gresham's law" of planning) という予測を導くとしている（March &
Simon, 1958: p.185, 訳 p.283）。

　以上のように，船のメタファーからすると，現実の航路選択や航行時の不測
の事態にいかなる人間行動が生じるかをみてきた。次節では，海図を考察した
諸説としてコンティンジェンシー理論を概説する。

Ⅳ. 海図としての環境区分

　組織と環境の関係に目を向けたコンティンジェンシー理論（contingency
theory）は，主に1960年代から70年代にかけて展開された。前節までの組織
研究はシステムズ・アプローチを採り，クローズド・システムとしての組織を
中心に据えてきた。こうした課題を踏まえて立ち上がったのがコンティンジェ
ンシー理論であり，その特徴は要素還元的な機能主義的アプローチによる変数
の特定化を目指すものである。初期のコンティンジェンシー理論は，「状況－
組織特性－成果」という影響プロセスを分析するものであり，もしも組織の環
境にその組織が適応したならば組織は成果をあげられるであろう，というテー
ゼをもとに展開された。本節は船のメタファーの海図を明らかにすることを狙
いとすることから，コンティンジェンシー理論のなかでも特に，組織の環境を
包括的に捉える研究を概観する。

　米国のローレンスとローシュ（Paul R. Lawrence & Jay W. Lorsch）は，外
部環境を科学的，技術的－経済的，市場的の3つに区分し，各々の不確実性を，

　1）　情報の明確度，
　2）　因果関係の不確実性，

3)　明確なフィードバックを得るための時間幅,

という3要素の合計得点から測定した（Lawrence & Lorsch, 1967: p.28, 訳 p.34）。そして彼らは，環境の不確実性が増すに従って組織の分化が生じること，高業績組織は分化した諸活動を統合するために独自の管理システムや構造，コンフリクト解決の方法を発達させることを見出している。もっとも Lawrence & Lorsch（1967）研究は，外部環境の特定要素を扱うものであり，体系的な統合には至らなかった。

　こうしたなかで，英国タビストック学派のエミリーとトリスト（Frederick E. Emery & Eric L. Trist）は，図表4-2のように組織と環境の相互依存のパターンを分類した（Emery & Trist, 1965）。Lは法則性をもった連結を意味しており，添字の1は組織を，2は環境を示している。L_{11}は組織から組織へのプロセスであり，組織内の相互依存の領域を意味する。またL_{12}およびL_{21}は，前者が組織から環境へ，後者が環境から組織への交換プロセスであり，例えば利害関係者集団との相互依存関係を表すものである。さらにL_{22}は当該組織の相互作用を規定する環境の諸部分（例えば利害関係者集団間）における相互依存の領域を示している。前節までの研究は，主にL_{11}にみられる組織内部のプロセスを分析するものだが，組織と環境（L_{12}, L_{21}），環境の諸要素（L_{22}）の相互依存関係が取り扱われる必要性を促すものであった。

　Emery & Trist（1965: p.24）によれば，環境は一定ではなく常に変化するものであり，組織と環境の因果的特性は4つの環境の型をもとに説明できるとしている（Emery & Trist, 1965: pp.24-26）。

1)　静態－散在（placid, randomized）：完全競争にあって環境内の相互作用は少なく資源が広く分散している状態とされる。

図表4-2　組織と環境の関係領域

L_{11}	L_{12}
L_{21}	L_{22}

（出所）　Emery & Trist（1965: p.22）から作成。

2)　静態－群生（placid, clustered）：不完全競争にあって資源の集中が始まった状態を示す。

3)　混乱－反応（disturbed-reactive）：寡占的市場にあって資源分配に競争が生じた状態を表す。

4)　乱流の場（turbulent field）：環境の基盤そのものが激しく変化し，環境内部の相互作用が複雑化した状態であり，組織は単独で対処することが困難となる。

さらに組織環境の諸変数を詳細に吟味したのが，米国のフレッド・ルーサンス（Fred Luthans）である。Luthans（1976）は，組織環境を外部と内部に区分するアプローチを踏襲しながら，外部環境をさらに一般環境（general environment）と特定環境（specific environment）に二分する。一般環境は間接的に公式組織へ多様な影響を与える諸変数で構成され，社会，技術，経済，政治・法律という諸力からなるものとした。また特定環境の主要な変数を顧客，競争者，供給者としている（図表4-3）。そして Luthans（1976）は社会，技術，経済，政治・法律という一般環境の変数は相互に影響を及ぼすとし，これらの変数は直接的に特定環境へ，また直接・間接的に組織に刺激を与えるとしながらその尺度も論じている（図表4-4）。

コンティンジェンシー理論は，組織は外部環境へ受動的・適応的に行動すること，つまり環境が組織を規定すると捉えており，組織の成果は環境によって一義的に定められるという環境決定論に根ざしている。これらのアプローチは組織の環境適応条件と内部構造との適合を機械的に説明しようとし，必ずしも組織が環境へ適応する行動それ自体を説明しているわけではなく，組織の主体性を十分に考慮するものではない（高橋, 1998: p.103）。そうしたなかで，組織は環境から一方的に影響を受けるというよりも自らが働きかけた環境のなかで行動するものと捉え直され，組織の主体性を考慮しつつ，組織によって認知された環境を取り扱う諸研究が展開される（e.g., Child, 1972; Duncan, 1973; Downey & Slocum, 1975）。

なかでもダンカン（Robert B. Duncan）は，環境の不確実性や複雑性の度合いは組織メンバーの認知に依存するとし，環境を個人の意思決定行動におい

図表 4-3　組織環境の構成要素

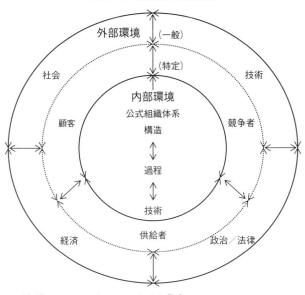

（出所）　Luthans（1976: p.50）から作成。

図表 4-4　一般環境の変数

変数	定義と客観的尺度
社会	社会環境は，社会的価値や諸力からなる。文化的規範や，個人，集団，社会的期待によって測られる。
技術	技術環境は，知識の総量のみならず専門技術やプロセスの単純さ，複雑さからなる。応用科学や工学の情勢によって一般に測定される。
経済	経済環境は，自然資源，金融資本，金融・財政政策の最も重要な要素を含めた公共部門と民間部門によって構成される。
政治・法律	政治・法律環境は主に政府と法規からなる。客観的尺度には，自由か，保守かといったような選ばれた官僚の態度や風土，制定・施行されてきた多種多様な地方自治体や国レベルの法令が含まれる。

（出所）　Luthans（1976: p.58）から作成。

て直接的に考慮される物的要素と社会的要素の総体からなると半構造化インタビューから結論づけている（Duncan, 1972）。そこでは，① 内部環境は組織成員，② 組織上，職能上とスタッフユニット，③ 組織レベルという 3 つの構成要素が仮定され，外部環境は顧客，供給者，競争者に加え，社会・政治的およ

び技術的要素が措定される（図表4-5）。社会・政治的要素とは，政府統制や公共政策などによる産業への影響要因であり，技術的要素は組織が関係する産業における新技術などを意味する。こうした枠組みをもとに22の意思決定ユニットへ行った調査分析の結果，Duncan（1972）は，組織環境を「単純－複雑」(simple-complex)，「静態－動態」(static-dynamic) の2次元軸で区分する先行研究のとらえ方が，実態としての組織にも適合的であるとしている。

図表4-5　意思決定ユニットの環境を構成する諸要素

内部環境
(1) 組織成員の要素 　A）教育・技術上の背景とスキル，B）以前の技術・管理上のスキル，C）目標達成に対する諸個人の関わり合いとコミットメント，D）対人関係の行動スタイル，E）組織内での人的資源の利用可能性
(2) 組織上，職能ユニットスタッフ上と，の要素 　A）組織ユニットごとの技術特性，B）目的達成における組織ユニットごとの相互依存性，C）組織上，職能上と，スタッフユニットの内部コンフリクト，D）職能上とスタッフユニット間のコンフリクト
(3) 組織レベルの要素 　A）組織の目的と目標，B）組織目標を達成するために諸個人や諸集団の貢献を最大に調整する統合プロセス，C）組織の製品・サービスの本質
外部環境
(4) 顧客の要素 　A）製品・サービスの販売業者，B）製品・サービスの実際の利用者
(5) 供給者の要素 　A）新たな原燃料の供給者，B）装置の供給者，C）製品部品の供給者，D）労働力の供給者
(6) 競争者の要素 　A）供給者に対する競争者，B）顧客に対する競争者
(7) 社会－政治的要素 　A）産業統制に向けた政府規制，B）産業やその製品に対する公的な政治的態度，C）組織を管轄する労働組合との関係
(8) 技術的要素 　A）製品・サービスの生産において，その産業や関連産業の要求する新技術への適合性，B）産業界の新たな技術的進歩による新製品の改善や開発

（出所）　Duncan（1972: p.315）をもとに作成。

V. 航行としての戦略選択アプローチ

1. 3つの問題解決と適応サイクル

　ここでは前節の海図（環境区分）と，船のとるべき航路（戦略），乗務員の体制や活動（構造とプロセス）の組み合わせを論じたマイルズとスノー（Raymond E. Miles & Charles C. Snow）の戦略選択アプローチをみていく。

　Miles & Snow（1978）によると，およそ多くの組織は環境との在り方を問い，確認しながら再規定を行うのであり，効果的組織は成長性の見込まれる市場を切り開き維持するものの，効果的でない組織は市場に対応できないばかりか維持することすらできない。彼らは，前述のコンティンジェンシー理論の仮定した，組織は結果を予測して対応し環境の性格に合うように組織の目的と構造を順応させるという組織観ではなく，組織は「自らの環境を創造すべく行動する」（Miles & Snow, 1978: p.5, 訳 p.6）という主体性を仮定する組織観を，ワイク（Karl E. Weick）を参照しながら支持する。ただし，その際に経営者が，環境と戦略（組織の製品－市場領域の選択）を規定できる範囲は制約されているとした。

　Miles & Snow（1978）は，組織の存続は組織の製品－市場領域，そのための技術，構造，プロセスなどの主要な変数間で，経営者が達成する適合の質にかかっているとする。これらの変数の選択の幅，規定しうる環境の種類は，実際には2つの要因によって制約されており，一つは取りうる組織構造について経営者がもっている知識，もう一つは，人間はどのように管理され得るか（管理されるべきか）といった経営者の信念に依拠するという。こうして彼らは，「経営者による戦略の選択は組織の構造とプロセスを形作る」と同時に，「構造とプロセスは戦略を制する[2]」（Miles & Snow, 1978: p.7, 訳 pp.8-9）というテーゼを示している。こうした組織観のもとで経営者は組織を環境に整合させながら，その結果として生ずる組織内の相互依存関係を戦略的に管理するという二重の責任（dual responsibility）を負わねばならない（Miles & Snow, 1978: p.18, 訳 p.23）。

　Miles & Snow（1978）によると，環境，戦略と構造などの変数間の相互作

用メカニズムは複雑かつ多岐にわたるものの，以下の3つの問題に分割され得るとし，これらの問題解決という適応サイクルを通じて組織は環境とのすり合わせを図るとした（Miles & Snow, 1978: pp.21-23, 訳 pp.27-30）。

1) 企業者的問題：特定の製品・サービス，目標市場や市場区分といった事業領域をいかに選択・規定し，修正するか。この問題の解決はある特定の製品－市場領域を企業が受け入れたことを意味するとともに，規模，効率，イノベーションのどこに重点を置くかという指向性を表す。そして，対外的・対内的な組織イメージの表明による解決を意味する。

2) 技術的問題：企業者的問題を解決するための運営の体系の創案などからなる。決定された製品・サービスの生産，流通において，適切な技術を選択し，その技術を動かすための情報と伝達，統制をいかに連結するかを含んでいる。

3) 管理的問題：企業者的，技術的問題の解決が成功した際，それらをいかに合理化・安定化させるか，不確実性を削減するための管理システム（構造とプロセス）の構築を示す。管理システムには事前的側面（計画）と事後的側面（結果の評価）があり，前者は将来のイノベーションの制約あるいは促進を，後者は現状における構造とプロセスの合理化などを意味する。

これら3つの問題は複雑に絡み合うものの，適応は「企業者的－技術的－管理的」という3局面を逐次的に移行して行われ，サイクルの始動はいずれの問題からでも始まり得る（Miles & Snow, 1978: p.28, 訳 p.36）。そして Miles & Snow（1978）は特定の戦略と，それに一致する技術・構造・プロセスのコンフィギュレーションから4つのタイプを示す（図表4-6）。そのうちの受身型（reactor）は，環境の変化に気づくことはあっても一貫した戦略とその適応メカニズムを欠くために不安定な組織とされ，主に有効な3つの戦略パターンについて詳細な検討が加えられる。

1) 防衛型（defender）：狭い製品－市場領域をもつ組織であり，限定された事業分野で高い専門性を保持する。他の事業領域への新たな機会は，探索されない。

図表 4-6　組織類型と問題，構造との関係

問題 タイプ（構造）	企業者的問題	技術的問題	管理的問題
防衛型 （職能別組織）	安定した製品と顧客の組み合わせを作り出すため，いかに当該市場の一部を「聖域化」するか	いかに効率的に財またはサービスを生産し，流通させるか	効率性を確保するために，厳重な組織統制をいかに行うか
探索型 （製品別組織）	新たな製品－市場をいかに見出し，そして開発するか	単一の技術過程に長期間関わりすぎることをいかにして避けるか	多岐にわたる諸活動をいかに円滑に行い，調整するか
分析型 （マトリクス組織）	従来の製品と顧客との堅い基盤を保持しながら，同時に新たな製品－市場をいかに見出し，開発するか	事業領域の安定的部分は効率化し，変動部分でいかに柔軟にするか	安定的活動領域と変動的活動領域を適応させるべく，組織構造とプロセスをいかに差別化するか
受身型	環境で生じた変化に気づくことはあっても，効果的に対応できない。一貫性のある戦略と構造の関係を欠くので，環境の圧力で強制されない限り，いかなる対応もめったに行わない		

（出所）　Miles & Snow（1978: p.29, 48, 66, 79, 訳 p.38, 63, 89, 106）をもとに作成。

2)　探索型（prospector）：上記の防衛型と対極にあり，絶えず市場機会を探索してやまない組織である。「しばしばその業界における変革の創造者」（Miles & Snow, 1978: pp.56–57, 訳 p.76）となる。

3)　分析型（analyzer）：上記の2つの極の間にあり，安定した事業領域と，変動的な事業領域を同時に保持する。

2．防衛型，探索型，分析型の特徴

　防衛型の企業者的問題は既に選択された市場で自社の卓越性を積極的に維持する能力にあり，このことが存続を左右する。製品－市場領域の特徴は狭さと安定性にあり，目標とする市場の常連客を作り彼らが欲しがる製品・サービスの全範囲を提供しようとする。このため防衛型の成長は，用心深く漸進的かつ深い市場への浸透によって行われる（Miles & Snow, 1978: pp.37–38, 訳 pp.49–51）。技術的問題は効率性を維持するために保有している技術を向上することにのみ集中し，経営資源の大半がこの技術的問題に向けられる傾向にある。このタイプは，標準化された製品，安定した市場をもつので，品質・在庫

管理，原材料管理，生産計画，流通管理などのプロセスの改善がダイレクトに業績向上に反映される。Miles & Snow（1978）は，防衛型の管理的問題は企業者的および技術的問題解決と論理的に繋がっている必要性があるとし，その解決策は経営者にすべての組織活動を集権的に統制する能力を与えるものでなければならないとする。防衛型の支配連合体（dominant coalition）[3]には財務・生産・技術分野からの昇進，長い勤続期間といった傾向がみられるという。計画−行動−評価という古典的計画プロセスに従い，拡大的というよりも集中的・問題解決的な計画が立てられる。組織構造は類似した技能をもった専門家を各部門に配置する職能別組織をとる傾向がみられ，統制システムは集権化される。

　一方で，探索型の企業者的問題は新たな製品−市場，機会を見つけ出し，それを開拓することに置かれ，その事業領域は広範囲で継続して発展する状態にある（Miles & Snow, 1978: pp.55-56, 訳 p.75）。このタイプにとって，製品と市場の開発の革新者として名声を業界内で得ることは高収益を得ることと同じか，それよりももっと重要となる。新たな市場機会に参入するため，環境の条件，傾向，出来事などを広い範囲にわたり監視する能力を開発・維持せねばならず，その成長パターンは，① 主として新市場の探索と新製品開発から生まれ，② その成長率は急速に高まる可能性を有する点に特徴がある。Miles & Snow（1978）によると，技術的問題は単一のタイプの技術プロセスに長期的に関わることをいかに避けるかに置かれる。この問題解決は，「どのような製品を作ることができるか」ではなく，「どのような製品を作るべきか」という問いから導かれる。新製品の市場性がはっきりするまで経営資源の投入を引き延ばすため，中核技術を用いた試作品の生産と多様な製品に向けた複数の技術を開発する。探索型の技術的柔軟性は，機械的運営の中に埋め込まれているのではなく，できる限り技術が人間に埋め込まれていることによって可能となる。この人間集約的アプローチは，標準化を最小に，柔軟性を最大にする一方で，競争企業がより標準化・効率化した生産方法を開発した場合，効率で劣ることになる。また管理システムは，製品−市場構成が多様で，変化する事業領域に対応可能な技術を反映し，多くの分権化された部門・プロジェクト間で経営資源を移動・調整することに重点が置かれる（Miles & Snow, 1978: p.59, 訳

p.80)。探索型の支配連合体はマーケティングや研究開発の機能分野から選抜され，内部昇進とともに外部採用も活用されるという。計画プロセスは問題発見指向的で，試行活動からのフィードバックに頼る傾向にある。組織メンバーはプロジェクトを頻繁に異動しても能力を維持するよう，「つぶしのきく技能」をもったプロフェッショナルが活用される。このため，分業の程度は低く構造の公式化の程度も低くなりがちとなり，特定の製品開発や市場開拓のためのタスク・フォースやプロジェクト・チーム，臨時的グループに人材の大半が投じられ，効果的に経営資源が活用される。この機構を発展させれば，製品別組織となる。探索型の成果評価の特徴はアウトプットないし結果で定義し，同業他社との比較による評価にある（Miles & Snow, 1978: p.64, 訳 pp.86-87）。

　これに対して，分析型は上記の２つのタイプの独特の組み合わせであり，防衛型のように製品－市場の安定した部分を着実に守りながら，探索型が開発した変動的製品－市場のうち最良のものを模倣する「貪欲な追随者」(avid follower）と特徴づけられる（Miles & Snow, 1978: pp.72-73, 訳 pp.97-98）。これは，広範なマーケティング監視メカニズムによって成功する。分析型の企業者的問題は，あくまで基本的強みが伝統的製品－市場に置かれることから，いかに市場浸透を通じて成長するかに依拠する傾向にある。技術的問題は上記の企業者的問題を受けて，生産活動に技術の安定性と柔軟性という二重の技術中核を形成するよう，両者の技術の分割と均衡の達成によって解決される（Miles & Snow, 1978: p.73, 訳 p.98）。この二重の中核技術は２つの事業領域で活躍しうる前提となり，有力な応用研究グループによって連結され，新製品に既存の技術力を適合させ，解決策を導くことができる限り，探索型のように広範な研究開発のためのコストを負担せずに生産ラインの更新を可能にする。このタイプの支配連合体が重視するのはマーケティング，応用研究，生産の機能であり，そこでの管理的問題は安定した製品と新製品を扱う集団に異なったコントロール・メカニズム，調整の型を用いることに置かれ，このような安定と変化の双方に適切な構造はマトリクス組織となる（Miles & Snow, 1978: p.75, 訳 p.101）。このマトリクスは同種のスペシャリストを集めた機能部門と，特定製品の責任を負う自足的グループの組み合わせからなる。このタイプの成功は，サブユニット間の異なる２つの統制システムについていかに微妙なバラン

図表 4-7　各タイプと環境・サブシステム

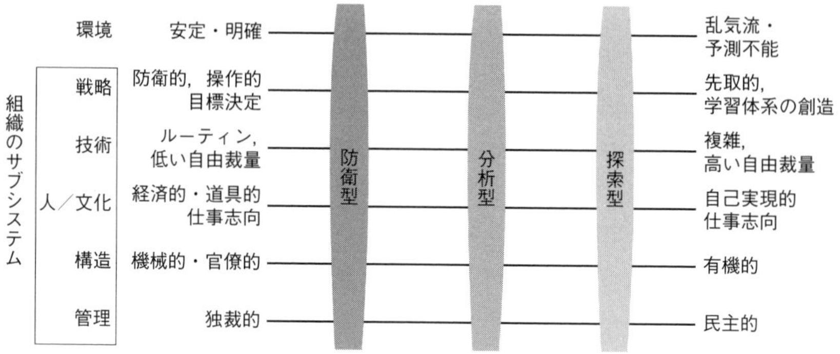

| | | 安定・明確 | | | | 乱気流・予測不能 |

（出所）　Morgan（1986: p.77）をもとに一部修正して作成。受身型は省略した。

スをとり維持するかにある（Miles & Snow, 1978: p.76, 訳 pp.102-103）。標準化製品を扱う機能部門ではコスト効率性の高い生産促進のために統制システムは集権化され，新製品を扱うプロジェクト・グループでは新製品を既存技術に対し効果的に適用するために統制システムの分権化を進めるからである。

　モーガン（Gareth Morgan）は，Miles & Snow（1978）が唱えた上述のタイプを，自らが開発した組織分析のためのコンティンジェンシー・モデルの中に布置している（図表4-7）。そこでは戦略・技術・構造など組織のサブシステム軸が仮定されており，例えば人／文化サブシステムは仕事に向かう組織メンバーの志向性を，経済的・道具的志向と自己実現的志向という2極に区分している。Morgan（1986）によると，この軸は，従業員はいかにモチベートされるか（指示されたことのみを行う歯車の1つとして行為するのか，仕事に積極的に取り組み自律性や責任を享受するのか），それらの度合いを表すとしている（p.78）。

Ⅵ．船としての組織

　本章では，船のメタファーによる組織論の系譜を概観した。舵取りから航海に必要な海図と航路選択について，主要なフレームワークをみた。しかしながら本章で検討した諸研究は類型化等を通じて，あくまで組織を静態的に扱うも

のであり，絶え間なく変動する内外の環境に組織はいかに動態的に働きかける
のか，その体系化は後の諸説に譲らざるをえない。

　また Miles & Snow（1978）の戦略選択アプローチの議論において，組織は
コンティンジェンシー理論が措定した外部からの影響を受けざるをえない存在
である（環境決定論）けれども，自律的に戦略を保持し環境と戦略の擦り合わ
せを行う（主体性の保持）という視点が示された。確かに船舶は，航路や航海
のタイミングを船長が選び取るなどして気候変化の影響などの不測の事態に対
処することは可能ではあるが，こちらから積極的に気候を変化させることは難
しい。このことは，船のメタファーによって説明可能な組織観はあくまで環境
に対する「適応」の段階までであって，組織の行為を通じて外部環境に能動的
に働きかけようとする環境操作化，あるいは自らによる環境創出といった，よ
り主体性を強調するアプローチについては次章以降のメタファーを参考にされ
たい。

【注】
1）　2節および3節は拙稿（木全, 2000）の一部を用い，大幅に加筆・修正したものである。
2）　この命題と対峙するものとして Chandler（1962）の見解がある。第1章を参照されたい。
3）　連合体の概念は Cyert & March（1963）によって提唱された（第12章参照）。支配連合体は組
　　織内で影響力の大きいグループであり，翻訳書では「実力者グループ」と訳出されている。
4）　このモデルの初出は，Burrell & Morgan（1979, p.177）である。

第5章
コンピュータとしての組織

Ⅰ．コンピュータのメタファー

　今日，我々の生活の周辺には「コンピュータ」が満ち溢れている。一日たり
とも，コンピュータに一切触れずに生活することは事実上不可能だろう。携帯
電話，パソコン，自動車や電車に積まれている電子制御装置，クレジットカー
ド決済，コンビニなどのレジスターシステムなど，何をとってみても，単純な
ものであれ，複雑なものであれ，それらはコンピュータである。

　さて，これだけコンピュータが身近になっても（なったからこそかもしれな
いが），コンピュータが何をしているかを我々は意識せず生活している。それ
ゆえ，コンピュータを組織のメタファーとして据え，組織を理解しようとして
も，コンピュータとは何かが理解されていなければ，組織を理解することは困
難ということになるかもしれない。

　コンピュータ（computer）とは，compute（計算する）＋ er（人・もの）で
あり，本来は「算術演算を行う人・もの・装置」を指す言葉であった。コン
ピュータの歴史は非常に古く，最古のコンピュータは，「アンティキティラ島
の機械」と呼ばれるもので，恒星と惑星の動きを計算するために紀元前100年
の古代ギリシアにおいて用いられた機械装置だったといわれている。また，コ
ンピュータとは「人」を指す言葉でもあった。今の電子計算機としてのコン
ピュータの原型ができるまでは，天文学や物理学，数学などの複雑な計算は，
学者によって小さな単純な計算に分割され，それらを数人から場合によっては
数百人にも上る計算チームの手計算のよって行われていた。この計算チームを
構成する人々を「コンピュータ（計算手）」と呼んでいた。しかし，時代を経

て，計算の多くは電子計算機に託されることになった。現在，コンピュータという言葉で表されるものである。

　さて，今日の電子計算機としてのコンピュータは，情報処理システムの一つであるということができる。そして，今日幅広く利用されている電子計算機としてのコンピュータは図表5-1のような概念図で表すことができる。

　図表5-1に示したように，コンピュータは「入力装置」「演算装置」「制御装置」「主記憶装置」「出力装置」の5つの機能から成り立っている。データは，コンピュータの外部から入力装置を介して，演算装置・主記憶装置などを経由して，出力装置から出力される。つまり，外部情報をインプットして，内部でインプットされたものを変換し，また外部にアウトプットするというのが基本的な仕組みとなるのである。そして，インプットやアウトプットや，変換は制御装置によって制御されるのである。

　コンピュータとしての組織のイメージは，上述した初歩的な計算機・計算手としてのコンピュータや，図表5-1に示した電子計算機としてのコンピュータの概念図と重なる。本章では，組織をコンピュータというメタファーで捉えた諸理論として，伝統的な組織理論からオープン・システムとして組織を捉えた理論までを概観していく。「科学的な」組織理論の展開は，組織のマネジメントに「計算する」という発想を導入したことから始まった。いわば，経営組織論の草創期において，組織理論は計算を始めたのであり，組織は様々な事物を計算しなければならないものであると含意された。草創期の経営組織論において計算されるべきとされたものは，「課業」を含めた組織の内部資源であった。

図表5-1　ノイマン式コンピュータの概念図

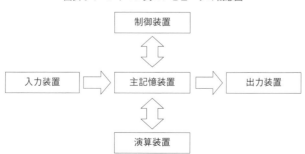

その後，組織をオープン・システムとして捉えていくフェーズになっていくと，組織は不確実性を計算しなければならないとの見解が濃厚になっていく。組織のオープン・システム観によれば，組織は常に自らのコントロールの効かない外部環境と接している存在として捉えられる。それ故に，組織は不確実性に常に直面しており，その不確実性に対処しなければならないのである。すなわち，組織をオープン・システムとして捉えた場合，組織が不確実性に対処する方法にも焦点が当てられなければならない。

Ⅱ．伝統的経営組織論における「計算」の萌芽

　本章では，伝統的な経営組織研究を概観する。伝統的な経営組織理論の詳細は，前章までに詳述されているので，本章では，「計算」という側面にのみ焦点を当てて，伝統的な経営組織研究を要説したい。

　伝統的な経営学および経営組織論は，おおよそ1880年代のアメリカの経営を巡る社会的要請から発生し，普及し，発達した。この意味で，伝統的な経営学・経営組織論は初期資本主義の精神を色濃く受け継いでいるといえる。

　初期資本主義の発達に関する議論において，市民の「計算能力」の定着に着目した研究がいくつかみられる。例えば，初期資本主義の発達を人々の精神の歴史から紐解こうとしたヴェルナー・ゾンバルト（Werner Sombart）は，「世界を数字の中に解消し，これらの数字を，収支と支出の手の込んだ組織にまとめあげる性向，習慣，あるいはまた能力，つまり計算能力が資本主義精神の一つの重要な要素をなしている」と指摘している（Sombert, 1913: 訳 p.196）。また，『プロテスタンティズムの倫理と資本主義の精神』を著し，資本主義の発達に宗教的価値観が影響を及ぼした過程について考察したマックス・ウェーバー（Max Weber）もまた，1600年初頭のアメリカにおける南北の資本主義の進展の違いについて，資本主義が進展していた北部諸州は南部諸州に比べて利益計算に長じていたことを確認している（Weber, 1920/1992: 訳 p.52）。

　さて，経営学および経営組織論が「計算」を重要視する資本主義経済下にあって生成し発展したことを考えると，経営組織のマネジメントにおいても，計算ということが問題になるのは不自然なことではない。組織のマネジメント

の理論化に先鞭をつけたフレデリック・W・テイラー（Frederick W. Taylor）の1911の著作 "The principles of Scientific Management" は，経営管理・組織作りにおける「計算」の重要性を説くものであった。Taylor（1911）は，科学的管理法の発端として，テイラー・システムと呼ばれる管理法を提唱した。このシステムは，まさに組織マネジメントを「経験から科学へ」と変遷させる契機となるものであった。

　テイラー・システムは，課業管理と呼ばれる，恣意的な管理手法のオールタナティブを志向していた。当時，アメリカにおいては，成行管理や組織的怠業といった，勘や経験に則した管理が横行しており，それには一貫性が見いだせず，非合理的でさえあった。この恣意的な人間的な人間による管理を排し，課業，すなわち「公平な一日の作業量」を基準にした管理が課業管理であった。

　この管理手法こそが，「計算」の始まりであった。課業は，一流労働者と呼ばれる基準となる労働者が，いかに作業を行っているかをつぶさに観察し，それを分析することによって設定された。具体的には，① 一流労働者の作業工程を，要素動作へと分解し，② その要素動作をストップウォッチによって計測し，③ その中から最も速い動作が算出され，④ 標準作業時間が算定され，⑤ その標準作業時間に基づき課業（＝標準作業量）が設定されるのである。

　Taylor の作業時間の計算に始まった科学的管理法は，ギルブレス夫妻（Frank B. Gilbreth & Lillian M. Gilbreth）やヘンリー・L・ガント（Henry L. Gantt）などの研究者に受け継がれていく。前者は，作業時間に留まらず，作業員の動作の計算を，後者は作業の進捗の計算を経営理論に導入し，作業現場の様々な要素の計算へと裾野が拡大していった。

　テイラーの共同研究者としてテイラー・システムの完成をサポートし，また科学的管理法の普及・発展に尽力したのがギルブレス夫妻であった。彼らの研究は Taylor（1911）に掲載されているレンガ積みの研究としても有名である。テイラーは管理すべき課業を導出するために作業にかかる時間に着目したのに対し，ギルブレス夫妻は作業にかかる動作の最適化・標準化に焦点を当てていた。例えば，ギルブレスのレンガ積みの研究について，Taylor（1911）は，レンガ一つを積むための動作を 18 から 5，場合によっては 2 の動作まで減少させることによって，作業工程短縮に寄与したと評価している。彼らは無駄の

ある動作は，疲労の増加，生産性の低下に繋がると考え，作業員の最適な動作を導き出し，その動作を行えるよう作業員を訓練し，システム化することの重要性とその手法について議論した。

　動作研究の中心は，基本的な要素動作をリスト化することであった。リスト化された動作は基本的な要素動作として18種類まで絞り込まれ，それらを所与の作業の目的に応じて組み合わせることによって，作業員が行わなければならない作業の最適な動作を導き出された。動作の最適化は，作業者の仕事の際の動作がどのような動作によって構成されているかを観察し，要素動作を割り出し，動作の数自体や疲労，労力といった要素を最小限に抑えることによって達成しようとした。この作業をこれ以上細分化できないところにまで分解した動作はサーブリッグと呼ばれる。サーブリッグを同定し，またある作業のために最適なサーブリッグを組み合わせるといったアイデアは，作業と動作を「計算」しようという意図から生まれたということができよう。

　テイラーの時間研究やギルブレス夫妻の動作研究のもつエッセンスは現在でも組織の構成に利用されているとしても，それ自体がそのままに用いられることは稀であろう。しかしながら，「ガント・チャート」は現在でも多くの組織やプロジェクトにおいて用いられている。この「ガント・チャート」と呼ばれる作業進捗表を提案した人こそ，ガントその人である。

　ガントは，テイラーやギルブレス夫妻が労働者一人一人の作業にかかる時間や動作の最適化に焦点を当てていたのに対し，プロジェクト全体の進度に着目していたといえる。ガント・チャートの特徴は，計画全体およびその計画を構成する作業の進捗を図示することによって視覚化を可能にしたことである。作業完了までの活動の経路，およびそのフェーズが視覚化されたことによって，プロジェクトの進捗度だけでなく，プロジェクトの全体像が把握可能となった。またこの付加的効果として，プロジェクトが予定通りに進んでいるかを管理したり，予定から外れた場合に，その作業の前後関係を見直し，予定を組みなおしたり，事後的にフィードバックしたりすることが可能となった。

　ガントは，プロジェクト全体は数多く存在する作業の総和と考え，プロジェクトを作業に分解し，その作業を進捗度別に割り振り，より合理的な作業の道筋を示すことを意図していたと考えられる。

　以上に，「計算」メタファーを念頭に，いくつかの代表的な伝統的な経営組織論を概観してきた。これらに共通しているのは，組織をクローズド・システムとして捉え，組織および組織業務をなんら外部環境の影響なしに，それらの構成要素を計算上「合理的」に再構成しようと試みている点である。これは，イントロダクションで述べたような古典的な意味でのコンピューター（計算手）のイメージである。一人の手では負えない膨大な計算式を，小さな計算に分割し，目的である計算式を解いていくように，個人では達成しえない目標をもつ組織を構成する内部の要素を細分化し，組織メンバーに計算された業務を割り当てることによって，より組織を効率的に合理的に運営しようと試みてきたのである。

Ⅲ．オープン・システムとしての組織と一般システム理論

　前章にみてきたように組織論においてコンティンジェンシー理論が提起されて以来，明示的であれ暗黙的であれ，組織とは「環境に適合しなければ存在しえない」存在として適者存在の理論から説明されるようになった。その潮流から，経営組織論において「情報処理パラダイム」が出現してくることとなる。この経営組織の情報処理パラダイムは，今日的な意味での「コンピュータ」をメタファーとした経営組織の知見ということができる。この情報処理パラダイムの経営組織の代表的な知見として，ジェイムズ・D・トンプソン（James D. Thompson）の組織のテクニカル・コアと組織の合理性についての議論，および，ジェイ・ガルブレイス（Jay Galbraith）の組織のデザイン戦略の議論について検討していきたい。

　彼らの議論の前提には，組織のコンティンジェンシー理論をもとにした組織のオープン・システム観がある。組織のコンティンジェンシー理論は，まずもって組織のパフォーマンスは，組織それ単体による努力によって決定されるのではなく，組織が置かれる環境に多分に影響されているということを明らかにした点で，組織論におけるターニングポイントであったといえよう。また，第2に組織について唯一最善解は存在しないこと，そして，第3にいかなる方法もあらゆる全ての組織において普遍的に等しく効果的であるということはあ

図表5-2　オープン・システムとしての組織

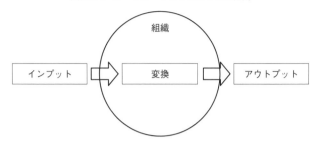

りえないということを看破したという点においても非常に意義のある提起で
あった。そのようにして，組織のコンティンジェンシー理論が提起されて以
来，組織はオープン・システムとしてみなされるようになった。オープン・シ
ステムとは，外部環境からの影響を受ける存在であり，かつ，外部環境に適応
することによって生存しているシステムのことである。

　オープン・システムとしての組織のイメージは，おおよそ図表5-2のように
表すことができる。このようにみてみれば，オープン・システムの組織のイ
メージは前述のコンピュータの概念図と非常に似ていることが観取されるだろ
う。図表5-2によれば，組織は ① 組織外部から何らかの資源がインプットさ
れ，② そのインプットを変換し，③ 変換物を組織外にアウトプットすること
によって成り立っている。また，一度アウトプットされたものはインプットや
変換活動へとフィードバックされ，以降のインプットや変換活動を何らかのか
たちで制御することになる。オープン・システムとしての組織は，これらの活
動が問題なく実施されることによって存在が可能になっていると考えるべきで
ある。

　このような前提のもと，組織研究は新たな要素，いわば「組織の外部環境」
を計算しなければならなくなったのである。

1．組織のテクニカル・コアと組織の合理化

　トンプソンは，伝統的な組織論が前提としてきた組織のクローズド・システ
ム観と，前章で概観した組織のオープン・システム観を統合する必要性を主張
した。トンプソンによれば，組織とは「オープン・システムとして，それゆえ

不確定で不確実性に直面するものと考えるが，それと同時に，合理性の基準に従い，それゆえ確定性と確実性を必要としている」（Thompson, 1967: 訳 p.13）存在である。

　前節で議論してきたように，伝統的な組織論においては，組織の内部資源を細分化し，計算し，合理化することを目指してきた。Thompson（1967）によれば，それらの伝統的な組織論が，組織の合理性について考慮する際の戦略は，組織をある種の確定的システム（determinate system）として取り扱うことであった。組織を確定的システムとして捉えることは，現状を固定することであり，この固定はシステムが閉じたものであることが前提となっている。この閉鎖性が厳密であればあるほど，確定的システムとしての組織についての合理性もまた厳密なものとなるのである。なぜなら，組織がより厳密に閉じたシステム（クローズド・システム）であれば，組織や組織成員はその閉じたシステム内に関しては，統制可能である，つまり「確実」だからである。Thompson（1967）は，以上のように組織を一種のクローズド・システムと仮定し，閉鎖システム内の最善を求めるアプローチを「合理的モデル・アプローチ」とした。併せて，これらの一連の研究についての文献は，大半が「計画化」ないし「コントロール」の概念に集中していると Thompson（1967）は指摘している（Thompson, 1967: p.6, 訳 p.7）。

　しかしながら，組織を一つの確定的システムとして，すなわち外部から遮断された閉鎖的なシステムとしては捉えられないということが，組織のコンティンジェンシー理論の至った結論であった。この結論に至って，組織は，閉鎖性を担保することはできず，それゆえに，常に不確実性が入り込んでくることを想定されざるを得なくなった。このような合理的モデル・アプローチが仮定していた前提が想定されないものとして組織を捉えるアプローチを，Thompson（1967）は「自然システム・アプローチ」としている。

　Thompson（1967）によれば，自然システム・アプローチを採用する研究は誇張していうならば2つの研究潮流が挙げられる。一つは，非公式組織の研究である。非公式組織の研究は，ホーソン実験以来，情緒や派閥，非公式な規範や非公式な地位への欲求などの，合理的モデル・アプローチに含まれない変動要因に関心をもってきた。いわば，合理的モデル・アプローチが人為的に展開

される公式組織に関心をもってきたのに対して，自然生成的かつ機能的に展開される非公式組織に関心をもってきたのが，非公式組織の研究であり，自然システム・アプローチを用いた研究の一つであるということができる。

　Thompson（1967）によれば，Barnard（1939）やSelznick（1949）といった経験的研究に代表されるように，組織を環境との相互作用を行ううえでの一種の単位とみなしている包括的な学派が，自然システム・アプローチに影響を与えたもう一つの研究群である。合理的モデル・アプローチでは組織の管理者が最善の計画を立案し，それが滞りなく実行され，意図した結果が得られるであろうということが前提とされていた。それに対して，これらの研究群は管理者が最善の計画と考えたものが，仮に実行されたとしても必ずしも意図通りの結果が得られるわけではなく，むしろ意図せざる結末をもつことがあり得るということを明らかにしてきた。

　以上の2つの潮流から影響を受けた自然システム・アプローチは，合理的モデル・アプローチが想定するクローズド・システムの論理的枠組み内のコントロール可能な変数ではなく，組織にとって完全にはコントロールできない変動要因に焦点を当てている。

　この合理的モデル・アプローチと自然システム・アプローチは，しばしば組織研究において，パラドックスとされてきた。これは，Thompson（1967）にいわせてみれば，そもそも我々には，合理性と不確実性を同時に考えるための概念が存在しないのであり，それゆえ，合理性を理解するために確実性を無視するか，自然発生的なプロセスを理解するために合理的な行為を無視するか，片方を選択せざるを得ないのである。

　しかしながら，「不確実性への対処」という視点が，この両方のパラドキシカルなアプローチを統合し得る。そもそも合理性モデル・アプローチは，不確実性を理論的枠組みから排除することによって，クローズド・システムとしての組織を想定し，その前提内において完全な技術的合理性を追求する。半面，実際には変動要因が多くなるほど不確実性は向上するため，合理性の基準に従う組織としては，これの対応せざるを得なくなる。このことから，Thompson（1967）は，組織を「オープン・システムとして，それゆえ不確定で不確実性に直面するものと考えるが，それと同時に，合理性の基準に従い，それゆえ確

定性と確実性を必要としている」（Thompson, 1967: p.13）存在と考える。つまり，Thompson が企図したのは，合理性モデル・アプローチと自然システム・アプローチを，「不確実性への対処」という視点から統合し，計算不可能であるとされてきた，組織の自然発生的な変動要因を伝統的な組織論が行ってきたように計算可能にすることであった。

　Thompson は，不確実性への対処に関して，組織の「技術」と「タスク環境」の２点に注目する。「技術」とは組織がコントロール可能なものであり，それゆえに組織の合理性を担保するものである。その中でも，組織の目的達成に対して核心となす単一ないし一連の技術をテクニカル・コアと呼ぶ。組織が合理的であることを担保するためには，このテクニカル・コアが何ら問題なく作動することが重要である。テクニカル・コアは合理的モデル・アプローチの範疇であると理解できる。しかしながら，組織はコントロール不可能な「タスク環境」と接している。この「タスク環境」は自然システム・アプローチの範疇である。この組織の合理性に影響する２つの要素を加味したうえで，組織が合理性を担保する方法は，「どんなタスク環境にあっても，テクニカル・コアが問題なく作動する」状況を考えることである。つまり，テクニカル・コアをタスク環境が組織内に持ち込むコンティンジェンシー要因から防衛することが，組織の合理性を維持するうえでは重要となる。

　Thompson は，以上のような前提のうえで，組織がもち得る技術を類型化し，それらの種類の技術がもたらし得る組織内の要素の相互依存関係と，それらの技術が合理的であるためにとり得るタスク環境への対応を組織のドメインのデザインという形で明確にした。そのうえで，それらの技術の類型が合理的に作動する方法やそのコスト，組織が合理性を維持するための優先順位を明らかにしている（図表5-3参照）。

　組織の技術は，① 媒介型，② 長連結型，③ 集中型の３つに分けることができる。媒介型技術とはインプットとアウトプットを架橋する技術のことで，媒介型技術を用いる組織は，顧客と顧客の媒介によって存在している。斡旋や仲介を行う企業がその例である。媒介型技術を複数用いる組織においては，それぞれの技術が相互作用することなく，それぞれの技術のアウトプットの総和がそのまま組織の成果となる。そのため，そのような組織は共有的相互依存関係

図表 5-3　組織内部の技術の種類と相互依存関係の調整法及びコスト

技術の類型	① 媒介型技術	② 長連結型技術	③ 集中型技術
タスクの相互依存関係	共有的相互依存関係	連続的相互依存関係	互恵的相互依存関係
形態	インプット→タスクA←インプット ＋ インプット→タスクB←インプット ＋ インプット→タスクC←インプット　→　アウトプット（A+B+C）	インプット→タスクA→タスクB→タスクC→アウトプット	インプット→タスクA⇔タスクB⇔タスクC→アウトプット
ドメイン拡大の方法	サービスを受ける集団の増大	垂直的統合	働きかける対象の組み込み
タスク間の調整方法	標準化による調整	計画による調整	相互調整による調整
コスト	低い		高い
対処の優先度	低い		高い

（出所）　Thompson（1967）をもとに筆者作成。

にある部門から成り立っているといえる。共有的相互依存関係とは各部門が全体に対し各々のタスクを遂行することによって貢献し，各部門は全体によって成り立っている相互依存関係である。この技術を用いる組織は，技術をタスク環境から守るためにサービスを受ける集団を増大させることによって組織のドメインを拡大させる。この相互依存関係は，相互依存関係にある他タスク間で統一された一貫した行為を行うこと，つまり標準化という方法をもってタスク間を調整する。この調整コストは非常に低く，またそれゆえに，この技術への対応の優先順位も高くはない。

　長連結型技術とは，組織内の各部門がインプットから連続的にタスクを遂行することによってアウトプットを出す形の技術である。そのため，この技術を採用する組織の各部門は，連続的相互依存関係に置かれることになる。連続的相互依存関係とは，各部門が連続的に配置され，ある部門でのアウトプットは，それが成果であれ，問題であれ，その部門以降の部門に影響を与えるような相互依存関係である。この技術を用いる組織は，技術をタスク環境から守るために垂直的統合を行うことによって組織のドメインを拡大させる。連続的相

互依存関係は，各部門が滞りなく成果をだすことが組織の合理性には欠かせないため，計画を立て，それを各部門に遵守させることで組織全体を調整する。この調整コストは標準化に比べると高く，また組織にとってもこの技術への対応は媒介型に比べると優先度は高いということになる。

　集中型技術とは，ある特定のインプットを，異なる技術を集成させることによって変換し，アウトプットを出すような技術である。Thompson は集中型技術を「ある種の特注型」技術であると指摘している。この集中型技術を用いる組織の各部門は，互恵的相互依存関係をもつことになる。互恵的相互依存関係とは，各部門のアウトプットが他のインプットとなっている状況を示し，各部門がそれぞれお互いにコンティンジェンシーを課している相互依存関係といえる。集中型技術をもつ組織は働きかける対象を組み込むことによって，そのドメインを拡大させ，タスク環境から技術を防衛しようとする。互恵的相互依存関係にある各部門は，話し合いやコミュニケーションをとることによって，関係する行為者間で相互調節を行うことによって調整される。この調整コストは非常に高く，それゆえにこの技術および相互依存関係をもつ組織にとっては，その対応への優先順位は最も高いものとなる。

　以上のように，Thompson は，まずもって組織の有する技術とその種類がオープン・システムとしてインプットとアウトプットの関係から生じる相互依存関係を特定した。その上で，それをタスク環境から防衛するという視点から組織の技術的合理性を論じた。これにより，タスク環境という自然システム・アプローチから解明される計算不可能とされてきた要素を，組織内部に落とし込みコントロール可能で合理的モデル・アプローチとして計算可能な技術的要素に落とし込んで，これら2つの相反するとされてきたアプローチを統合したのである。いわば，オープン・システムをクローズド・システムの論理に囲い込むことによって，コンピュータ（＝計算機）としての組織の論理を発展させたということができるのである。

2．不確実性の計算を通した組織の合理化

　コンピュータ（＝情報処理装置）として組織を考えるという視点は，Galbraith の「組織の情報処理パラダイム」と直接的に関係している。

Galbraith（1973）の議論は，「組織の情報処理パラダイム」と呼ばれ，組織は不確実性を回避するために様々な情報を処理する，という前提からスタートする。

　Galbraith（1973）の議論もまた，コンティンジェンシー理論に端を発している。コンティンジェンシー理論の条件適合仮説を支持しつつ，「不確実性」に注目する。コンティンジェンシー理論をベースとした研究の戦略は，環境（市場や技術など）を静的か動的かに場合分けし，それらの適合関係にある組織の形態を明らかにすることであった。しかし，Galbraith（1973）は組織に影響を与える外部環境についてそのような戦略をとらなかった。むしろ，有効な組織形態を考慮するうえでは，組織の外部環境の変化が組織に持ち込む「不確実性」の量を考慮するべきであると考えたのである。

　環境変化への対処と通した組織運営については，Thompson（1967）もそれに言及している。Thompson（1967）は，テクニカル・コアをタスク環境から防衛する4つの方法によって組織は環境の変動に対処することができ，合理性を担保できると考えた。第1の方法は「緩衝化」であり，テクニカル・コアを要素部門で取り囲み，テクニカル・コアとタスク環境の間に緩衝部を用意しておくことである。そうすることによって，タスク環境が不確実な影響を組織に及ぼしたとしても，テクニカル・コアは通常どおりに作動させられる。

　第2の方法は「平滑化」であり，安定的で反復的な環境の変動によって増減するインプットやアウトプットを，組織の要素部門に対処させ，組織への影響力を低減させる戦略である。

　不安定で非反復的な絶え間ない環境の変動に対しては，第3の方法として「予測活動」によってテクニカル・コアをタスク環境の影響力から防衛する。いわば，環境変動そのものや，それによって生じるテクニカル・コアへの影響を予測し，スケジュールを作成し，組織を運営していく方法である。第2・第3の方法は程度の差はあれ，あくまで予測可能な変動に対する方法としては有効であるものの，予測不可能な変動への対処には不適切である。

　以上の3つの方法のどれをもってしても，テクニカル・コアの防衛が不可能な場合，「割り当て活動」を行う。これは，環境からの影響を最小化するために，対処すべきものへ優先順位をつけるという方法である。この方法は，テク

ニカル・コアの防衛というよりは，環境からの影響を受けてしまった後，被害を最小限に抑えるための方法という意味で「喜ばしくない方法」である。

　以上のように Thompson（1967）は，タスク環境の変動の程度に応じたテクニカル・コアの防衛ないし組織の存続の方策を提示している。これは，既存のコンティンジェンシー理論の研究の伝統に沿うものであった。環境の不安定性を場合分けして，その場合に応じた方法を提示するという戦略である。

　他方で，Thompson（1967）の議論は，不確実性への対応という意味では，不十分なものに終わっている。上述したように，Thompson（1967）のこれらの方策はあくまで「環境変化」への対応であって，Thompson（1967）の方策は，4つのうち3つはあくまで「予測可能」なものに対するものとなっている。そして最後の1つは，たしかに予測不可能なものに対応する方策であるものの「喜ばしくない解決策」である。そもそも予測可能な程度での環境変化は，組織にとって致命的な不確実性とはならない。また，予測不可能な環境変化は組織にとって致命的な不確実性になるにもかかわらず，Thompson（1967）の議論においては，あくまで「予防的」な対応にとどまっている。

　これに対し，Galbraith（1973）は組織にとっての「不確実性」について，環境の変化とは異なる視点，つまり「情報」の視点からアプローチした。Galbraith（1973）は，組織のタスクの不確実性が増大すればするほど，組織が意思決定のために処理しなければならない情報量も増大すると指摘した。仮に，組織のタスクに不確実性がない＝より予測可能なものであれば，事前準備した通りの成果が期待できる。しかし，組織のタスクに対する不確実性が高い場合，資源の割り当てやスケジューリング，優先順位づけの変更が起こり，これらの変更にはタスク実行中の情報処理が必要になるという理屈である。

　そのうえで，Galbraith（1973）は，組織の不確実性を「組織がタスクを遂行するのに必要な情報量と組織がすでに所持している情報量の差」（Galbraith, 1973: p.5）（組織の不確実性＝必要な情報量－所持している情報量）と定義した。既に組織が所持している情報量で，組織がタスクを全て遂行できるという状況であれば，それがどんなに難しいタスクであったとしても，組織にとっては不確実性は低いことになる。半面，どんなにやさしいタスクであっても，当該組織にとって，所持している情報量では遂行ができないということになれ

ば，不確実性は高いということになる。

　Galbraith（1973）の組織の不確実性への対応方法は図表5-4のように表すことができる。

　組織がタスクを遂行する上で，不確実性が低い場合，つまり上述の式の解としての不確実性が0ないし0に近い場合，組織は機械的モデルで情報を処理していく。これは，組織の存在意義は本来的には目的に対して合理的であることであり，基本的には伝統的な組織論，Thompson が「合理的モデル・アプローチ」と表現したその方法に頼るということである。Galbraith（1973）によれば，この機械的モデルでの情報処理の方策については，「規則とプログラムの設定」「上階層への照会」「目標設定」の3つの方法を提示している。これらは環境が安定的で反復的である場合に，組織の合理性を担保するためにとられる方策であるといえる。第1に「規則やプログラムの設定」によって，組織がとるべき基本的な行動について，前もってルール化しておき，機械的に処理が可能なようにしておく。しかし，事前に準備されたルールによって処理できないものができた場合，組織を階層化しておき，組織の上階層にその対応について照会する。これが，機械的モデルでの情報処理の第2の方策となる。そして，もし組織の上階層への照会によっても問題が解決しなかった場合，前もって組織の目標を達成するためのより下位の目標を設定しておき，組織の下位層が各

図表5-4　不確実性への対処

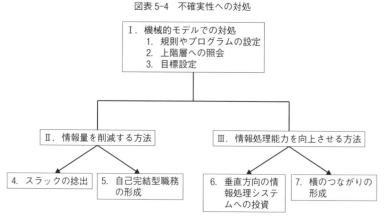

（出所）　Galbraith（1973: p.15）に筆者加筆修正。

自の裁量で各自の目標を達成できるような行動をとれるようにしておくのである。これらの方法は，基本的にクローズド・システムとして組織を合理化する方法となる。しかしながら，他方でこれらの方法は，環境が安定的で反復的であり，不確実性が低い，ないし不確実性がない環境においてのみ有効な手段であるといえる。

　不確実性が高い環境で組織が活動しなければならない場合，「必要な情報量－所持している情報量」の解を限りなくゼロに近づけるという方策が不確実性の回避のために重要ということになる。したがって，組織が不確実性を回避する方法とは，2つの方法が考えられることになる。第1に「タスク遂行に必要な情報量」を低減させることである。必要な情報量を削減することによって，所持している情報量との差を減らすことができる。第2に，「所持している情報量」を増幅させることである。組織が所有する情報量を増やすことによって，仮にタスク遂行に必要な情報量が多くとも，その差を縮減することができるのである。

　第1の「タスク遂行に必要な情報量を削減する」とは，厳密にいえば，タスク遂行に関わる情報処理の必要性を減らすことである。タスク遂行に関わる情報処理の必要性を低減させることにより，組織が所持している情報量の多寡にかかわらず，不確実性を回避し，合理性を担保することができる。このタスク遂行に必要な情報量を削減するには，2つの具体的な方策が考えられる。第1に「スラックの捻出」である。スラックとは余剰資源と訳されることもある。組織がその目的を達成するために必要とされる必要最低限の資源よりも，多くの資源を組織内に蓄積しておくことが，この「スラックの捻出」である。余剰資源を組織内に貯蔵しておくことで，仮に想定外の出来事が起こったとしても，組織はスラックを利用して通常どおりにタスクを遂行することができる。また，スラックの捻出それ自体は，組織の業務にゆとりをもたせることができる方策であり，タスク環境の不確実性にかかわらず，組織のタスク遂行に必要な情報量を低減させることができる方策である。

　組織のタスク遂行に必要な情報量を削減するための第2の方法は，「自己完結型職務の形成」である。本来，組織は達成したい目標に対する業務を専門的部署に分割し，分業体制を敷く。しかしながら，あまりに分割されすぎた単一

の職能や資源に特化した組織の下位単位は，他の下位単位などとの調整を行う必要が発生する。その際の調整という行動には，自部門の情報だけでなく他部門の情報をも処理しなければならなくなるという意味で，その部門は多量の情報量を処理する必要性が出てくる。これに対して，組織の川上もしくは川下の周辺に自部門がコントロール可能な部門を形成し，インプットからアウトプットまで自律的で自己完結した職能単位を形成することによって，他部門との調整に必要な情報を削減することができる。

　Galbraith（1973）の不確実性の定義を考慮した場合の不確実性の低減の第2の方策は，「組織が現状所持している情報量を増幅させる」ことであった。これは，厳密にいえば，「組織の情報処理能力を向上させる」ことである。情報収集および情報処理能力を向上させることによって，タスク環境の不確実性にかかわらず，常に組織は優位に業務を遂行できるようになると考えられる。その第1の方法として「垂直方向の情報処理システムへの投資」が挙げられる。これは，コンピュータやデータベースへ物理的に投資することによって，物理的に情報収集能力および情報処理能力を増幅させることができる方策であるといえる。

　組織の情報処理能力を向上させる第2の方策は，「横のつながりの形成」である。これは，組織のタスク遂行に関わる業務に直接関係する部門との協働体制を形成することである。通常，組織は上下の階層（＝ヒエラルキー）を形成し，命令とその実行によってタスクを遂行する。しかしながら，このヒエラルキーによる組織運営は，タスク遂行に関わる別の部署との関係が薄くなる傾向にある。つまり，セクショナリズムによる弊害が起こりやすくなる。これでは，本来組織全体として，その目標達成に必要な所持すべき情報を断片化してしまう。これを防ぐために，タスク遂行に関わる業務に直接関係する部門との横方向の協力体制を確立することによって，組織の目標達成のための必要十分な情報量を確保することが可能になる。

　以上のように，Galbraith（1973）は，組織をオープン・システムとして常に不確実な要素に触れるものであると前提し，そのうえで，組織は組織外部の不確実性を最小化するコンピュータとみなしたのである。

Ⅳ.　コンピュータとしての組織観 —貢献と限界—

　コンピュータとしての組織観は，コンティンジェンシー理論をより精緻化するとともに，実社会における組織運営に対してより重要な示唆を提供してきた。Thompson（1967）や Galbraith（1973）にみられるように，その内容は非常に具体的で，研究者だけでなく実務家にとっても組織デザインを考慮する上での指針となるものであった。コンピュータとしての組織観に基づく理論は，Galbraith & Nathanson（1978）によって，図表 5-5 のように，組織の外

図表 5-5　主たる組織デザイン変数とその適合

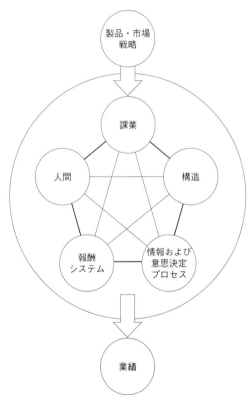

（出所）　Galbraith & Nathanson（1978: 訳 p.2）に筆者加筆修正。

部環境と組織内部の諸変数の適合というかたちで大成されたといえる。製品や市場戦略といった，組織に影響を与える外部環境に対して，組織内部の諸変数は適合させる。この時，組織内部の諸変数として，人間・課業・構造・報酬システム・情報および意思決定プロセスという5つの要素をそれぞれ相互作用させて，最大限の業績を出すことが組織に求められる。いわば，人間・課業・構造・報酬システム・情報および意思決定プロセスとい5つの要素をもつコンピュータとしての組織は，市場という外部からの入力を処理し，業績をアウトプットとして出すという図式である。

　しかし，その同時期，Pondy & Mitroff（1979）に代表されるような，組織のオープン・システムモデルを超えた組織論を展開しようと試みる研究者たちから，Thompson（1967）を代表とした「組織をコンピュータとみなす諸理論」は批判されることとなる。Pondy & Mitroff（1979）は，Thompson のモデルを「オープン・システムとしての組織観」に基づく諸理論のなかで最も精緻化・体系化されたものであるとしている。そのうえで，なお「オープン・システムとしての組織観」に基づいた組織モデルとして不十分であると論じている。

　Thompson のモデルが，オープン・システム観の基づく組織モデルとして不十分である一つ目の理由は，Thompson のモデルにおける「環境」というものの理解や対処が不十分であるという点である。Thompson のモデルはオープン・システムとしての組織の維持や組織の合理性を第1の焦点としている。それゆえに，その戦略として，環境が組織に持ち込む不確実性を削減することが最も合理的であると考えられるわけであるが，これは，結局のところ，コンティンジェントな要因を考慮しながらも，それらを排除し，クローズドな組織に落とし込んだにすぎないのである。常に，組織をオープンにしておくと，常に組織に不確実性が流入してくることとなり，それゆえに組織をコントロールすることができないということを Thompson のモデルは前提しているのである。その意味で，Thompson のモデルは厳密には，組織をオープン・システムとして捉えることに失敗している。この限界は，Thompson のモデルが，あくまでコンティンジェンシー理論（＝状況適合理論）に則ったモデルであることに起因している。コンティンジェンシー理論における組織は，あくまで環

境に対する従属変数でしかない。つまり，これらの理論においては，環境が組織を決定するのである。これが意味するところは，極論すれば，組織の命運は環境が握っており，その意味で，組織は常に環境からの影響を最小限に抑える必要があるのである。しかし，現実には，組織は一方的に環境から影響を受ける存在ではなく，環境に対して働きかけることも可能である。Miles & Snow（1978）が述べたように，組織は自らが活動する環境を自ら戦略的に選択できるのである。本当に，組織をオープン・システムとして捉えるということは，組織が環境からの不確実性を削減することだけでなく，むしろ環境の不確実性を利用したり，環境に対して働きかけたりするという側面にも注目していく必要があるだろう。

　また，Thompson のモデルは，マクロ・レベルの逆機能の理解が不十分である。実際の組織では，机上の空論として「合理的」な事柄であっても，それを推進することによって逆機能が生じる。例えば，過去からの因習や集団への同調などによって，客観的に「合理的」だと考えられ得る方策が組織において採用されないといった問題がある。

　さらに，Thompson のモデルを含め人間の主意性を無視してきた伝統的な組織論における「人間観」を再考する必要があると，Pondy & Mitroff（1979）は指摘している。Thompson のモデルに至る伝統的な組織論では，人間をある意味で過大評価し，ある意味で過小評価していると考えられる。例えば，本章で取り上げた Galbraith（1973）の議論をみてみよう。Galbraith（1973）は不確実性を計算可能なものと考えた。しかしながら，現実の人間が，「業務に必要なすべての情報」を把握することは可能だろうか。また，現状自分がもっている情報を把握することが可能だろうか。現実の人間を，それらの能力をもったものと仮定するのは，人間に対する「過大評価」といえるだろう。他方で，Thompson や Galbraith より以前の多くの組織理論において，人間の高度な自己認識，言語の使用，創造，学習といった能力は無視されてきた。しかし，組織を構成する人間は，そのような能力を実際にもっている。組織と同様に人間も，環境決定論的に行為しているわけではない。その意味で，それらの人間特有の能力を無視することは，人間に対する「過小評価」といえるだろう。

　第4に，組織の自己再生の問題が挙げられる。Thompson のモデルは，基本的に成熟した組織の，成長の維持に焦点が当てられている。それが意味するところは，Thompson のモデルは，あくまで「作られた組織」の理論であって，「生成する組織」「再生する組織」の理論ではない。組織は，経営されるという側面と同時に，生み出されたり，再生されたりするという側面ももっている。その組織が生成されたり，再生されたりする過程について，Thompson モデルは無視している。「生み出される」「再生される」といった言葉が意味することは，全く新しいアイデアや変革の発生である。Thompson モデルでは，新しいアイデアや変革が生み出されるメカニズムを説明できないのである。

　第5に，伝統的な経営組織論と実際の経営組織の適合についての前提を疑ってみるべきである。伝統的な経営組織論では，前提として，その研究者たちは第3者の立場に立っているものと考えられてきた。つまり，学者たちの目の前で起こっている組織現象は，学者たちの存在とは関係なく起こるものであるという前提が，伝統的な経営組織論にはあった。しかし，実際は，組織現象は，様々な組織理論を参照されながら起こっている。もはや，組織の研究者たちは，自らが関わる組織と無関係には存在し得ない。Thompson のモデルを含め伝統的な経営組織論は，その現実を無視しているのである。

　Pondy & Mitroff（1979）の上述した5つの指摘は，それぞれが独立した問題というわけではなく，密に相互に関係している。そして，彼らの指摘は，Thompson モデルへの批判であるだけでなく，Thompson 以前の伝統的組織論への批判であった。つまり，クローズド・システム観に基づく組織論は言うまでもなく，オープン・システム観に基づく組織論もまた，社会組織を扱うには不十分であると考えられるのである。

　以上のように，「コンピュータとしての組織観」は，組織の客観的合理性を担保しようとする組織理論が前提としてきた組織観であった。この組織観から論じられてきた組織論は，組織を「合理的」にデザインするという発想を組織論に根づかせ，いまなお組織論の根幹的な議論を形成している。しかしながら，社会組織である経営組織を論じる見方としては，Pondy & Mitroff（1979）が指摘したように，多くの問題を抱えた見方であるともいえる。

第6章

蝶としての組織

—組織の成長モデル—

Ⅰ．蝶のメタファー

蝶は美しい。羽を広げたその色彩や模様，特徴的な姿形だけではなく，ひらひらと空中を優雅にさまよう姿にも惹きつけられる。しかし蝶は生まれた時から美しい羽を広げて私たちを魅了するのではない。時間とともに卵，幼虫，蛹へと姿を変えてようやく成虫となり，羽ばたいていく。時には蝶の姿になる前の段階で，鳥などの外敵に襲われることも少なくない。美しい姿で私たちを魅了する蝶はほんの一握りなのである。

このように蝶のように様々な段階を経て，最終の形態へと変身を遂げる生き物は限られているが，私たち人間も，草花も，時間をかけて様々な成長を経験し，変化を実感する。組織も同様に変化や成長を経験する。例えば企業組織は革新的なアイデアや意欲あふれる起業家によって生み出され，そしてたくさんの顧客を獲得したり企業が提供する製品やサービスが広く受け入れられる間に新しい支店を構えたり，大勢の従業員を抱えるというように事業の規模が成長していく。しかし顧客の認知がある程度にまで成熟し，財やサービスの供給に滞りを感じるようになったり，自社組織が外部環境と適合できないといった成熟した状況に直面すると成長が遅滞する。このように，組織の規模（Size）や組織の年齢（Age）を用いて組織の成長を説明し，成長過程やその時々で必要となるマネジメントのあり方を説明したのが組織の成長モデルである。また，時間の経過（成長過程）とともに組織の変化を捉えようとしたのが組織のライフサイクルに関する研究である。

　この章では，組織の成長に関する2つの主要な概念を通して組織の成長について検討する。はじめに，組織が成長していく上で直面する危機とそれをいかに乗り越えていくことができるかについて検討しているグレイナー（Larry E. Greiner）の成長モデルを取り上げる。ここでは，グレイナーの議論を紹介しつつ，それに対応する組織理論や実務における事例を紹介することによって組織の成長という観点から既存の組織研究を整理することを企図している。次に，成長に伴う組織の自己認識の変化という観点から組織の成長を理解するために経営学の中に組織のアイデンティティという概念を持ち込んだといわれているAlbert & Whetten（1985）の組織ライフサイクルと組織アイデンティティの理論を取り上げる。このように，この章では，組織が直面する危機と成長に伴う組織アイデンティティの変化という2つの視点から組織の成長を説明する。

Ⅱ．グレイナーの組織の成長モデル

　グレイナーは組織の成長を組織の年齢（Age）と規模（Size）の2つの次元を用いて5つの段階（the five phase of growth）に分類した（Greiner, 1972: p.40）。成長フェーズの一つ目は創造性による成長フェーズ，2つ目は統制による成長フェーズ，3つ目は権限委譲による成長フェーズ，4つ目は調整による成長フェーズ，5つ目は協働による成長フェーズである。これらの各フェーズは，成長の中で用いられる支配的な管理スタイルやリーダーシップと結びつけられて説明される。また，この議論の中では，組織の各成長フェーズの中には進化（Stage of Evolution）と革命期（Stage of Revolution）があり（Greiner, 1998: p.4），フェーズとフェーズ間で生じる解決すべき危機（Crisis）を乗り越えることによって次のフェーズへと成長すると述べられている。

　組織の成長を表すためにグレイナーが用いた組織の年齢（Age）とは，図表6-1の横軸によって表されるもので，組織の誕生から成熟を意味するものである。このように組織の成長を経年的に示すことは，組織を管理することに関する諸問題と管理原則は時間に根差していると考えられているためである。実際の組織ではない組織の成長の過程のそれぞれの時点では組織の実践を描くこと

図表6-1　グレイナーの成長モデル

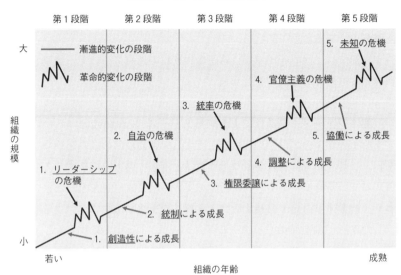

（出所）　Greiner（1972: p.41; 1998: pp.4-5）。

ができるかもしれないが，時間が経過してしまって別の時期に移行した後だと，もう既に行われていないこともあり，この概念では実践を描く記述力が失われている可能性があるのである。さらに，経営者の態度も時間の経過とともに変化する。つまり，時期やタイミングによって組織の実践や組織構造，用いられる管理手法といった組織にまつわる事柄は変化しているため，組織が誕生してからどのくらいの時間が経過しているのかという年齢は，組織の成長を検討する上で欠かせない基軸なのである。

　もう一つ，組織の成長を表す上で欠かせない組織の規模（Size）とは，図表6-1における縦軸に示されるものである。組織の規模とは従業員の数や売上高によって捉えられ，これらの増減によって変化するものと考えられている。例えば，従業員が増えればコミュニケーションや調整に関する問題が出現してくるため，組織はこのような課題を効率的に解決する方法を検討しなければならない。また売り上げをさらに上げるためには，生産量を増やすためのシステムを導入したり，効率的に生産するための資源の分配などを検討するようにな

る。つまり組織の規模によって抱える課題や組織内部のシステム，あるいは外部の環境との適合性は変わってくるため，規模によって成長を捉えることが求められるのである。

　以下の節では，グレイナーによる組織の成長の過程について，関連する主要な概念とともに詳しく説明を行う。

1．第1フェーズ：創造性による成長フェーズ（Creativity）

　まず第1のフェーズは，企業組織が誕生して初期段階の成長を行うフェーズである。この段階では自社が取り扱う製品と市場の両方を創造することに主眼が置かれている特徴がある。特に活動を支える起業家（企業家）が重要な存在であり，起業することや自社が販売する製品の製造や販売に注力する特徴がある。したがって創業時のリーダーやメンバーは，「会社を経営すること」よりも自社で扱う製品や技術に詳しい場合が多い（Greiner, 1972: p.42）。

　また，創業まもない企業では，組織を構成する従業員の数が限定的であることや製品やサービスの供給量もあまり多くなく，インフォーマルなやりとりも含めて組織の内外で交わされるコミュニケーションは円滑に行われる。したがって，顧客や市場から受けとった口コミといったフィードバックに対しても敏感に取り組むことができるため，顧客の反応に合わせた製品やサービスの創造や改良が可能である。このように，起業したばかりの初期の段階の組織では，とにかく企業の活動を軌道に乗せることが最重要課題として掲げられ，それを支えるための創造性や創造的な活動を牽引するリーダーの存在が欠かせないものである。これを説明したのが，シュンペーターの起業家と新結合（イノベーション）の理論である。

シュンペーターのイノベーションと起業家（企業家）

　第1フェーズで重要な存在として位置づけられている起業家（企業家）とは，オーストリアのシュンペーター（Joseph A. Schumpeter）によって提唱された概念である。シュンペーターは起業家（企業家）を経営に関する業務に専念する経営者とは異なるものと定義し，社会的な変化をもたらす革新的なアイデアや価値観，技術などを創造する者を起業家（企業家）とした。

　シュンペーターは，新しく革命的な製品やサービスを生み出すことを新結合

（イノベーション）と呼んだが，この新結合には，①新しい財貨の生産，②新しい生産方法の導入，③新しい販売先の開拓，④新しい仕入れ先の獲得，⑤新しい組織の実現という5つの類型を挙げている。この組織成長の第1フェーズで求められている起業家（企業家）にはこれらのイノベーションをもたらす発想や，それに伴う熱意が必要であると考えられる。

第1フェーズで直面する危機：リーダーシップの危機（Crisis of leadership）
　創業からしばらく時間が経ち，ある程度組織が成長してくると組織の状況は大きく変わる。例えば創業当初は自社が取り扱う製品やサービスにおける創造性が重要であったが，それだけではなく，製造や製品，使用する技術といった様々な専門知識が必要になってくる。また，組織内に人手が増えてくると，インフォーマルなやりとりだけで物事を決定することや，従業員を管理することが難しくなる。つまり既存の管理スタイルには限界が生じ，より合理的で明確な管理の基準によって組織をマネジメントする必要性が生じる。

　また，起業した時とは異なり，熱意だけではなく組織をマネジメントするためのリーダーシップが重要となる。しかし組織のトップレベルのリーダーが，新しく必要とされる管理スタイルや変化後の状況をうまく受け入れられずに，新たなマネジメント方法やリーダーシップスタイルを用いるリーダーとの対立が生じる可能性がある。これが第1フェーズと第2フェーズとの間に起きる第1の危機である，「リーダーシップの危機」（crisis of leadership）である（Greiner, 1972: p.42）。

　シュンペーターが説明するように，会社を創業した起業家（企業家）とマネジャーでは，知識や興味関心に違いがある。起業家（企業家）は経営に関する知識よりも技術や顧客に興味があるため，ある程度成長した組織を経営することに向いているかどうかは分からないということである。グレイナーは多くの創業者が経営に向いていないと考えており，このような状況下において経営に携わるポジションからすんなり身を引いて適切な人材に管理を任せることができない場合が多いことを指摘している。

　自身が経営者として適当でないと判断し，経営することに対して知識をもつ新たなリーダーを迎えるのか，それとも創業時からのリーダーである起業家（企業家）が経営に対する知識を身につけて経営を担うのかというような，

リーダーにまつわる非常に重要な選択が迫られるのが第1フェーズから第2フェーズへの移行期で生じる「リーダーシップの危機」(crisis of leadership) なのである。

2．第2フェーズ：統制による成長フェーズ（Direction）

　第2フェーズは統制による成長段階である。第1フェーズで生じた「リーダーシップの危機」を乗り超える際に活躍したリーダーを中心として，組織が持続的な成長を実現していく成長段階である。

　このフェーズでは，組織のサイズがある程度大きくなったこともあり，製造や営業といった組織の中の活動や機能を分離し，適切な分業を行うことで業務の専門化が図られるという特徴がある。専門化に伴い組織図が明確に規定されたり変更されたりするのもこのフェーズであろう。この組織図に関しては第1章で取り扱ったが，組織には様々な形態があるが，組織を取り巻く外部環境や内部の資源によって適切な組織形態をとることが求められる。

　組織形態以外にも，組織の内部には様々な変化が訪れる。例えば業務をより効率的に遂行するためのシステムが導入されることや，業務遂行のための予算が組まれること，明確な作業基準などが導入されるといった，より効率的な管理体制が整っていくのだが，このような変化は第2フェーズの特徴の一つといえるだろう。これらの特徴中で最も際立ったものは組織の内部にピラミッド型の「階層」という構造上の変化がみられることかもしれない。これは第1フェーズの時点よりも組織の規模が拡大成長したことや専門化や分業した組織に変更されることに伴い，肩書きや役職が増え，管理体制が以前よりも複雑化した結果といえる。このようなシステムを官僚制と呼ぶ。

ウェーバーの官僚制

　ウェーバー（Max Weber）によると，このようなピラミッド型の階層構造や専門化といった特徴をもつ組織のシステムを官僚制（bureaucracy）という[1]。ウェーバーは，命令に他者が従うという支配の形態に関して，家父長制といった伝統的に良いと考えられてきた基準に従った「伝統的な支配」と，宗教組織などにみられるような被支配者からの「信仰によって成り立つ支配」，そして合理性の基準に従った「合法的な支配」の形があり，官僚制は合理性に

従った理想的な組織のタイプであると説明した。

　また官僚制には，① 機能的専門化に基づいた分業，② 権限の明確な階層制，③ 職務担当者の権利と義務を規定する規則のシステム，④ 労働条件を扱う手続きのシステム，⑤ 人間関係の非人格化，⑥ 技術的能力に基づいた雇用，⑦ 全てを文書で残す文書主義，といった特徴がある。このような特徴をもつ組織は最も能率的であると考えられ，企業だけではなく軍隊など様々な組織でも用いられる組織形態である。換言するならば，組織が合理的になろうとすればするほど，官僚制による支配に近づいていくものなのである。

第2フェーズで直面する危機：自治の危機（Crisis of autonomy）

　ピラミッド型の階層構造が生じた組織において，ヒエラルキーのどこに位置づけられた管理職なのかという点で役割や権限に差異が生じる。例えばヒエラルキーの下位に位置づけられる管理職たちは，現場を取り仕切る専門家，あるいは職人としての役割の方が強い。一方で，組織の中枢部分にいる管理職が，現場を含む，組織全体の統括や意思決定を行うことになる。つまり実質的に指揮命令を行い現場を管理する。あるいは現場に関わる意思決定を行う役割が与えられている管理者は，組織の中枢部分にいる管理者となる。しかし，このような管理職たちは市場や顧客，製造の現場から遠く離れているため，実際に現場で働く従業員は現場のことをよく知らない者からの指示を受けて行動しなければならない。このような状況下では，現場対中央というような分離やコンフリクトが生じる確率が高まり，現場で実際に働くものは自分の裁量で行うことのできる仕事を求めるようになる可能性がある。また，現場の従業員をルールや規則によって縛りつけすぎると，同調過剰やマートン（Robert K. Merton）が提唱するような「訓練された無能」やルール遵守が目的になってしまう「目的の移転（a displacement of goal）」といった官僚制の逆機能（dysfunction）も起こり得る。

　グレイナー（1972）によると，このような労使の問題や階層の中での衝突が生じることへの対応策として，従業員から生じた自主性を求める要求に従って権限委譲を行う場合もあるが，従業員は判断することに不慣れなためうまくいかないことも多い。しかしあまりにも中央集権的な管理を続けていくと，従業員が組織に愛想を尽かして離職率が高まるといった負のループに陥ってしまう

可能性がある（Greiner, 1972）。これがこのフェーズで乗り越えるべき「自治の危機（Crisis of autonomy）」である。そこで次の第3フェーズでは，現場の従業員にある程度の権限委譲をすることによる成長の段階に入るのである。

3．第3フェーズ：権限委譲による成長フェーズ（Delegation）

　第3のフェーズは現場の管理者にある程度の権限委譲を行うことによって分散型組織構造を実現することによる成長のフェーズである（Greiner, 1972: p.42-43）。第2のフェーズでは，現場から遠いところにいる管理者からの命令や意思決定に従って，現場レベルの管理職や従業員が生産活動を行うことに限界があることに課題があった。そこでこの発展段階では，工場や市場などを扱う現場に近い管理者に対して，より大きな責任や権限を与えることによって成長する特徴がある。

　現場の管理者にある程度の権限が与えられると，コミュニケーションや関係性にも変化がみられる。例えば，現場の管理者が判断できることが増えるため，本社やトップレベルの管理者が行う直接的な指示や命令の頻度は以前よりも減少し，定例の報告や例外的な取り扱いが生じた時のみに報告を行うというような，限定的なコミュニケーションの頻度になる。また，組織のトップレベルの管理者とのコミュニケーションの手法も，直接の対話よりも簡単な現場訪問や，メールや電話，文書によるコミュニケーション方法が用いられるようになっていく（Greiner, 1998: p.7）。

権限委譲

　一般的な組織において，トップが組織全体や現場に対する意思決定などの権限を持ち，トップからミドル，さらにその下の従業員へと命令が下される。この点においては，ファヨール（Henri Fayol）やクーンツ＆オドンネル（Harold Koontz & Cyril O'Donnell）らが示した管理原則に則って管理が行われる点に則する[2]。だが，組織が大きくなると，トップが抱える管理の幅が広くなるため，それまでトップがもっていた権限をミドル以下の管理者や従業員へと委譲する現象がみられるようになる。これを権限委譲（delegation）という。権限委譲とは，マネジメントの過程である人が自分に割り当てられた自分にしかできない仕事を効果的に遂行できるように，また，組織のメンバーからの援助を

受けることができるように仕事を分割していく過程と考えられており（Allen, 1958: p.116, 訳 p.175），ただ単純に意思決定や指揮・命令といった管理に関わる権限を部下や同僚に受け渡すという意味で用いられる。それに対し単なる委任だけではなく，権限を行使するのに必要なスキルや能力なども授与することをエンパワーメント（empowerment）という。

　権限委譲について，委譲の度合い，つまり権限の配分に着目し，トップなどに集中的に権限が集まっている組織を集権的組織，その反対に権限の配分が分散されている組織を分権的組織という（高宮, 1959）。高宮（1959）は分権的組織の特徴として，工場や支店が地理的に分散されていても権限がひとまとめになっているような組織は集権的組織に分類されることや，権限ではなく仕事が分散している組織を分散型組織とはいえないということを指摘している。したがって権限委譲とは，組織の構成について「権限」の視点から捉える概念といえる。

第 3 フェーズで直面する危機：管理の危機（Crisis of control）

　このような現場の管理者に権限委譲が行われた管理体制では，現場の管理者は自分の受け持つ現場に対し，大きな責任や権限をもつようになる。例えば現場レベルでの活動に関わる計画や，資金調達・予算といった金銭的な面から，人員調達にまで責任や権限の範囲が及ぶようになる。このような現場に権限が与えられると組織にとってだけではなく，顧客から獲得した製品やサービスに対するフィードバックに対して迅速な対応を実現することができるほか，市場の動向を生かした新製品の開発を可能になるといったメリットが生じる。

　しかしあまりにも現場の管理者の権限が強くなりすぎると，トップマネジメント達が現場へのコントロールを失っていると感じるようになり，それに危機感を覚えた本社やトップレベルの管理者が組織全体のコントロールを自分たちの手中に取り戻そうと試みる場合もあるが，既に組織の業務の範囲が拡大した後のため，現場レベルの意思決定に関する権限を取り戻すことが困難である可能性がある（Greiner, 1998）。そこで，「管理の危機」（crisis of control）が訪れ，現場とトップレベルのマネジメント達との新たな調整方法を用いる段階へと突入するのである（Greiner, 1972: p.43）。

4.　第4フェーズ：調整による成長フェーズ（Coordination）

　通常，組織のサイズが大きくなると，それに伴い従業員は多様化し，そして組織構造は複雑化する。このような組織をひとまとめにするためには，管理にかける労力は多くなる。第4のフェーズはまさに，このように大きくなった組織の内部の機能や人を調整することによって成長するフェーズである。第3のフェーズでは，現場の従業員と管理者との間の調整が必要であったが，第4フェーズでは，意思決定に関わる事柄に関する調整や，命令系統の整備を行うことでこの危機を乗り越える必要がある。そのために新しい管理システムが導入される（Greiner, 1998）。

　グレイナー（1998）によると，新たに導入される管理システムの特徴は，分散していた生産ユニットを製品グループごとに統合することや，公式的な計画手順を確立するなど，一度肥大化した組織の統合が進められる。また，現場レベルの管理者に対して管理や業務の見直しを行うための手法を統一する，全社的なマニュアルの作成が始動し，その業務に携わる人手が本社機能に組み込まれることになる。これは官僚制の特徴である専門化に基づいた分業の見直しが行われることや，さらにマニュアル化による科学的な管理方法が進歩したことによるものとも捉えることができる。

　第4フェーズでは「調整」が大きなポイントになるわけだが，日常の業務に関わる意思決定はある程度現場の管理者の裁量に任されているという点に変更はないものの，本社やトップレベルの管理者による現場への権限がある程度回復したシステムが構築されていることが特徴である。この新しいシステムは，本社機能と現場との調整がスムーズに行われることに寄与するほか，組織の限られた資源を効率的に配分することが可能であり，この点に成長するための有効性があると考えられている。このような，本社機能がある程度権限をもっていることや，資源の配分を効率的に行うというシステムの構築に関して，例えば純粋持株会社のように，親会社がそれ単独では事業を行わずに，子会社への資金や資源の配分や企業グループ全体の戦略を策定するというような会社形態の採用にも重なる点がある。このような会社形態を取り入れる傾向は1997年の独占禁止法が改正・施行されて以降の，日本の企業グループにおける親会社と子会社の関係性の変化によるものである（大坪, 2001）。

第4フェーズで直面する危機：官僚制の危機（Red-tape crisis）

　このようなシステムにもデメリットがある。例えば，管理の手法などがシステム化されたことによって，現場と本社との間に信頼の欠如がみられるようになる（Greiner, 1972: p.43）。例えば，現場の管理者が現場をよく知らない人からの指示によって動かなければいけないことに抵抗を感じる一方，本社機能を担うスタッフからは，指示に対して非協力的な現場の管理者や従業員に対して不満をもつようになる可能性がある。このような対立を生むほか，組織があまりにも大きく複雑化したために身軽に臨機応変な対応を行うことが難しくなり，決められた管理システムやルールに対して形式主義的な行動がみられるようになる。このような形式主義的な行動とは先のマートンが指摘するような，本社機能が提案するような規則を遵守させることに固執するあまりに規則から柔軟な対応や手続きができなくなってしまう「訓練された無能」を生み出すことや，ルールに従うことが目標となってしまう目標の移転といった「官僚制の逆機能（dysfunction）」が生じることを示している。そこで「官僚制の危機（Red-tape crisis）」が訪れるのである（Greiner, 1998: p.7）。

5．第5フェーズ：協働による成長フェーズ（Collaboration）

　最後の発展段階は，協働による成長フェーズである。第4のフェーズで生じた官僚制による危機を乗り越えるために，協働といった人間関係を基盤とした働き方が求められるようになるのがこのフェーズの特徴である（Greiner, 1972: pp.43-44）。したがって，これまでの形式的なシステムやプロセスによる管理が見直されることとなり，チームといった比較的小規模な集団を用いて迅速な問題解決を実践するようになる。時には解決すべき課題に対して組織全体から機能横断的に人材を集めてタスクフォースやQCサークルというような公式／非公式集団を編成することもあるだろう。

　このような状況下に置かれた従業員は，一人一人の行動の自発性やそれぞれがもつ能力や属性の多様性（diversity）が求められるようになるのと同時に，管理者もこの多様性をうまくマネジメントしてチームや組織のパフォーマンスを最大化させることが求められる。しかし成長の過程では，これまでに形式化された手続きによって管理を行うことを重要視する管理者にとってはあまりに

も柔軟性があることや，様々な属性や価値観をもつ人々が集まることによって組織内にコンフリクトも生じやすいため，管理者のマネジメントの実践における課題も生じやすい。

ダイバーシティ・マネジメント

ダイバーシティとは，人々との違いを特徴づけるあらゆるもの（Robbins & Judge, 2018: p.17）と定義づけられているほか，個人が異なる可能性のある全ての特徴（Groeneveld, 2017: p.281）としても定義されており，多様であることを意味する他にも，個々人の違いを表現するあらゆる事柄や属性を意味するものなのである。また，Robbins & Judge（2018: p.18）によると，ダイバーシティには年齢や性別，人種などの人口統計的に本人ではない外部者からも捉えることが可能な，① 表層的な多様性（surface-level diversity）と，性格や価値観といった相互理解が進むにつれて共有される，② 深いレベルの多様性（deep-level diversity）に分類される。

組織の規模が大きくなることによって，そして昨今のグローバル化の流れなど外部環境の変化によっても，組織で働く人や消費者，取引相手などの組織の内外で組織と関わる人々のダイバーシティも豊かになっている。このような状況下において，そして組織の競争が激化する昨今，企業が安定的に存続して成長するためには従業員の多様さを結集させる必要があるため，組織が従業員のもつ能力や価値観をマネジメントしなかったり，多様な顧客の要請に対応しなければチャンスを逃して競争力を失う可能性がある（Wrench, 2005）。

その一方で，異なる行動様式や価値観，文化的背景をもつ従業員が集まることによって対立やコンフリクトが生じやすく，それをマネジメントすることは非常に難しい。そこで例えば Dey & Golnaraghi（2017）は，従業員やステークホルダーなどが納得して組織内のダイバーシティ・マネジメントに取り組めるよう，その実践の内容や必要性を正当化することが重要であることを指摘している。

第5フェーズで直面する危機：" ? " crisis

この第5フェーズでは，多様性のマネジメントといった，マネジメントの手法にも変化があるが，それに伴いマトリックス型の組織構造が用いられるなど，組織構造にも変化がみられるという特徴がある。グレイナーが指摘するに

は，アメリカの大企業の多くがこのような特徴をもつ，フェーズ5の段階に進んでいるとしており，この第5フェーズを観察可能な最後の成長フェーズであるとしている。グレイナーの成長モデルではまだ明らかにされていないが，近年のような組織の外部環境の大きな変化のもとでは，第5フェーズ以降の新たな危機や成長フェーズが生じていることも考えられる。そこでグレイナーは，第5フェーズ以降の新たな危機に関してはまだ"未知の危機"（"?" crisis）と述べるに留まる。

　その一方でこの危機に関して，チームワークが以前よりも重要視されることに対して，それを求める重圧によって従業員が心理的にも身体的にも疲弊することが第5フェーズで生じる危機ではないかとの見通しをもっている。例えば，従業員が日々の仕事を遂行するために十分な休息をとったり，活性化できるような習慣的な構造と，従業員が新たな視点をもつことや個人のスキルや能力を豊かにするための内省する構造の2つを持ち合わせる組織が出現するのではないかと指摘している（Greiner, 1998: p.8）。これはひょっとすると，現在の日本において実施されている働き方改革や副業の容認といった新しい組織や従業員の働き方の誕生も，組織を新たな成長段階へ導くことに寄与する可能性があることを示唆しているのかもしれない。

　これまで説明してきたグレイナーの成長モデルは，成長の速い産業・遅い産業というような産業の特性によって経験するフェーズは異なることも説明されている。例えば，成長の速い産業に置かれている企業は，5つのすべてのフェーズを素早く経験する傾向にあるが，反対に成長の遅い産業の中にいる企業の場合は，2つのフェーズや3つのフェーズのみを経験し，遭遇しないフェーズもあるといわれている。各フェーズにおける組織の実践については，図表6-2のとおりである。

図表 6-2　成長に関する 5 つのフェーズにおける組織の実践

カテゴリー	第1フェーズ	第2フェーズ	第3フェーズ	第4フェーズ	第5フェーズ
マネジメントの焦点 (Management Focus)	製品と販売	活動の効率	市場の拡大	組織の強化	問題解決とイノベーション
組織構造 (Organization Structure)	公式的	中央集権的で職能的	分権的で地域的	ライン＆スタッフ組織と製品グループ	チームを中心としたマトリックス組織
トップマネジメントのスタイル (Top management Style)	個人主義的,起業家精神	指示的	権限委譲型	監視役	参加的
管理システム (Control System)	市場の管理	一般的かつ,コスト重視	報告と利益重視	計画と投資重視	ゴールの設定
経営者が重きを置く報酬 (Management Reward Emphasis)	オーナーシップ型	給与や福利厚生の充実	個人に対する特別な報酬	利益の分配とストック・オプション	チームに対する特別な報酬

（出所）　Greiner（1972: p.45; 1998: p.10）。

Ⅲ．組織ライフサイクルと組織アイデンティティ

　Albert & Whetten（1985）は，人の一生のように，組織のライフサイクルの中で生じる出来事を，誕生（birth），成長（growth），成熟（maturity），縮小（retrenchment）の段階に分類し，組織ライフサイクルと組織アイデンティティの継時的維持／変化に関する議論を行った。

　彼らの議論における，組織アイデンティティ（organizational identity）とは，組織がそれ自体を特徴づけるために使用する自己内省的なものとして位置づけられ，① ある組織を特徴づける重要かつ本質的なもので，宣言される（宣言性：the criterion of claimed central character），② 他の組織と比較可能であり自己分類される（識別性：the criterion of claimed distinctiveness），そして，③ 連続的であれば時間とともに変化し得るもの（時間的連続性：the criterion of claimed temporal continuity）と特徴づけた（山城, 2015: pp.77-78）。つまり彼らの用いる組織アイデンティティとは，本来のアイデンティティ概念がもつような時間を経ても変わらない唯一無二のものとは異なり，より広い範囲でアイデンティティ概念を適用できるようになった点にこの研究の

貢献がある（Albert & Whetten, 1985: p.272; 山城, 2015: p.78）。

　このように組織アイデンティティは時間とともに変化するものであるが，Albert & Whetten（1985）の議論の中では，突然現れたりもたらされるような非連続的なアイデンティティではなく，連続的に繋がりのある形で変化するものと考えられている。この点に関連して，図表6-3のように組織が誕生してから縮小していくまでのライフサイクルの中で起きる連続的な変化として，その変化が描かれている。図表6-3を説明すると，横軸には組織のライフサイクルが示され，縦軸には規範主義的なアイデンティティを示すN（Normative）と，功利主義的なアイデンティティを示すU（Utility）のラベルが置かれている。また縦軸の中間には，2つや複数のアイデンティティ（dual identity）をもつ組織が示されている。規範主義的なアイデンティティをもつ組織とは，例えば教会のような組織であり，功利主義的なアイデンティティを有する組織とは営利企業を例として挙げている。図表内の実線は，規範主義的組織のアイデンティティの変化を示しており，5つの変化の経路があるとしている。

　まず経路1は，組織のライフサイクルを通して規範主義的なアイデンティ

図表6-3　組織のライフサイクルにおける組織アイデンティティの変化の経路

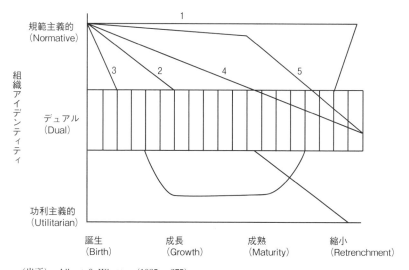

（出所）　Albert & Whetten（1985: p.275）。

ティを貫き通す経路である。経路 2 と 3 は，規範主義的なアイデンティティか
ら功利主義的なアイデンティティに向かう経路である。経路 2 と 3 の違いは，
経路 2 は功利主義への変化を一貫して維持するものであるが，経路 3 は新たな
功利主義的アイデンティティを試しながらも規範主義的なものに逆戻りすると
いうものである。この点の違いは，潜在的に行われていたアイデンティティの
変化が組織のメンバー間で共有された結果，変化が歓迎されたのか，それとも
変化を恐れて元の状態に戻ろうとする力が働くかによって生じる。4 つ目と 5
つ目の経路は，長い時間をかけてデュアル・アイデンティティに向かう経路で
あるが，経路 5 は組織の経済的苦境などが生じ，必要に迫られて功利主義的な
アイデンティティも獲得していったものと考えられている（Albert &
Whetten, 1985: pp.277-280）。Albert & Whetten（1985）の議論からもわかる
ように，組織が過ごす時間の流れと組織アイデンティティには密接な関連があ
るのである。

【注】
　1 ）　官僚制については，本書の第 2 章，第 5 章も参照されたい。
　2 ）　これらの管理原則については，第 1 章および第 2 章を参照されたい。

第7章

電話としての組織

I. 電話のメタファー

　今日，電話は我々の生活に必要不可欠な機器である。現在の電話，特にスマートフォンは相手と通話する機能だけでなく，電子メールの送受信やゲーム，動画の視聴，そして店頭での決済機能まで備えている。近年では「ケータイ中毒」や「スマホ中毒」といった言葉も生まれているが，こうした言葉からも電話が我々の生活に占める大きさを理解することができる。

　だが当然ながら電話は昔から現在のような機能を備えていたのではない。電話は時代時代において新機能を搭載することで劇的に変化してきた。例えば携帯電話は特定の場所に依存せずに相手と通話することを可能にした。さらに，SMSや電子メールの機能が電話に搭載されることで，通話よりも安価かつ簡便に相手と連絡を取り合うことが可能になった。近年はスマートフォンの登場で，専門的なアプリを通じて多くのことがスマートフォン経由で可能になっている。

　こうした電話の変化は革新的な技術や機能，製品が登場した後，それまでの技術や機能，製品が淘汰されることによって実現してきた。とりわけ従来型の携帯電話（フィーチャー・フォン）から現在のスマートフォンへの移行はこの視点から理解可能である。以下の図表7-1は世界におけるフィーチャー・フォンとスマートフォンの出荷台数の推移を示したものである。この図表7-1をみると，両者の出荷台数の合計は年々増加し続けているが，その内訳はスマートフォンという革新的な製品が登場して以降，フィーチャー・フォンからスマートフォンに急速に置き換わっていったことが分かる。

図表7-1　フィーチャーフォンとスマートフォンの出荷台数の推移

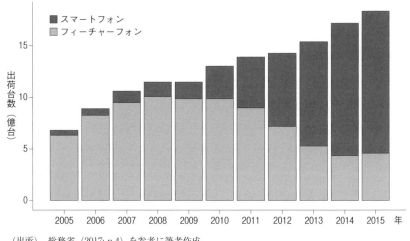

（出所）　総務省（2017: p.4）を参考に筆者作成。

　以上の電話の変化の特徴は組織現象を理解するために有効である。例えば，電話は新たな技術や機能を搭載することで時代時代の社会的要請に応えるとともに未知なる需要を喚起しその役割を拡張してきたが，組織も同様に自らを変革させ組織の存続を試みる。また電話に搭載される新しい技術や機能は意図しないきっかけを通じて生まれることがあり，またすべての変化が社会や市場に受容されるわけでない。この点も組織と同様であり，組織の変化は意図しない活動が変化のきっかけになることも多く，また組織におけるすべての変化が有効であるという保証はない。さらに電話では新技術が既存技術を淘汰したように，組織でも革新的な組織が市場や産業を席巻した後，その変化に適応できない組織が淘汰され市場や産業が全く異なるものになることも多い。こうした類似性を鑑みると組織の変化を電話，特にその技術の進化のメタファーを通じて理解することは有効である。

　本章では電話というメタファーを通じて個別組織や組織個体群内部の変化に着目した組織理論を概説する。個別組織の変化を扱った理論として本章では組織変革論の議論を取り上げる。具体的には，組織変革の概念や分類を紹介した後，代表的な組織変革モデルを紹介する。また，組織個体群内部の変化に着目

した組織理論として生態学的（進化論的）アプローチを取り上げ，その特徴を概説する。

Ⅱ．組織変革論

1．組織変革の概念

　組織変革とはどのような概念であろうか。組織論において組織変革は主要なトピックであり，多くの研究者によって研究されてきた。しかし，その定義については一つの定義に収斂していない（小沢, 2015）。例えば「組織の主体者（経営主体）が，環境の変化がもたらす複雑性の中で行う組織の存続を確保する活動」（大月, 1999: p.6）や「組織の構成要素の変更」（小沢, 2015: p.75）などの定義が存在している。本章では最も包括的な定義である小沢（2015）の定義に基づき議論を展開する。

　組織変革が組織の構成要素の変更を指すのであれば，その組織変革は具体的にどのような構成要素を変更するのであろうか。この組織変革の対象に関してDaft（2001）は技術や製品・サービス，戦略・組織構造，文化という4つの要素を指摘する。技術の変革とは知識やスキルなどの生産工程の変革を指し，生産効率の向上と生産量の増大を目指す。製品・サービスの変革とは既存の製品やサービスとは大きく異なるような新製品・新サービスの創造を通じて組織を変革することを指す。戦略・組織構造の変革とは組織の監督やマネジメントの領域における変革である。通常は組織構造や報酬システム，経営情報システムなどの変革を指す。最後の文化の変革とは組織成員の価値観や態度における変革を指す。注意すべき点はそれらが独立して存在していない点である（Daft, 2001）。つまり，ある一つの構成要素が変革されるとそれが他の要素の変革に影響を与えることは十分考えられる。例えば組織成員の価値観や考え方が変革されることで（文化の変革），それまでとは異なる画期的な製品やサービスが創造されること（製品・サービスの変革）などが挙げられる。したがって，組織変革とは上記の4つの構成要素を主な対象としつつも，組織全体の変革として理解するのが妥当であろう。

2．組織変革の分類

　既存研究において組織変革はいくつかの種類に分類されてきた。本節では組織変革の分類について，分析レベルによる分類と変革の度合いによる分類を紹介する。

①　分析レベルによる分類

　分析レベルによる分類とは，組織変革が組織階層のどの部分で生じるのかという基準から組織変革を分類したものである。この基準に基づくと，ミクロレベルの組織変革とマクロレベルの組織変革に分類可能である（大月，1999）。

　ミクロレベルの組織変革とは組織全体の変革を指すのではなく，職場などの相対的に小規模な単位における変革を指す。そのため，本書が学術的基盤として位置づけている組織論，厳密にはマクロ組織論（経営組織論）というよりもミクロ組織論（組織行動論）の分野で主に議論が展開されてきた（大月，1999）。その中でも組織開発（organizational development）の分野ではミクロレベルの組織変革が積極的に議論されており，適切な介入を通じて労働者の生活の質や職務設計，人事労務管理システムなどの変革を扱っている。一方マクロレベルの組織変革では組織全体の変革を議論の対象としている。そのため，依拠する学術的基盤もマクロ組織論に依拠しつつ議論を展開しているのが特徴的である。

　このように分析レベルという観点に依拠する場合，組織変革はミクロレベルとマクロレベルに区別可能である。しかし，現在では組織変革という言葉が用いられる場合，主にマクロレベルの組織変革を指す場合が多い。そのため，本章でも主にマクロレベルの組織変革を想定して議論を展開する

②　変革の度合いによる分類

　次は，変革の度合いに基づく分類である。この基準において，組織変革はラディカルな変革とインクリメンタルな変革に分類することが可能である（小沢，2015）。

　ラディカルな変革とは，「大規模あるいは大幅な構成要素の変更」（小沢，2015: p.75）を指す。これは上記の組織変革の対象のうち，すべての要素が変化することを通じて組織全体が変化することを意味している。例えば，それまで官僚主義的な考え方によって運営されてきた行政機関が改革マインドを持っ

た大臣（や知事，市長など）が就任することで，組織全体が変化することを指す。後述するインクリメンタルな組織変革と比較するとその変革の度合いが大きく，組織内外からも組織の変革を認識しやすい。そのため，組織変革を議論する際，暗黙的にラディカルな組織変革を前提として議論を展開している場合も多い。

　一方で，インクリメンタルな組織変革は「小規模あるいは小幅な構成要素の変更」（小沢, 2015: p.75）を指す。例えば組織における作業マニュアルの変更などが該当する。インクリメンタルな組織変革は一見すると小規模な変更であり，ラディカルな組織変革と比較するとその重要性は過小評価されがちである。しかし，上記の組織変革の対象で議論したようにある要素の変革が別の要素の変革を促進することが考えられる。さらに，後述する継続的変革モデルでは，インクリメンタルな組織変革が積み重ねられることによって，最終的にラディカルな組織変革を導くことが指摘されている（Orlikowski, 1996; Plowman et al., 2007）。

　この他にも，「計画－創発」という変革の意図の程度や「主体－受動」のような主体性の有無によって組織変革を分類する方法も存在する（山岡, 2015）。

3．組織変革のモデル

　既存の組織変革研究は組織による変革をどのようなモデルで説明したのか。本説では組織変革を説明する古典的なモデルである計画的組織変革モデルと主流のモデルである断続的均衡モデル，そして近年注目を集めている継続的変革モデルを紹介する。

①　計画的組織変革モデル

　計画的組織変革モデルは Lewin（1951）によって提唱された，組織変革を説明するモデルの中では古典に位置づけられるモデルである。このモデルでは組織変革が「解凍（unfreezing）－移行（movement）－再凍結（refreezing）」という 3 つの段階を経てなされることを指摘している。

　まずは，解凍段階である。この段階は組織成員がこれまで身につけてきた行動パターンや，正しいと信じてきた信念が必ずしも望ましくないこと，それゆえ何らかの変革が必要であることを組織成員に認識させる段階である（山岡，

2015)。後述するように組織には現状を維持し続けるような慣性が働いている（Hannan & Freeman, 1977）。したがって，性急に変革を実行しようとすると変革を拒む組織成員からの抵抗に必ずあうだろう。そのため，まず組織変革を成し遂げるためには，組織成員に対して，組織にとって変革が必要であることを説得することが重要である。

解凍段階を経ると，次は移行段階へと移る。移行段階とは新たな行動パターンや思考パターン，価値観へと組織成員が移行する段階である（山岡, 2015）。具体的には新しい行動パターンの訓練，上司部下の関係と報酬システムの変更，異なるマネジメントスタイルの導入などが該当する（Hatch, 2013）。我々が通常認識している組織変革とはこの段階であり，この段階を経て組織は新たな価値観や思考，行動を身に着けていく。

最後は再凍結である。この段階は新たな行動や価値観などを組織成員に定着させる段階である。組織変革は組織を変えただけでは達成されるのではない。なぜならば，移行段階で身につけた価値観や行動パターンなどは脆く，すぐに忘れられてしまう可能性があるからである。そのため，成功裏に組織変革を終えるためには，新たに身につけた価値観や思考，行動を定着させる必要がある。そのため，この段階では移行期に生まれた新たな価値観や思考，行動をマニュアル化・規則化させることで組織の制度としての定着を図る段階であるといえる。

この Lewin（1951）の計画的組織変革モデルの意義として，山岡（2015）は変革をプロセスとして捉えた点を指摘している。上述したとおり，組織変革とは通常，組織が変革される移行期のみに注目が集まるケースがほとんどである。しかし，この計画的組織変革モデルでは，その移行期だけでなくその前後の解凍や再凍結の段階が成功裏に組織変革を成し遂げるためには重要だと強調している。この点は計画的変更モデルの重要な貢献の一つである。しかし，計画的変更モデルは，望ましい変革という規範的側面が強調されているという点で，ある意味理念モデルである（Hatch, 2013）。そのため現実の組織変革を詳細に説明できるかに関しては疑問が残る。

② **断続的均衡モデル**

断続的均衡モデルは，Tushman and Romanelli（1985）によって提唱されて

モデルである。先の計画的変更モデル（Lewin, 1951）が一つの変革のプロセスに注目したのに対して，断続的均衡モデルはいくつかの組織変革が連なった長期的な組織変革に注目している。

　この断続的均衡モデルは先の組織変革の分類のうち，組織変革の度合いによる分類である，インクリメンタルな組織変革とラディカルな組織変革の２つを用いて組織変革を説明している（小沢, 2015）。このモデルでは，組織には２つの時期が存在すると考える。一つは組織内（企業）や業界において変化が乏しい安定期であり，もう一つは変化が著しい不安定期である。この内，安定期は不安定期と比較すると長期間にわたるのだが，この時期に組織ではインクリメンタルな組織変革が実施される傾向にある。ここでのインクリメンタルな組織変革とは組織の既存の価値観や行動を強化するような組織変革のことを指し，例えば現在の方策のより効率的な実施方法を探ることなどが該当する。

　一方で，不安定期は業界や当該組織が短期間の間に変化を余儀なくされる時期である。断続的均衡モデルではこの時期に変化することができなかった組織の多くは買収や市場からの排除などを通じて消滅すると考えられている（だが，当然ながら変革したからといって成功するわけでない）（大月, 1999）。この不安定期はそれまで通用してきた考え方や方法が通用しなくなる時期であり，組織には大胆な変革が必要となる。そのため，この時期に行われるのはラディカルな組織変革である。断続的均衡モデルではこうしたラディカルな組織変革を導く要因として，当該組織の業績の悪化や技術革新，競争構造の変化，規則の変化，新たな社長の就任などが想定されている（大月, 1999; 小沢, 2015）。いずれも組織にとっては大きなイベントであり，こうしたイベントを契機とした不安定期においてラディカルな組織変革を行うことで組織は変化する。

　この断続的均衡モデルでは安定期におけるインクリメンタルな組織変革を積み重ねた結果ラディカルな組織変革へと結びつくと想定されていない（小沢, 2015）。つまり，断続的均衡モデルとは安定期に行われるインクリメンタルな組織変革とその後に訪れる不安定期におけるラディカルな組織変革を繰り返すことで，組織が変化することを示したモデルである。このことを図示したのが下の図表7-2である。

図表 7-2　断続的均衡モデル

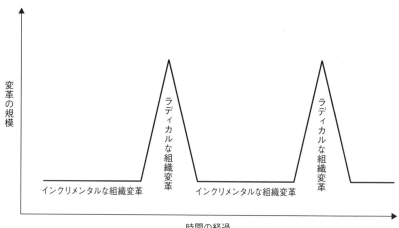

（出所）　古田（2018: p.3）を参考に筆者作成。

この断続的均衡モデルは現在では組織変革を説明するための主流のモデルとして認知されており，今日でも多くの研究がこのモデルに基づいて組織変革を説明している（e.g., 古田, 2018）。

③　**継続的変革モデル**

近年，組織変革を説明する新たなモデルが提示されている。それが継続的変革モデルである（小沢, 2015）。Plowman et al.（2007）がこのモデルを用いた代表的な研究に位置づけられるのだが，本章では以下，直近において詳細なレビューを行った小沢（2015）に依拠しつつこのモデルを概説する。

継続的変革モデルはインクリメンタルな組織変革が積み重ねられた結果としてラディカルな組織変革へと結びつくことを想定している。具体的には，意図や計画のない小規模かつインクリメンタルな組織変革が蓄積することで最終的にラディカルな組織変革へと至ることを説明する。先の断続的均衡モデルではインクリメンタルな組織変革がラディカルな組織変革へと結びつくことは想定されておらず，その点は 2 つのモデルの決定的な相違である。継続的変革モデルを採用した代表的研究である Plowman et al.（2007）はインクリメンタルな組織変革の積み重ねがラディカルな組織変革へと結びつく過程を教会の変革プ

ロセスの事例を用いて分析している。アメリカのある都市の教会は，当初は上流階級向けの教会であった。しかし，ホームレスの人々への食事の提供という些細な出来事（インクリメンタルな組織変革）を契機として，ボランティアの医師の参加やホームレスの人々の礼拝への参加などのプロセスを経て，最終的には上流階級向けの教会がホームレスの人々のための教会へと大きな変化（ラディカルな組織変革）を遂げたことを，継続的変革モデルを用いて説明した。

　この継続的変革モデルの特徴として小沢（2015）は以下の2点を指摘する。まず一つ目は組織変革の主体としてトップ以外の人々に注目している点である。従来の組織変革に関するモデルでは組織変革を担う人物として組織のトップが暗黙的に想定されてきた。このことは変革型リーダーシップの研究からも明らかである。しかし，継続的変革モデルではトップの役割というよりもその他のメンバーの役割に注目する。上記の Plowman et al.（2007）でも組織変革はトップとはかけ離れた場所でスタートしている。2つ目は，組織変革における創発的側面に注目している点である。従来の組織変革の議論では暗黙的に計画的な組織変革が前提とされてきた。上述の Lewin（1951）の計画的変革モデルはその典型である。しかし，この継続的変革モデルではそうした計画や意図とは異なる創発的側面に注目する。当初はラディカルな変革を意図していなかったインクリメンタルな組織変革が，主体の意図しない結果として最終的にラディカルな組織変革へと結びつくのである。

　このように継続的変革モデルは従来の組織変革論のモデルにはない視点を含んでおり，近年注目を集めている。しかし，小沢（2015）はこの継続的変革モデルは「意図を欠いた」変革に注目しているため，実務的な示唆が乏しくなる点，そして継続的変革モデルが伝統や慣習などの影響が少ない，いわゆる「組織慣性の弱い」組織が主に対象としており，そうでない組織への一般化可能性が乏しい点をこのモデルの限界として指摘している。

Ⅲ. 生態学的（進化論的）アプローチ

1. 生態学的アプローチの概要

　組織の変化に関して，組織変革論とは異なる側面からアプローチしているの

が，組織生態学的または進化論的アプローチである。そもそも生態学とはある個体と環境との相互作用を扱った学問領域のことを指す（髙瀬, 2015）。このイメージを組織に当てはめることで組織と環境との相互作用の視点から組織の理解を試みているのが生態学的アプローチである。このアプローチは後述するように組織論においては，1960 年代以降に台頭した。しかし，上記の組織と環境との相互作用についてはそれ以前の組織研究においても言及されていたとの指摘も存在する（e.g., 髙瀬, 2015）。実際，本書において前述したコンティンジェンシー理論やバーナードの議論には生態学的視点を読み取ることも可能である。そのため，本来であれば組織を有機体として概念化し環境との相互作用を扱った研究のすべてが生態学的視点をもっていると表現できる。しかし，本章では既存の議論との接続を容易にするために，1960 年代以降に台頭した一連の研究群を生態学的アプローチとして位置づける。

2．生態学的アプローチの研究

　組織を理解する際に生態学的視点を含めた研究は大きく分けてミクロレベルの議論とマクロレベルの議論に区別可能である。ミクロレベルの議論とは個別組織に注目し，その進化の過程を理解するアプローチである。一方で，マクロレベルの議論とは個別組織のみに注目するのではなく，類似した組織の集合体である組織群に注目することで，組織の出現や消滅，形態の多様性などを議論している。

　ミクロレベルの議論ではダーウィンの進化論モデルを組織の進化の説明に応用する研究が多い。その典型例がワイク（Karl E. Weick）であり，彼はCampbell（1969）の社会文化進化論の影響を受けつつ，組織進化が生態学的変化のプロセスを経ると指摘した（Weick, 1979）。また，日本における研究の文脈でも野中（1985）がワイクの考え方をベースとしつつ企業の進化を説明する議論を展開した。だが，ワイクは上述の組織進化のモデルだけでなく，幅広く組織論に対する貢献を行っている。したがって，ワイクの貢献を体系的に理解するためにはそれらの議論が集中して議論されることが望ましい。よって，ワイクの組織進化のモデルの解説については後章に譲り，本章ではマクロレベル議論に集中して議論を展開する。

　マクロレベルの議論はミクロレベルの議論とは異なり，個々の組織がいかに生存するのか，そのためにどのように競合相手と競争するのかについては関心がない。その中心的な問いとは，なぜ組織には多くの組織形態が存在するのか，または現在存在している組織形態がどのようにして誕生してきたのかを説明しようと試みている（Hatch, 2013; 大月・藤田・奥村, 2001）。そのため，マクロレベルの議論では個別組織だけに注目するのではなく，似たような組織形態をもつ複数の組織によって構成されるポピュレーション（組織個体群）に注目する。そして，競合他社との競争を自然界における淘汰の一種として捉えることで上記の問いへの回答を試みている。

　マクロレベルの組織論でもダーウィンの進化論，特に「変動（variation）－淘汰（selection）－保持（retention）」のプロセスを使用して議論を展開している。ここでの変動とはポピュレーションにおいて新たな組織形態が現れることを指す。企業組織におけるポピュレーションの場合，起業家によって創業した革新的企業がポピュレーションに新規参入することや，既存のポピュレーション内部の企業が環境に適応するために変革することなどを指す。

　次のプロセスである淘汰は変動の積み重ねによってポピュレーション内部の組織形態が多様化した際，ポピュレーションを維持しようとするメカニズムとして機能するものであり，環境に適合する組織形態がそうでない組織形態よりも選択されるプロセスである。ポピュレーションに適合した組織は環境から資源を得ることができ，ポピュレーションに生存し続ける。一方で適応できなくなった組織は資源を得ることができず消滅する可能性が高い。しかしポピュレーション内部にそれまでとは異なるニッチを見つけ出すことで生存し続ける可能性もある（例えば既存事業からの撤退やM&A）（Hatch, 2013）。

　最後のプロセスである保持は選択された組織形態が維持されるプロセスである。環境から組織に絶え間なく資源が供給されている状態であり，短期的には組織は生存を成し遂げた状態である。しかし，環境は組織に対して適応を絶え間なく要求してくる。そのため，環境に適応するために新たな変動が必要になることも多い。これら一連のプロセスは図表7-3として図示される。

　こうしたマクロレベルの議論を用いた研究としては，レストランや新聞社，醸造所などを対象にした研究が行われており，それらのポピュレーションにお

図表7-3　ポピュレーションにおける進化プロセス

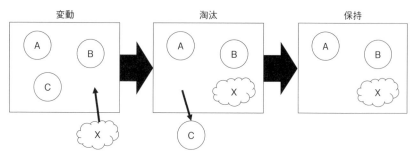

（出所）　大月・藤田・奥村（2001: p.101）。

ける生存競争に着目し，ポピュレーション内部で活動する組織の誕生率と死亡率を明らかにした。また，ポピュレーション内部で最も成功した組織が採用する組織形態と戦略を明らかにした研究も存在する（Hatch, 2013）。

　マクロレベルの進化論を採用した研究は多岐にわたり，詳細についてはそれぞれの研究によって異なる場合も多い。しかし，大月・藤田・奥村（2001）はそれらの研究に通底する3つの点を指摘している。すなわち，① 組織形態の多様性はポピュレーションの特質である，② 組織は慣性力が働くため，不確実で変化する環境の要求を満たすために素早く変革することが難しい，③ ポピュレーションの群集は安定的ではない，という3つである。

　以上のように，マクロレベルの進化論を用いた研究は従来のクローズド・システムに基づく組織研究やコンティンジェンシー理論を採用した研究とは全く異なる視点から組織と環境との関わり合いを論じており，組織研究において注目を集めた。しかし，こうした生態学的視点を含めた研究には批判も存在する。例えば，ポピュレーションを形成する上での前提である組織形態の定義が曖昧なことである（髙瀬, 2015）。組織形態はダーウィンの進化論における種に相当する重要概念である。しかし，組織のどの部分が組織形態に該当するのかが厳密に定まっていない。例えば，ある研究では業種分類が用いられたり，別の研究では組織の成果物が用いられていたりする。そのため，種に相当する組織形態がどのように定義されるのかを明確にすることが求められている。

　また，生態学視点を含めた研究は実務的な示唆が乏しいことが指摘されてい

る（大月，1999）。ミクロレベルの研究は，主に個性記述的な質的研究を中心に実施されている。この方法は，ある個別組織がどのような進化のプロセスを辿ったのかについては詳細に理解可能である一方，そこから他の組織にも応用可能な一般的示唆を導出することは難しい。また，マクロレベルの研究でも，ポピュレーション内部の淘汰のプロセスは長期にわたることが多い。また，個別組織の生存についても環境に適応したためという結果論的な解釈に基づくことが多い。そのため個別組織への示唆が乏しいことが指摘されている。この他にも，上記のダーウィンの進化論が当てはまるポピュレーションは競争的なポピュレーションであり，例えば寡占的なポピュレーションや参入障壁が非常に高いポピュレーション，政府等によって規制がされているポピュレーションなどへの適応が難しいことが指摘されている（Hatch, 2013）。

Ⅳ．電話のメタファーの含意と限界

　本章では電話というメタファーを用いて，関連する組織理論を取り上げた。具体的には，電話が新たな機能や技術を搭載することを通じて変化することを個別組織の変化に当てはめ，組織変革論の議論を概説した。変革の創発的側面を強調する継続的変革モデルなどは意図しないきっかけで新技術が生まれる電話のメタファーと合致する。また，新たな革新的な技術の登場によって既存技術が淘汰されていくことを組織の生存の議論に当てはめ，生態学的アプローチの議論を紹介した。具体的には「変異－淘汰－保持」のプロセスを通じてポピュレーション内部の組織形態が変化していくことを説明した。このポピュレーション内部の変化は従来の携帯電話がスマートフォンに置き換わっていったプロセスと合致する。

　以上のように電話のメタファーを用いることで，組織の変化に関する現象をより深く理解することが可能となる。しかし，電話のメタファーを用いることで捉えづらくなる組織現象も存在する。その代表例が学習の視点である。本章では一貫して個別組織やポピュレーション内部の変化を扱ってきた。しかし本章を通じて変化のプロセスについては理解できたものの，組織が成功裏に変化を成し遂げるために必要なことなどは取り上げられなかった。そのため，本章

の議論の内容だけでは「組織内外からの変革へのプレッシャーを受け取り，組織変革を成し遂げるためには何が必要なのか」や「ポピュレーションから淘汰されない組織となるために，どのように自らを変化していくのか」といった疑問に回答することは難しい。これらの疑問に回答するためには，学習の視点，つまり組織が組織内外の環境から学習し新たな能力を獲得する視点が必要となる。しかし，電話が自ら学習し新たな機能や技術を開発・搭載することは不可能なため，この学習視点を電話のメタファーとして扱うことは難しく，他のメタファーを用いる必要がある。

　上記は電話のメタファーを用いて組織を理解することの限界を示している。しかし，そのことは電話のメタファーの意義を無効にするものではない。組織は意図の有無にかかわらず，常に変化する存在であるため，組織を理解しようとする際，組織の変化を理解することは必要不可欠である。その点で本章の議論は今後も組織論において重要なテーマであり続けるであろう。

第8章

脳としての組織

Ⅰ．脳のメタファー

　脳とは，動物の頭部にある精神的能力の中枢であり，「心拍や体温呼吸など
に影響を与えることで生体機能を司るとともに，言語や思考，意識などいわゆ
る『高次』機能も果たしている」（OECD, 2007: 訳 p.40）。脳は主にグリア細
胞とニューロン（神経細胞）により構成されている。このうちニューロンは，
相互に繋がることにより情報伝達を専門的に担っている（OECD, 2007）。本章
は，脳のメタファーから組織を捉えるに際し，人間を他の動物から区別する特
徴が脳の記憶・学習能力であることから，組織学習論に焦点を当てる。

　小泉（2003）によると人間の学習は，環境からの外部刺激によって，脳にお
いて神経回路網（ニューラル・ネットワーク）が構築されることにより起こ
る。この学習において，大脳，特に前頭前野と呼ばれる部位が学習と関連が強
く，記憶や学習において最も重要なことが分かっている。人間の場合，前頭前
野は大脳皮質のおよそ28％を占めるが，これは他の動物に比べて非常に大き
く，猫は3％，ニホンザルは12％，チンパンジーでも17％にすぎない（永江,
2004: p.9）。

　人間同様，学習することは組織においても求められる。現在の事業をより効
率的に行ったり，変化していく環境に日々適応していったり，新たな製品・
サービス・事業を生み出したりするために，学習することは不可欠である。学
習しない，あるいはできない組織が生き残っていくことは困難である。では，
組織が学習するとは一体どのようなことだろうか。上述の通り，人間個人には
脳があり，脳が学習する。一方で，組織には生理学的な意味での脳は存在しな

い。生物と異なり，生理学的な脳をもたない組織が学習するということはどのように可能なのだろうか。

　本章では，脳のメタファーとして組織学習を中心に既存の研究を紹介する。はじめに，学習の定義について確認したうえで，組織学習の理論を解説していく。具体的には，シングル・ループ学習とダブル・ループ学習，SECI モデル，組織ルーティン，アンラーニングなどの組織学習論の各論を確認し，次に学習を継続するための組織づくりに関連する議論として，センゲ（Peter M. Senge）の学習する組織を紹介する。そして最後に，実践の概念に注目する組織学習の新しい議論として，正統的周辺参加の理論を説明するとともに組織学習としての脳のメタファーをまとめる。

Ⅱ．学習とは何か

1．学習の定義

　組織は環境に適応したり，イノベーティブな商品・サービスを生み出したりしていくために学習することが求められる。組織を取り巻く環境の変化は組織が対処しなければならない新たな問題を生み出すこともあれば，組織がさらに発展していく機会を提供することもある。

　では，学習とはどのように定義されるのだろうか。組織学習に関する研究を広範にレビューした Huber（1991）によると，「情報処理を通じて，潜在的な行動の範囲が変化したとき，ある主体は学習した」（Huber, 1991: p.89）と定義されている。この定義は，人間のみならず，集団や組織といった主体にも適応される。また，学習は必ずしも意図されたものでなく，必ずしも学習者の効率性を向上させるものではない。加えて，目にみえる行動に変化がみられる必要はない。ただし，実践を重んじる経営学の分野では，どのようにすれば企業は「意識的に」組織学習を行い組織の効率性を向上させ，成功に導くことができるのか，という研究スタンスをもとにした知見が経営現場から求められ，発展していったことはいうまでもない。

　さらに Huber（1991）は，存在，広さ，精緻さ，徹底さの4つを組織学習の属性として挙げ，これらのうち一つ以上に当てはまる場合，その組織が学習

したとみなすことができるとした。

1) 存在：組織にとって有用であり得る知識を，組織全体でなくとも組織の一部が獲得したとき，組織は学習したとする。

2) 広さ：組織にとって有用であり得る知識を，より多くの組織単位が獲得したとき，組織はさらに学習したとする。

3) 精緻さ：より多様な解釈が生まれたとき，組織はさらに学習したとする。

4) 徹底さ：多様な解釈に対して統一的な理解が生まれたとき，組織はさらに学習したとする。

2．組織の学習論

上記では，学習の定義について確認した。組織学習論は組織の学習を研究する学術分野であるが，具体的な研究を説明する前に組織学習論の特徴について確認する。安藤（2001）は，組織学習論の特徴として2点挙げている。一つ目は，組織の適応過程のような動的な変化・発展プロセスを研究するという点である。組織学習論は単に知識の発展プロセスを研究するだけではなく，知識や経験に基づいて形成される組織ルーティンや組織行動，知識獲得の基となる組織の価値前提など，その研究対象は多岐にわたる。2つ目は，短期的な適応過程ではなく，長期的な適応過程に重点を置くという点である。学習心理学において，学習とは，経験によって生じる比較的永続的な行動や反応の変化（篠原，2008）と捉えられている。Fiol & Lyles（1985）の研究以降，短期的あるいは一度きりの組織適応ではなく，組織の枠組み自体に変化が起こるような長期的な適応を研究対象とするようなコンセンサスが形成されている（安藤，2011）。

Ⅲ．組織学習論の発展

ここでは，組織学習について，これまでにどのような議論が展開されてきたかを概観する。組織学習論における主要な理論を紹介し，それぞれの理論の視点や内容などを確認する。

1．シングル・ループ学習とダブル・ループ学習

Argyris（1977）や Argyris & Schön（1978）は，学習にはシングル・ループ学習とダブル・ループ学習という2種類の学習が存在することを指摘した（図表8-1）。シングル・ループ学習とは既存の方針を維持・継続したり，目的を達成したりするために組織的基準の範囲内でエラーを修正することを基本とした学習である。すなわち組織のルーティンや即時的なタスクと関連する学習である（Argyris, 1983: p.116）。他方，ダブル・ループ学習は，組織の基本方針や目標といったような組織活動の前提そのものを問い直すものである（Argyris, 1977; Argyris & Schön, 1978）。このダブル・ループ学習は，非ルーティン的で長期的な成果と結びつく学習である（Argyris, 1983: p.116）。彼らの研究の流れをくむ一連の研究では，このようなダブル・ループ学習がどのようにしたら達成されるのか，また，何がダブル・ループ学習を阻害するのかに関して研究関心をもつ。

しかしながら，このようなダブル・ループ学習を当該組織のみで実現することは極めて難しい。なぜならダブル・ループ学習はそこで活動する人間の前提となっているものを問い直すものであり，したがって，その人間が当たり前であると考えている行動の前提そのものを問い直す必要性に気がつくことは極めて難しいからである。また，安藤（2001）は，目標達成へ向けて効率性を追求するという性質をもつ組織そのものが，ダブル・ループ学習を妨げるシステム（O-Ⅰシステム）になっていると指摘している。ダブル・ループ学習を達成す

図表8-1　シングル・ループ学習とダブル・ループ学習

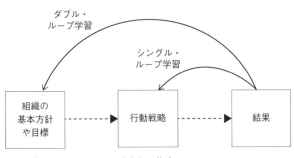

（出所）　Argyris（1977）をもとに作成。

るためには，メンバーが既存の行動様式とは別の行動をとることが必要となるが，そのことによって，メンバー間の調整が困難になり，目標達成に対して非効率になると考えられる。そのため，組織はメンバーの行動，思考を統一しようとするが，このことがダブル・ループ学習を阻害するのである（安藤，2001: p.20）。

　そこで，これらの研究では，組織に対して何らかの介入をすることによってダブル・ループ学習を実現することの重要性を主張する。ダブル・ループ学習をするためには「大前提となる仮説，不文律，目的などについて，異なる意見を受け入れること」（Argyris, 1977: p.123, 訳 p.112）が必要になるが，組織の仮説や不文律，目的などを無意識的に受け入れてしまっている内部者が客観的に異なる意見をもち，発信することは簡単ではない。外部者の介入により，「自分の主張と周りからの疑問を結びつける方法などを知ってもらう」（Argyris, 1997: p.120 訳 p.109）ことが可能になる。そこで，Argyris（1977）は例えば，グループ・ダイナミクスや問題解決の専門家によるワークショップや，セミナーの活用，意思決定プロセスに従業員，市民や学生など経営陣以外の人間を参加させることを具体的な方策として挙げている（Argyris, 1977）。これにより，その組織のO–Ⅰシステムに縛られない新しい発想や柔軟な発想によりダブル・ループ学習を実現することが可能となる。

2．SECI モデル

　組織が既存の知識を獲得するという側面がある一方で，組織がそれまでに世の中に存在していなかった知識を生み出すという側面も存在する。Nonaka & Takeuchi（1995）は『知識創造企業』のなかで，組織が知識を結びつけながら新たな知識を生み出していくプロセスを明らかにした。彼らによると知識には，形式知と暗黙知の2種類がある。例えば，自転車の乗り方を自転車に乗ったことのない人に言葉で説明することはできるだろうか。自転車にまたがり，サドルに座り，ペダルに足をのせるといったことは説明できるかもしれない。こうした言葉や文字で表すことのできる知識を形式知という。一方で，自転車が倒れないようにバランスを取る方法を言葉で説明できる人はそういないだろう。こうした言葉や文字では表現することのできない知識を暗黙知という。

図表 8-2　SECI モデル

（出所）　Nonaka & Takeuchi（1995: 訳 p.93）をもとに作成。

Nonaka & Takeuchi（1995）は，このように知識を形式知と暗黙知という2種類に分割したうえで，新たな知識が形成されるプロセスを，SECI モデルを用いて示した（図表8-2を参照）。

　SECI モデルによると，知識創造のプロセスは共同化，表出化，連結化，内面化の4つの段階からなる（なお，SECI は Socialization, Externalization, Combination, Internalization の頭文字を取ったものであり，一般的に「セキ」と発音される）。まず共同化の段階では，個人のもつ暗黙知が共体験などを通じて他の人に伝達される。次に表出化の段階では，伝達された暗黙知が形式知に変換されることによって組織メンバーがアクセスすることが可能になる。また，連結化の段階では，その形式知と他の形式知が組み合わさり新たな形式知が創造される。そして内面化の段階においては，創造された形式知をもとに，個人が新たな実践を行いその知識を体得していく。この Nonaka & Takeuchi（1995）の研究は，知識が獲得されるのではなく，創造されるものであるということを示しており，組織学習の研究のみでなくイノベーション研究にも大きな影響を与えた。

3．学習と組織ルーティン─知識の定着─

　獲得した知識は，どのようにして組織内に定着し蓄積されるのだろうか。この問いは冒頭で示した，生理学的な脳をもたない組織が学習するということは

どのように可能なのかに関係する。組織ルーティンに関する一連の研究から，獲得された知識はルーティンという形で組織内に定着し，蓄積されることが明らかになっている。ルーティンとは「調整され，繰り返される組織活動のまとまり」(Miner, 1991: p.773) であり，一般的に，形式化されたもの，規則，手順，規約，戦略，技術といった形をとるが，信念，フレームワーク，パラダイム，規則，文化，そして知識の構造も含まれる (Levitt & March, 1988: p.320)。Levitt & March (1988) は組織学習を「歴史から導きだされる推論を行動の指針となるルーティンへと成文化すること」(Levitt & March, 1988: p.319) と捉えルーティンという観点から組織学習について検討した。

　Cook & Yanow (1993) は組織ごとにルーティンがあり，それがそれぞれの組織の仕事のあり方を規定することを明らかにした。彼らは，米国のボストン近郊にある３つのフルート製造企業を調査し，"hand-to-hand checking" という製造手法におけるルーティンに違いがあることを指摘した。これら３社はいずれも，品質を管理しながら製造を行うために "hand-to-hand checking" という手法を用いていた。これは，作業者が自分の工程を終え，次の後工程の担当者に部品を渡すとその人物が前工程の仕事の出来具合を評価し，"the right feel" (いい感じだ) と感じた場合は，後工程の作業を開始するが，"not right" (よくない) と感じた場合は前行程に返却し，修正させるという方法である。

　Cook & Yanow (1993) はこの "hand-to-hand checking" において "the right feel" の基準や，部品の取り扱い方などに関するルーティンが，会社ごとに異なっていたことを指摘した。さらに，これらの会社の間では転職などにより頻繁に従業員の入れ替わりがあったにもかかわらず，これらのルーティンは保持され続けたのである。このように，本章の脳のメタファーからすると，記憶は個々の人間の脳内を超えて，組織レベルで「ルーティン」という形で保持されると捉えられる。

　こうした組織ルーティンは，組織に記憶を保持させ，従業員がルーティンを通して組織のもつ知識にアクセスできるという意味で有用である。しかしその一方で，こうしたルーティンは組織のさらなる学習を阻害する可能性ももつ。例えばルーティンに内包される知識は陳腐化するため，その都度，ルーティンを新たにし，より優れたルーティンを構築していくことが求められるが，その

ルーティンが組織に定着すればするほど，新たにしていくことは難しくなる。そこで，以下に説明するアンラーニングも行う必要性が生じる。

4．アンラーニング

　組織の活動においては，新しいことを学習することも重要であるが，同時に，時代遅れになった知識や既に不適切となった知識を捨て去ることも重要である。Hedberg（1981）はこのような視点から，どのようにすれば組織において不必要になった知識を分類し，それを新しい知識に置き換えたり，捨て去ったりすることができるのかを研究した。では，組織が新しい状況に直面したときに，組織はどのように不適切になった知識や行動様式を捨て去ることができるのだろうか。組織にとって，アンラーニング（学習棄却）は簡単なことではない。例えば，かつて組織を成功に導いた行動パターンを捨て，新たな行動を模索することは難しく，かつての成功に囚われるあまり，その業績を落とす企業は少なくない。したがって，時に組織は自らの記憶を障害，ないし敵として捉える必要がある（March & Olsen, 1976）。つまり，過去の行動パターンを振り返り，批判的に再評価することが求められるのである。

　知識をいかに獲得するかに関心の的があった組織学習論の議論に，知識や価値観を棄却するという視点を取り入れたところに Hedberg（1981）の研究の独自性がある。

5．学習する組織

　ここまで，組織学習論の研究を概観し，組織学習という現象がどのような観点から研究されてきたのかを説明してきた。では，このような学習を，組織が常に行っていくためにはどうしたらよいのだろうか。Senge（1990, 2006）は『学習する組織』という著書において，真に卓越した組織になるには，組織内のあらゆるレベルで人々の学習への能力を引き出す方法を見つけ，実践していくことが必要であるとし，学習する組織を生み出す5つのディシプリン（原則）を指摘した（Senge, 1990, 2006）。

　1）　システム思考：時間的・地理的に独立した事柄のみに注目するのではなく，それぞれの相互関係を意識し，全体のシステムや変化のパターンを理

解しようとする思考。これは，パターン全体を明らかにして，それを効果的に変える方法を見つけるための概念的枠組みである。

　Senge（1990, 2006）はこのシステム思考を他のディシプリンの土台となる，概念上の基盤であるとしている。

2）　自己マスタリー：組織は，構成メンバーの取り組みや学習能力以上の学習をすることはできない。そこで，組織メンバー個々人に自分のビジョンを明確にし，それを深め，忍耐強くエネルギーを集中させる自己マスタリーが求められる。これが学習する組織の精神的基盤となる。

3）　メンタル・モデル（に縛られない）：メンタル・モデルとは，私たちがどのように世界を理解し，どのように行動するかに影響を及ぼす，深く染み込んだ前提である。環境に継続的に適応し成長するためには，固定観念に囚われず，組織が共有するメンタル・モデルを変化させていく必要がある。そのためには，内省し，メンタル・モデルを浮かび上がらせ，常に厳しく精査することが求められる。

4）　共有ビジョン：組織メンバーが熱意をもって協調して働くために，組織で共有されるビジョンが必要になる。ビジョンが共有されることにより，学習の焦点が絞られ，学習へのエネルギーが生まれる。

5）　チーム学習：現代の組織における学習の基本単位は個人ではなく，チームであるため，チーム学習は極めて重要である。チームのメンバーが「ダイアログ（対話）」を通して個人では得ることのできない洞察を発見することが組織学習に不可欠である。

　Senge（1990, 2006）の『学習する組織』は，環境に適応しつつイノベーションを生み出していくという実務的な課題に対して強力な処方箋を提供したため，特に実務界において大いに受け入れられ，学術的にも組織学習に関する研究を増加させる契機となった（安藤，2001）。

6．正統的周辺参加

　従来の学習論は，発見されたり，伝達されたり，他者との相互作用の中で経験されたりした知識が学習者に内化する過程を学習と捉えていた（Lave &

Wenger, 1991: 訳 p.22)。つまり，学習者が学習する知識は，学習者もしくは指導者の存在とは独立して客観的に存在し，それゆえ，指導者がもっている知識を学習者に正確に伝達し，それを学習者が正確に受け取ったときに学習が起こるといったことが前提とされてきた。

　しかし，1990 年代以降，知識が客観的に存在することや，指導者が知識を学習者に正確に伝えられること，学習者がそれを正確に受け取り自分の知識とすることといった前提に疑問が投げかけられている。

　Lave & Wenger（1991）は，「正統的周辺参加」という概念を提唱し，実践コミュニティに対する周辺的な参加から十全的な参加（full participation）へと向かっていく過程を学習として捉えた。実践コミュニティとは「あるテーマに関する関心や問題，熱意などを共有し，その分野の知識や技能を，持続的な相互交流を通じて深めていく人々の集団」（Wenger et al., 2002: 訳 p.33）を意味する。彼らは，実践コミュニティへの参加によって知識を自分のなかで再構成することを通して学習していくことを明らかにした。具体的には彼らは産婆や精肉店のコミュニティのケーススタディを通して，学習者が徐々にコミュニティの周辺から中心へと実践をしながら正統的周辺参加をすることによって，学習していくことを明らかにしてきた。

　学習者は否応なく実践者の共同体に参加するものであり，また，知識や技能の習得には，新参者が共同体の社会文化的実践の十全的参加へと移行していくことが必要だということである。加えて，正統的周辺参加の概念は学習を，意味を獲得する参加の軌道のなかで捉え，新参者と古参者の関係，活動，アイデンティティ，人工物，知識と実践共同体などといった従来の組織学習論が等閑視してきた観点から学習について検討する際の切り口を提供するものである。

　この Lave & Wenger（1991）の議論に関して，佐伯（1993）は，従来の学習理論との6つの違いを指摘している。

　1）　従来の教育論とは異なり，学習を教育とは独立の営みとみなす。
　2）　学習を社会的実践の一部であるとみなす。
　3）　学習を「参加」と捉える。
　4）　学習をアイデンティティの形成過程であるとみなす。
　5）　学習を共同体の再生産，変容，変化のサイクルのなかにあるとする。

6)　学習をコントロールするのは，実践へのアクセスであると考える。

　このように Lave & Wenger（1991）の議論は，知識や学習を実践という観点から捉え直すことによって，従来の組織学習論とは大きく異なる方向性を提示した。知識自体を，客観的に存在するのではなく，実践を通して自分のなかで構築していくものであると捉え，実践コミュニティのより中心に入っていく過程を学習とみなすことは，組織学習の研究者に知識や学習とは何であるかをもう一度検討する機会をもたらし，研究方法にも影響を与えることとなった。

Ⅳ．脳のメタファーとしての組織

　脳のメタファーを用いて組織を議論することは，組織の時間を超えた一貫性や新たな知識を創造するメカニズムを理解する一助となる。本章では，ダブル・ループ学習，SECI モデル，組織ルーティン，アンラーニング，学習する組織，正統的周辺参加の議論を紹介してきた。
　伝統的な組織学習の議論では，知識の獲得・創造，保持，棄却といった事柄が議論されてきたが，これらは知識が客観的に存在し，それを学習者あるいは組織が獲得したり扱ったりするということを想定している。他方，Lave & Wenger（1991）のように，知識の客観性を前提とするのではなく，学習者が十全参加することにより知識が学習者の中で再構成されていくといった新たな知識観に基づく議論も登場している。こうした新たなパースペクティブは組織の学習やイノベーションを実践という観点から理解することを促し新たな研究の広がりをもたらしている。

第9章

文化としての組織

I. 文化のメタファー

　「文化」という概念は，経営学諸分野よりは，むしろ文化人類学や社会学において古くから研究されてきた。祖父江（2009）によれば，文化が体系的に議論されるようになったのは，ヨーロッパにおける大航海時代（大発見の時代）にあり，ヨーロッパの人々が自分たち以外の種類の人々の生活様式や価値観に関心をもち始めたことを契機とする。その関心は 18 世紀後半にことに固まるに至り，19 世紀には文化人類学という学問体系が完成した（祖父江, 2009: p.11）。タイラー（Edward B. Tylor）の「知識，信念，技術，道徳，法，慣習など，社会の成員としての人間が身につけるあらゆる能力と習慣からなる複合的な全体」（Tylor, 1920: 訳 p.9）なる文化についての最も有名な定義も，タイラーの当該書籍の初版が 1871 年に出版されていることを考えれば，文化人類学の体系化の時期と重なる。

　自分たちとは異なる生活様式や価値観，哲学などをもつ人々に対する興味・関心を満たす形で文化への研究は進んできたといえる。文化人類学や社会学においては，その単位が国家や民族や部族，あるいは社会であった。自国とは異なる国家の文化，自民族とは異なる他民族の文化，自分が属する社会とは異なる社会の文化を明らかにし，理解し，時にはその知見を利用するために研究が進められた。アメリカの文化人類学者のベネディクト（Ruth Benedict）による 1946 年の著作『菊と刀（The Chrysanthemum and the Sword: Patterns of Japanese Culture)』は，その内容の妥当性は置いておくとして，先の大戦において彼女の母国であるアメリカ合衆国の敵国であった，日本と日本人の行動

を理解するために行われた戦時中の調査結果をもとに執筆された。この背景には，大戦中の日本人の行動が，アメリカ人にとっては理解が難しいものであり，それを理解するために文化を理解する必要があったということがいわれている。まさに，理解できないと思われる人々やその行動を理解したり，説明可能なものとしたり，またはその知見を利用しようと考えることが，文化を解き明かそうとする契機であったといえる。

　組織はその組織特有の価値観や哲学を有し，組織成員はその価値観や哲学に従って行動しているようにみえる。あるいは，その組織特有の価値観や哲学が組織そのものであり，組織成員が創り出したものなのかもしれない。とにかく，組織が変われば，組織成員の生活様式は変わり，価値観や哲学も変わる。組織は文化をもつ，あるいは，組織とは文化そのものであるといった考え方が，本章の前提である。このような考え方からすれば，ある組織を理解しようと考えるならば，その組織の文化を理解する必要があるということになる。その意味で，組織分析は文化の分析である。

　本章では，文化メタファーの組織論を概観していく。本来，文化メタファーの組織というのは，組織とは文化であるという見方を提供するものである。この見方を理解するために，その前提として経営組織論において文化がどのように扱われ，そしてどのように議論されてきたかを理解する必要がある。本章では，第1に経営組織論において文化が注目されるようになった背景について議論する。第2に，組織と文化の関係についていくつかのパターンを挙げ説明する。その後，組織の変数としての文化と，組織のメタファーとしての文化の諸理論について概観していく。

Ⅱ．組織研究における文化

　ジャックス（Elliott Jaques）の1951年の研究における「工場の文化」という概念が，最古の明示的な経営学における文化への言及であったとされる。Jaques（1951）は，組織内で生活する人々（工場労働者たち）の人間的・情緒的な要素に着目した。ジャックス（Elliott Jaques）は工場の文化を「その工場の慣習的・伝統的な思考様式や行動様式」（Jaques, 1951: p.251）とした。

ジャックスも先のタイラーと同様，文化という言葉に非常に多くのものを含めていた。すなわち，生産方法や仕事上のスキルや技術的な知識，規則や罰則への態度，管理慣行や習慣，経営目的や経営目標，経営方法，給与体系や異なるタイプの仕事に対する価値観，タブーなどを含む複合的な総体を工場の文化と呼んでいる。つまり，工場の文化とは工場の新入りがその工場に受け入れてもらうために学習しなければならず，少なくとも，その一部は受け入れなければならないものとした。ジャックスは企業文化という概念の提唱者であり，その後，組織文化の考え方に影響を与えることになる。

　とはいえ，残念ながら，1951 年に工場の文化に着目したジャックスの研究成果は，その後の組織文化研究者に多大なる影響を与えるものではあったが，当時はそれほど注目されるものではなかった。当時，組織論や管理論において，その研究対象として組織構造に着目することが支配的であった。組織論において文化の概念が注目されるようになったのは，Jaques（1951）の研究成果とは全く異なる文脈においてのことであった。

　1980 年代，組織文化論がブームとなり，組織文化，あるいは企業文化という概念が実務的にも，そして学術的にも爆発的に広がっていった。1981 年そして 1982 年と立て続けに，Ouchi（1981）の『セオリー Z—日本に学び，日本を超える—（Theory Z: How American Business can meet the Japanese Challenge）』，Peters & Waterman（1982）の『エクセレント・カンパニー（In Search of Excellence）』そして，Deal & Kennedy（1982）の『シンボリック・マネジャー（Corporate Culture）』といった書籍が，アメリカだけでなく世界的にもベストセラーとなり，企業経営において「文化」に着目することの重要性が盛んに議論されるようになった。これらの書籍がベストセラーとなった背景には，次の 2 点が挙げられる。

　第 1 に，Ouchi（1981）の著作の題名にもみられるように，当時の日本企業の躍進が，その背景として挙げられる。1970 年代から 1980 年代にかけて，日本企業はアメリカ市場でその存在感を高めていた。その結果，アメリカ企業と日本企業の差異に注目が集まることになる。なぜ圧倒的な経営資源，進んだ経営戦略，効率的な組織構造をもつアメリカ企業が，それらをもたぬ日本企業の後塵を拝すことになったのか。この問題意識のもと，着目されたのが日

本的経営と呼ばれる日本独自の経営慣行であった。日本的経営は，アベグレン（James C. Abegglen）の 1958 年の著作『日本の経営（The Japanese Factory: Aspects of its Social Organization)』によって，その特徴が描き出されていた。しかし，当時はここで描かれていた日本の経営は，非合理的・非効率的であると概ね否定的な評価がなされていた。しかし，Abegglen（1973）では，その評価は覆され，むしろ日本の経営慣行こそが経営的な強みを生み出していると評された。アベグレンが日本的経営への評価を覆す 2 年前，Drucker（1971）が，Harvard Business Review 誌で “What We Can Learn from Japanese Management（我々が日本的経営から学べる事)” を発表するなど，日本的経営の評価の見直しが進んでいた。このような 1970 年代から進んだ日本的経営の再評価を受けて，Ouchi（1981）は，日本的な特徴をもつ組織を J タイプ，アメリカ的な特徴をもつ組織を A タイプとし，それぞれの長所を併せもった文化をもつ Z タイプの組織を提案したのであった。

　第 2 に，経営資源・経営戦略・組織構造といった，いわば組織のハードの側面への過度な注目の限界が，その背景として挙げられる。Pondy & Mitroff（1979）は，オープンシステム観に基づく組織デザイン論の中で最も精緻化された議論として Thompson（1967）の議論を挙げながら，その限界について論じた。Pondy & Mitroff（1979）は，オープンシステム観に基づく組織デザイン論の限界として，以下の 6 点を指摘する（詳しくは第 5 章を参照のこと）。

1) 組織の内部構造の維持に焦点をおき，組織行動の生態学的影響に十分な注意を払っていないこと
2) マクロ・レベルの逆機能の理解に十分努力を払わなければならないこと
3) 他の分野の人間モデルを考える必要性があること
4) 組織の自己再生の問題
5) 探求的システムとしての組織論の適合性についての我々の既知への疑い
6) 人間組織を扱うことの不十分さ

オープンシステム観に基づく組織の議論は，組織のハードな側面にアプローチするものであったが，その方法には上述の 6 つの限界があった。6 つの限界

は決して独立しておらず，密に相互に関係しており，オープンシステムモデル
は社会組織を扱うのには不十分であると Pondy & Mitroff（1979）は述べてい
る。それゆえに，組織の文化概念へのアプローチが重要となってくるのであ
る。

　スミルチッヒ（Linda Smircich）は，組織研究における文化研究のパターン
を5つに分類した（Smircich, 1983a）。彼女は，まずもって組織論における文
化研究を，文化をいかにみなすかという基準から，「組織の変数としての文化」
の研究と，「組織のルートメタファーとしての文化」の研究とに大別した。そ
して，「組織の変数としての文化」の研究は，さらに「交差文化・比較研究」
と「企業文化」に分類される。他方で，「組織のルートメタファーとしての文
化」の研究は，「組織の認知」「組織シンボリズム」「構造的－心理ダイナミッ
クス」に分類された。

　以下，本章では Smircich（1983a）のこの「組織の変数としての文化」の研
究と，「組織のルートメタファーとしての文化」の研究という分類に則って組
織と文化の関係について議論していく。

Ⅲ．組織の変数としての文化

　文化を組織の変数とみなすということは，つまり組織と文化の関係を因果関
係的に捉えようという考え方である。Smircich（1983a）にあっては，この立
場に立つ文化研究は，さらに「交差文化・比較経営研究」および「企業文化」
の研究に分類できるとしている。

1．組織の外部環境としての文化

　交差文化・比較経営研究では，文化とは組織に社会的な影響力を及ぼすもの
であり，ある文化をもったメンバーを通して組織へ移入されるものであると捉
えられる。この立場からの研究の目標は，文化の差異を明らかにしたり，類似
した集団を位置づけたり，組織をその文化に適合させることの有効性を示唆し
たりすることにある。

　例えば，ホフステード（Geert Hofstede）の IBM の各国支社を対象とした

異文化経営比較研究（Hofstede, 1981）は，この分類の代表的な研究成果としてみることができる。Hofstede（1981）は，世界各国の IBM の支社が，それぞれ同じ IBM という企業であるにもかかわらず，異なる文化をもっていることを明らかにした。これは，それぞれの支社が置かれた国や地域の国民文化が企業組織に対して影響を与えた結果であると考えることができる。いわば，IBM の各国支社がもつ文化的な差異は，それぞれの支社が属する国あるいは地域の文化の差異であるとしたのである。ホフステードは 5 つの次元から（後に 6 つ目を追加），国民文化の違いを分析した。① 権力格差（集団内のメンバーの権力が不平等に配分されることへの容認可能な程度），② 個人主義対集団主義（集団内のメンバーが，その集団に所属する他者から独立して行動する程度），③ 男性的（集団内での性別役割が明確に区別可能であるかどうか），④ 不確実性回避（集団内のメンバーがリスクを負うことを回避する程度），⑤ 長期志向性（未来に目を向け，倹約や忍耐を重視する程度）を，それぞれスコア化して各国の IBM 支社の組織文化（＝その支社が属する国民文化）の違いを測定したのである。

　ホフステードの，国民文化を組織の外部環境から組織の独立変数として，組織文化に影響を与えるというアイデアは，その後 Trompenaars & Hampden-Turner（1997）や，House et al.（2004）の GLOBE（Global Leadership and Organizational Behavioral Effectiveness）プロジェクトに多大なる影響を与えている。

　他方で，日本的経営論あるいは日本的経営論の背景にある原理・原則を明らかにしようとした研究も，交差文化・比較研究に含められる。前述のアベグレンの研究は，どちらかというと日本的経営の制度的な特徴の分析が主だっており，日本の国民文化と日本的経営との関係の分析が行われているわけではない。他方で，津田（1981）や間（1989），三戸（1991）といった研究は，日本的経営の背景にある原理原則として，それぞれ共同生活体や，経営家族主義，さらには家の理論を挙げ，それらの日本の国民文化が日本的経営に及ぼした影響について分析している。

　これらの研究は，組織文化の上位の文化として国民文化を置き，組織文化は国民文化から一方的に影響を受ける存在として描写してきたという特徴が挙げ

られる。これらの視点からは，組織文化はその組織が属する国や地域といった
上位の文化から影響を受けて形づくられるものであると考えられる。

2．組織の内部環境としての文化

①　「強い文化論」

　企業文化研究では，文化は組織の内部変数として扱われ，この分類に位置す
る研究者は組織自体が組織内の文化を創出すると考える。すなわち，組織は財
やサービスを生む機能であると同時に，社会的行為や伝説，儀式などの組織独
特の文化的人工物をも生む存在としてみなされる。この文化の概念を利用した
研究は，一般的にシステム理論が根底にあり，組織の生存のための変数間のコ
ンティンジェントなパターンに関心がある。組織の変数として，組織の構造や
規模，技術，リーダーシップのパターンなどが典型的には考慮されてきたが，
その考慮すべき組織内の変数として文化が加えられたと理解できる。この立場
からは，文化とは組織を維持するための社会的，または規範的な接着剤のよう
な働きをするものと定義される。組織メンバーの共有する価値観や社会的観念
が，組織のパフォーマンスに影響を与え，組織をより強固にすると考えるであ
る。また，それらはパターンがあり，そのパターンは神話，習慣的行為，物
語，組織内の特殊な言語のようなシンボリックな装置により表出する。

　この企業文化研究に位置する研究は，交差文化・比較経営研究に位置する研
究と同様に実務界から多大なる支持を得てきた。特に，1980年代のいわゆる
企業文化論ブームを引き起こした強い文化論が，この立場にある代表的な論で
あろう。上述した，Peters & Waterman（1982），Deal & Kennedy（1982）
は「強い文化論」と呼ばれる一連の研究の代表例である。この立場に立つ研究
は，組織文化と組織の機能の対応関係をみようとするものである。Peters &
Waterman（1982）では43社の超優良企業の調査から得た，それらの企業が
共通してもつ基本的特性の一つに「価値観に基づく実践」を挙げている。それ
は，組織成員が共有した価値観，すなわち組織文化に基づいて行動することを
意味しており，これが企業の業績に関係があることを述べている。また，Deal
& Kennedy（1982）では，文化強度と企業の業績の関係を調査している。強
い文化は企業の持続的成功の推進力であり，「シンボリック・マネジャー」が

シンボルを以って「強い文化」を創り出し，企業の持続的成功の推進力を支えるのである。

　これらの議論は，経営者がよりよい業績を出すために，どのような組織文化を創り出すべきかという差し迫った問題に対して，より実務的な答えを提案してきた。ここには，成功する企業はすべからく強い文化をもつべしという前提があったと指摘できる。またその前提を基に，経営者が強い文化を創出し，維持する方法にまで焦点が当たっていたのである。

②　組織文化の次元

　「強い文化論」は，組織文化の内容やその強度と組織の業績とを関連づけ発展してきた。そこには，より実務的な経営者や管理者の問題意識に応えていったという背景もあったろう。しかしながら，1980年代初頭に爆発的に流行した実務的な意味での組織文化の研究・分析は，「組織文化」とは何かを厳密に概念化することはなかった。

　その中で，シャイン（Edger H. Schein）は心理学・リーダーシップ研究の知見を踏まえ，組織文化の存在そのものを概念化していった。Schein（1985）は，組織文化とは組織がもつ基本的仮定のパターンであるとした。基本的仮定は，組織成員が外部適応の問題と内部統合の問題に対処していく過程で学習し，創出し，発見しあるいは発展させたものである（Schein, 1985: p.6）。シャ

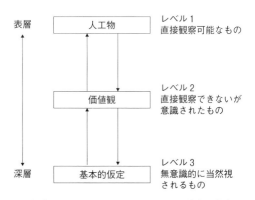

図表 9-1　組織文化の 3 つのレベル

（出所）　Schein（1985: p.14, 訳 p.19）を参考に作成。

インは，組織文化には3つのレベルがあると考えた（図表9-1参照）。

レベル1には「人工物」（artifacts and creations）が位置している。人工物は，組織文化の最も表層にあるもので，組織内外の人間が観察可能なものである。物理的空間や組織の技術的成果，明示化された言語や組織成員の行動などが人工物に含まれる。人工物は観察することはできるが，しばしばそれを分析・解釈することは難しい。

レベル2には「価値観」（values）が配置されている。価値観は，その名のとおり，その組織や組織成員に共通する価値観である。組織の理想像やゴール，イデオロギーなどがここに含まれる。価値観は，直接観察することはできない。しかしながら，人工物の観察を通して推測することができる場合がある。とはいえ，人工物と価値観は合致する場合もあれば，しない場合もある。いわば，人工物という表層の下に隠れたものである。

そして，レベル3が「基本的仮定」（basic assumptions）である。基本的仮定は組織文化の最も深層に位置するもので，組織成員にすら意識されず，当然視されている信条や価値観のことである。

組織文化の分析者は，通常，組織文化の3つのレベルのうちの人工物しか観察することができない。しかし，その組織文化を人工物の観察のみを通して理解することは組織文化の一部を理解したのみにすぎない。むしろ，組織成員の行動や認知，思考，感情といったものは，基本的仮定によって規定されるのであり，組織文化を本当に理解しようとするならば，基本的仮定を明らかにする必要がある。その意味において，シャインは組織文化を「基本的仮定のパターン」と考えたのである。

とはいえ，シャインの組織文化の3つのレベルや組織文化自体の研究は，強い文化論とは異なる文脈などではなく，むしろ，実務的な要素が強かった強い文化論をより理論的に強化したものであるといえる。シャインは，この組織文化の3つのレベルを参照しながら，組織文化の形成・維持についてのリーダーシップの役割を論じている。シャインの言に則れば，組織文化は，外部適応と内部統合という2つの問題に組織成員が対処していく過程で学習され，創出され，発見され，発展させられたものである。彼は「強い文化論」の議論をさらに進め，組織成員の学習プロセスを通した組織文化の形成と維持の検討を行っ

たのである。この検討において，組織文化はリーダーが容易に一方的に組織成員に押しつけるような形で形成・維持・変化させられるようなものではないことを明らかにしている。それは，リーダーが組織文化の形成・維持・変化に対して実際にできることは，人工物の操作であって，その深層にある「価値観」や「基本的仮定」を直接的に操作することはできないからである。むしろ，リーダーは組織文化の形成・維持・変化について「基本的仮定」や「価値観」の部分を重視すべきであって，組織内外の問題を解決に導き，その解決を通して組織の中で価値観や基本的仮定を組織成員に植えつけ，伝達していくものであると考えた。

3．組織の変数としての文化の意義と限界

　組織の変数として文化研究は，組織文化を組織に対する何らかの機能を有するものとしてみなしてきた。それゆえに，組織がマネジメントしなければならない要素として，伝統的な組織が想定してきた組織構造や戦略，経営資源といった諸要素に組織文化も加えることとなった。人間関係論が提唱されて以来，組織は機能的なシステムであるばかりでなく，社会システムでもあると考えることは異論のないところであり，組織文化は組織にとって重要な要素であることを実務的にも学術的にも普及させたことの貢献は計り知れない。

　しかしながら，組織の変数として文化を捉える諸研究には，看過できない限界も存在する。この見方は，オープンシステム観に基づく組織論の限界を超えるようなアプローチにならなかったということがいえよう。Pondy & Mitroff（1979）の議論に戻ろう。Pondy & Mitroff（1979）は，オープンシステム観に基づく組織論は環境に対する多様な認識や人間の高度な能力を過小評価，ないし無視しているところに限界を見出していた。しかしながら，組織の変数として文化を捉える諸研究は，あくまで文化は組織に影響を与える変数にすぎない。さらには，組織成員は組織文化に従って行動する無力な存在であるとの前提も覆されていない。結局のところ，強い文化論を始めとしたこれらの研究は，コンティンジェンシー理論がもつ受動的な組織モデルを踏襲しているにすぎず，それゆえにオープンシステム観に基づく組織モデルを超える組織のアプローチにはならなかった。むしろ，これらの立場に立つ組織文化研究はコン

ティンジェンシー理論の一種であるということもできる。Pondy & Mitroff（1979）が述べた意味での組織の文化アプローチは，組織の変数として文化を捉える方法とは根本的に異なる見方や方法において行われることになるだろう。

　そもそも，組織文化は組織の「所有物」なのだろうか。組織の変数として文化を捉える諸理論は，「組織は組織文化を有する」あるいは「組織の文化」という言葉を使う。これは，組織文化は組織の所有物であり，それゆえにマネジメント可能なものであると考えている。組織の変数としての文化研究は，一貫して組織および文化を客観的な実在物と捉えてきた。組織とは独立的に存在し，組織の機能や業績に影響を与える実体と組織文化をみなしてきたのである。それゆえに，その分析視座は，論理実証主義や機能主義と呼ばれるそれに準ずることになる。

　このような組織文化の理解が，組織文化の議論をオープンシステム観に基づく組織モデルに留めてしまったといえる。

IV．組織のメタファーとしての文化

1．組織のメタファーとしての文化

　強い文化論が，経営学や経営組織論で隆盛を誇っていた1970年代から1980年代初頭，文化人類学では，解釈学的な文化研究を標榜する人々が台頭してきていた。経営組織研究者たちの中には，ギアーツ（Clifford Geertz）の1973年の著書における文化の新しい記述，そして研究方法に可能性を見出す者が現れる。ギアーツは文化を次のように説明した。

　　人間は自分自身がはりめぐらした意味の網のなかにかかっている動物であると私は考え，文化をこの網として捉える。したがって，文化の研究はどうしても法則を探求する実験科学の一つにはならないのであって，それを探求する解釈学的な学問に入ると考える。私が求めているのは，解釈であり，表面的には不可解な社会的表現を解釈することである（Geertz, 1973: p.5, 訳p.6）。

　この文化についての理解には，文化を組織の変数とみなす諸研究が見落とし
ていた文化の性質および，その研究方法論についての言及がみられる。

　第1に文化とは人間が作り出した意味世界であって，人間は自分たち自身が
作り出した意味世界のなかで生きているという新たな指摘である。既存の組織
文化論では，文化は所与の条件であって，組織成員は無抵抗に組織文化を受容
し，行動すると考えられていた。組織文化は，あくまで特権的な地位をもつ経
営者や管理者，リーダーによって維持・再生産されるものであるか，組織文化
よりも上位の文化に当たる国民文化によって規定されるにすぎないものであっ
た。ギアーツは，組織文化が組織成員の行動を規定することに対しては否定し
ない。あくまで人間は意味の網にかかった動物であるとの表現は，組織文化が
組織成員の行動を規定する側面を描写している。しかしながら，彼の文化の描
写で一新された組織文化の側面は，その意味の網は「自分自身がはりめぐらせ
た」という部分である。この部分から，組織文化は所与の条件でもなければ，
特権的な力をもつ経営者やリーダーが組織成員に対して，一方的に作るもので
もないということが分かる。組織文化は，組織成員自らが作り出すものなので
ある。その意味において，組織は文化なのである。組織成員は意味世界を自分
たちの相互作用を通して作り出す。この意味世界は，組織成員の組織での生活
そのものであり，それは組織であり，文化である。ここに，組織のメタファー
としての文化という考え方の特徴がみられる。

　組織のメタファーとしての文化という見方は，組織文化を客観的な実在物
や組織とは独立に存在するもの，あるいは組織の所有物とは考えない。もは
や，「組織は文化を有する」とか「組織の文化」という表現は成されない。組
織文化は，組織成員が社会的に構築した意味の世界であり，組織成員にとって
は日常世界の現実そのものである。人間は，文化によって行動を決定されるだ
けの存在ではなく，自ら学習し，創造し，文化の担い手となる存在である。こ
の見方は，オープンシステム観に基づく組織モデルの限界を超えようとする
Pondy & Mitroff（1979）の方向性にも合致するものであったといえる。

　第2に，ギアーツの描写は組織文化の研究方法についての考え方を一新する
ものであった。文化の研究は，法則定立的な科学を志向しないという指摘であ
る。強い文化論では，組織文化と組織の業績の因果関係を追求してきた。これ

は，組織文化と業績の関係について何らかの法則があることを前提として考えられてきたということである。これは初期の文化人類学の伝統を受け継ぐものであった。文化人類学の体系化に尽力したタイラーも，文化研究は文化の進歩の法則性を突き止める科学であるということを幾度となく強調している。しかしながら，ギアーツは文化を研究するということは，そのような法則を追求することではないと考えた。文化研究は意味を探求する学問であり，観察可能で表層的な表現を解釈し，その意味を分析することが文化の研究の在りようであると指摘したのである。

　それゆえにギアーツは，文化の研究には「厚い記述」（thick description）が必要であるとした。表層的で社会的な表現の意味を解明するためには，その表面を掘り下げていく必要がある。その文化の成員の行為について，その成員自身がそれをいかに解釈しているかを，研究者が解釈・分析し，行為者自身の行為の解釈を理解することによって文化を理解するのである。

2．組織のルートメタファーとしての文化の諸研究

　スミルチッヒは，文化をルートメタファーとしてみなした場合，組織研究の焦点は「組織は何を成し遂げ，また組織はいかにして能率的に成し遂げるか」から「組織はいかにして成し遂げ，また組織化されることの意味は何か」に移行すると述べている（Smircich, 1983a: p.353）。これは組織文化研究にも当てはめることができるのであって，組織の変数としての文化の研究の論点は「組織文化は何を成し遂げ，また組織文化はどのように能率的に成し遂げるか」であり，他方で，組織のメタファーとしての文化研究は「組織文化はいかにして成し遂げられ（生成され），組織文化が組織化される（維持される）意味は何か」が論点となる。端的にいうならば，「組織文化はいかに生成され，いかに維持されていくか」ということに関心をもつ研究分野ということになる。

　この指摘には，2つの重要な視点をみることができる。第1に，組織文化は静的なものではなく，動的なものであるという視点である。この視点は，組織を静的な実在物ではなく，動的なプロセスとして捉えようというパースペクティブの変化に対応するものであるといえる（本章では「組織文化」を中心に扱うため，この話題についての詳細は第11章に譲る）。強い文化論は，組織も

文化も客観的な実在物として固定的なものとして捉えてきた。しかしながら，組織のルートメタファーとして文化を捉える視点からは，組織文化は常に生成され続け，組織成員によって常に再生産され続けるのである。

　このアイデアも組織文化研究に取り入れられるようになる。ハッチ（Mary Jo Hatch）は，シャインの組織文化の構造に関する知見に基づきながら，組織文化のダイナミックモデルを提唱した（図表9-2を参照）。ハッチの組織文化のダイナミックモデルには，シャインが考案した人工物のレベル，価値観のレベル，基本的仮定のレベルに加え，シンボルのレベルと呼ばれる次元が付け加えられた。人工物は客観的に観察可能なものであるのに対し，基本的仮定は主観的で他者からは観察不可能なものである。場合によっては，組織成員もあまりに当然のことであり無意識的である場合さえ考えられる。価値観やシンボルは，その中間に位置し客観的な次元と主観的な次元の両方の領域にまたがり，それぞれの属性を併せもっている。

　組織文化のダイナミックモデルは，基本的仮定，価値観，人工物，シンボルといった4つの各構成要素を架橋している，顕在化・具現化・シンボル化・解釈というプロセスから，組織文化の生成過程を説明する。例えば，基本的仮定が顕在化する形で価値観が創出され，価値観が具現化したものが人工物として

図表9-2　組織文化のダイナミックモデル

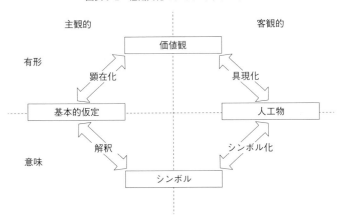

（出所）　Hatch（1993: p.660; 2000: p.250），Hatch & Cunliffe（2013: 訳 p.302）
　　　　を参考に作成。

現れ，人工物がシンボル化し実際にシンボルとなり，シンボルは解釈というプロセスを経て基本的仮定が構成される。もちろん逆方向のプロセスも存在する。このようなプロセスそのものが組織文化である。

　またSmircich（1983b）は，ギアーツの厚い記述の方法を用いた組織文化研究を行っている。Smircich（1983b）は，彼女自身がある保険会社の研究に際してトップマネジメント・グループにオブザーバーとして6週間生活し，その保険会社の中で起こった様々な現象について，従業員の言葉を用いて解説している。また，組織がいかに価値を共有しているかということもまた，そこで働いている従業員の立場から論じられている。これは，組織現象をその組織成員の解釈の図式から説明しようとするエスノグラフィックな研究であったといえる。実際にSmircich（1983b）は，組織成員の意味解釈を通して，組織文化を維持する動的な過程を明らかにした。ここに至って，スミルチッヒは研究者でありながら，保険会社のメンバーの一員であった。彼女は研究者として，そして同時に保険会社のメンバーとして，観察対象である組織文化を解釈し，記述したということがいえる。Smircich（1983b）は，組織文化の動的な過程を明らかにするだけでなく，組織文化に関わる研究者の研究上の立ち位置をも明らかにしたのである。

Ｖ．文化としての組織

　坂下（2002）は，前節で説明したように解釈学的な組織文化論の研究はそれほど多く行われていないと指摘する。再度，ギアーツの言に戻ろう。文化研究に求められるものは，表面上は理解不可能な社会現象を解釈することである。その意味するところは，研究者＝組織成員が観察し，解釈し，分析し，記述する対象は，まずもって組織文化の表層にあるものである。この表層にあるものに関わる，基本的仮定や価値観，またその表層にあるモノの意味を組織成員の意味世界から理解しようとするということである。この組織文化の表層にあるものは，シンボルであり，ストーリーであり，ナラティブであり，ディスコースである。

　現在，組織のシンボリックな側面（組織シンボリズム）や，組織において語

られたストーリー（組織のストーリーテリング），そして，組織のナラティブや組織ディスコースへの関心が高まっている。組織文化研究の文脈からみれば，確かに，坂下（2002）の指摘は正しい。解釈学的な組織文化研究の研究成果はまだそれほど多くない。しかし，それは，解釈学的な組織文化への関心が薄くなっているわけでも，その意味が見失われているわけでもない。むしろ，組織文化研究は，組織シンボリズムや組織のストーリーテリングの研究，ナラティブやディスコースの研究へと精緻化され，さらに研究は拡大しているのである。本章は組織文化について主に議論を行う章であることから，この続きは次章に譲りたい。

第 10 章

劇場としての組織

Ⅰ. 劇場のメタファー

　劇場とは一般的に，演劇，歌唱，ダンスや伝統芸能などの芸術を通してある種のメッセージが伝えられる空間であると理解される。また，劇場は演劇学においては，「劇作家（戯曲），演出家（演出），俳優（演技）によって能動される行為を視聴者集団が受動する行為によって醸し出される演劇成立の社会的現象が形成する場，空間」（図師，1978: p.22）と定義されている。この劇場では，舞台装置，小道具などを用いてアクターが演技を通してメッセージや意味を構成していく。そしてそれを観客が見て，解釈し，意味を理解する。このように劇場とは，アクターの行為によって意味が構成されていく場でもある。

　この，劇場という語の根底には，観客席あるいは観客が中心となって成り立つという意識がある（毛利，2019）。英語の "theater"（劇場）の語源は古代ギリシャ劇場の観客席を指した "theatron" であり，日本の歌舞伎や人形浄瑠璃において，劇場の意で用いられた「芝居」という語も，もとは能の興行で一般客の座る土間を指し，これが劇場を指す言葉にもなった（毛利，2019）。このように，劇場という概念は観客を中心としたものであり，劇作家，演出家，アクターの行為を観客が解釈することによって世界が構築されることを表すものとして理解できる。

　こうした，行為を通した意味の構成や解釈は芸術に携わる人々やその観客だけに与えられた特権ではなく，我々も日々の行為を通して意味を構成したり，意味を解釈したりする。組織生活においてもオフィスや会議室，新商品発表の会見ホールといった舞台装置において，服装，会社のロゴ，褒賞などの小道具

を用いてある人物がある種の"演技"を行うことによって意味を構成し，それをオーディエンスに伝えようとしたり，オーディエンスが意味を解釈したりする。なお，誤解のないように指摘しておくと，組織においては誰が演技者で誰がオーディエンスなのかは非常に流動的であろう。ともすると，演技者を管理者やリーダー，オーディエンスを部下やフォロワーと捉えてしまいがちだが，部下やフォロワーも"演技"を通して意味を構成したり，他者に意味を伝えようとしたりすることは珍しくはないだろう。あるいは，組織においては演技者とオーディエンスが明確に区別されることは少なく，ある人物は演技者であると同時にオーディエンスにもなり得るかもしれない。

　このように劇場のメタファーで組織を理解するとき，経営組織論では特定の意味が付与された舞台装置や小道具，あるいは演技者の行為や発せられた言葉を「シンボル」（symbol）と呼ぶが，組織ではこうしたシンボルを用いて意味を構成したり，伝達したり，ある人がそれを解釈したりするのである。このように，シンボルを通した意味，組織文化，組織の社会的現実の構成やそれらの解釈を研究するのが組織シンボリズムである。

　この章では，シンボル概念を中心として組織を理解しようとする組織シンボリズムや，組織の主観的な側面に注目して組織現象の構成を解明しようとするポストモダニズムや社会構成主義の観点からの組織の説明を試みる。具体的には組織シンボリズムやシンボルの概念を確認し，その後，シンボリック・マネジャー論，ドラマツルギー論を紹介し，新たな研究方法としての組織ディスコース研究について議論している。

Ⅱ. 組織シンボリズム

1. 組織シンボリズムの展開

　組織シンボリズムとは，組織の文化や意味の創造と維持をシンボルの使用と解釈から理解しようとする組織研究の領域である。Dandridge et al.（1980）は「組織シンボリズム」という語は，「組織に内在する無意識の感情，イメージ，価値観を明らかにしたり理解可能にするために，組織メンバーが使用する組織の側面を指す」（Dandridge et al., 1980: p.77）としており，組織シンボリ

ズムとは「組織のなかでのシンボルの使用（ロゴ，ステータス・シンボル），シンボリックな活動（組織的儀礼，セレモニー），シンボリックな心像（標語，ストーリー，神話，英雄伝，イデオロギーなどで表現されるもの）などに注目する」(Morgan et al. 1983; 竹中，2002: p.53) 研究である。組織のシンボリックな側面は，以下の事柄を検討することによって明らかになる。

1) 組織が意図的，無意識的に作り上げられたり，重要な歴史として選択された物語や神話。これらは重要なライフイベント（例えば，組織の設立，危機的な出来事，カリスマ的な人物）に意味と構造を与えるために蓄積される。

2) オリエンテーション・プログラム，パーティ，コーヒーブレイクなどの組織が使用する儀式や習慣化されたイベント

3) 組織のロゴ（すなわち，特有の内的特徴を組織の外部や内部に示すために組織が選択もしくはデザインし，具体化，具現化された視覚的デザイン）

4) 組織の内外で絶えずやりとりされる無数の笑い話やジョークの中に現れる組織の日々の感情的，政治的生活（Dandridge et al., 1980: p.77)

2．シンボルの種類と機能

Dandridge et al. (1980) は，シンボルの種類と機能について検討した。シンボルの種類について彼らは，言語的シンボル（verbal symbol），行為的シンボル（action symbol），物的シンボル（material symbol）の 3 種類があることを指摘した。言語的シンボルは，具体的には神話，伝説，物語，スローガン，信条，ジョーク，うわさ，名声が挙げられる。また，行為的シンボルには，儀式的な特別な行為，パーティ，通過儀礼，食事，休憩，朝礼が挙げられる。そして，物的シンボルにはステータス・シンボル，企業の製品，ロゴ，社章，社旗が挙げられる。

また，シンボルの機能については記述機能（descriptive function），エネルギー制御機能（energy controlling function），システム維持機能（system maintenance function）の 3 つがあると論じている（Dandridge et al., 1980: p.79)。記述機能とは，仕事における経験や感覚を伝えるという機能である。

　また，エネルギー制御機能とは，シンボルが人々のやる気を引き出したり，やる気を損なったりする機能である。より具体的には緊張，活気，関心，不快感などを増加する機能である。そしてシステム維持機能とは，シンボルがシステムのパターン化や安定性を正当化したり強化したりする機能であり，具体的には拠り所や一貫性，秩序と安定を与えたり，外部との差異と組織内の統合をもたらし，個人や組織を変える受容可能なパターンを提供したり導いたりする機能である。

　このようにシンボルの種類と機能を挙げた上で，Dandridge et al.（1980）は，シンボルの種類と機能の2軸から組織シンボリズムの研究のいくつかの方向性を示した。例えば，ジョークが緊張をいかに緩和するか（言語的シンボル／エネルギー制御機能），通過儀礼が変化の受容可能なパターンを導くうえでどのような影響があるか（行為的シンボル／システム維持機能），組織メンバーがロゴをどの程度組織の中心的な特徴として経験するか（物的シンボル／記述的機能）といった研究アジェンダを挙げている。

3．組織シンボリズムにおける2つの潮流

　組織シンボリズムは主に，機能主義と解釈主義の2つの立場から研究がされている。機能主義とは，「研究対象の全貌を明らかにするために，それを構成する要素のあり方に着目し，そこからとらえられる要素関係の本質を説明しようとするもの」（大月，2020: p.93）である。機能主義では一般的に研究対象（例えば組織）を構成する要素ごとに細かく分解し，要素同士の関係性を自然科学的な研究方法，例えば定量調査などによって解明する。つまり，機能主義は「社会を客観的な事実関係ととらえ，その関係性を機能として説明する」（大月，2020: p.94）のである。機能主義的な組織研究においては客観的な法則を解明し，組織のコントロールを可能にすることが最終的な目的とされる。

　他方，解釈主義とは「社会生活の研究に際し，人間科学の方法の一つである理解を中心に据え，人間行為の意味は当の行為に内在すると仮定し，研究者の課題はそうした意味を解明することであると考える，一群のアプローチ」（Schwandt, 2007: p.160, 訳 p.27）である。解釈主義は，組織を含む社会的世界を客観的な実在物としてはみなさず，人間による主観的構成物として捉え，

「人は共通の言語や日常の生活の相互作用を通して相互主観的に共有された意味としての社会的世界を創造し，維持する」（高橋，1998: p.48）と考える。こうした考え方は組織研究においても援用されており，それらの研究は，組織は人々の相互作用によって相互主観的に構成されると主張する。したがってその研究方法としては，機能主義のように定量的な研究よりもむしろ定性的方法が用いられ，人々がいかに意味を解釈し，それによって組織現象が構築されていくプロセスを描くことに力点が置かれる。

　組織シンボリズムに関して，竹中（2002）は，Morgan et al.（1983）を引用しながら，機能主義者はシンボルを「社会的秩序の維持装置」として捉えるところに特徴があるのに対して，解釈主義者はシンボルを「個人がそれらを通して自らの世界を創造するのに不可欠なメディア」として捉える（Morgan et al., 1983: p.17）と指摘した。その上で，「前者（機能主義）の見解はシンボルの政治的利用論につながり，リーダーやトップといった特権的地位を有するものがいかに既存の組織秩序＝組織文化を操作するかという点に関心を寄せるのに対し，後者（解釈主義）のそれは，当事者がいかにシンボルを駆使して組織文化を構築し，解釈するかという点に関心を寄せるのである」（竹中，2002: p.41）（括弧内は筆者加筆）と主張している。

　このように，組織シンボリズムは組織の中の言語的，行為的，物的シンボルに注目し，組織文化を中心とした組織現象を説明する研究である（e.g., 岩内他，2005; 高橋他，2020）。また，機能主義に立脚する組織シンボリズム研究は，シンボルを使用した組織文化のコントロール，解釈主義に立脚する研究はシンボルを通した組織文化の解釈や維持・創造に関心がある。

Ⅲ．シンボルと組織文化

1．シンボリック・マネジャー

　機能主義の立場からシンボルを用いた組織文化マネジメントの可能性を検討したのが，Deal & Kennedy（1982）である。第9章で説明した通り，Peter & Waterman（1982）は，43社の超優良企業では，従業員が価値観すなわち組織文化に基づいて行動していることを論じた。つまり，「強い文化」は企業

の業績と重要な関係があることを示した。ディールとケネディ（Terrence E.
Deal & Allan A. Kennedy）は強い文化を構築している企業の観察を通し，こ
れらの企業ではどのように強い文化が維持・創造されているかを検討した。彼
らは，強い文化が維持・形成されている企業では，マネジャーがシンボリック
な行動を通して組織文化をマネジメントしていることを明らかにした。そし
て，こうした人々を「シンボリック・マネジャー」と名づけ，彼らがいかにし
て組織文化をマネジメントしているかを指摘した。

　Deal & Kennedy（1982）によると組織文化の中核をなすのは価値理念であ
り，価値理念は「社員全員に共通の目的で結ばれているという意識と日々の行
動の基準」（Deal & Kennedy, 1982: p.21, 訳 p.35）を与える。この価値理念の
形成と強化がシンボリック・マネジャーの仕事である。シンボリック・マネ
ジャーは価値理念のマネジメントのために，英雄，儀礼と儀式，文化ネット
ワークを作り出したり用いたりする。

　英雄とは，価値理念を体現する存在であり，組織メンバーにとっての役割モ
デルとなる人物である。シンボリック・マネジャーは，シンボリックな行為を
通して価値を注入することによってこうした英雄たちを作り出したり，儀礼や
儀式を行う。例えば，メアリー・ケイ・コスメティクスの創業者，メアリー・
ケイ・アッシュは，自分に限界を作らず，忍耐強く努力するという価値理念を
従業員に吹き込むために，メアリー・ケイ流のやり方で好成績を収めた英雄的
社員にマルハナバチを模したダイヤモンドのブローチを褒賞として与える。航
空力学によれば，マルハナバチは翼が弱く，体が重いため飛ぶことができない
はずである。しかし，マルハナバチはそれを知らないため，飛ぶことができる
のだという。つまり，マルハナバチは自分に限界を作らず，努力すれば不可能
を可能にすることを表すシンボルなのである。

　また，組織のメンバーは非公式な仕事をもっており，これらの人々は組織図
とはかなり様相の異なる隠れた階級組織を形成している（Deal & Kennedy,
1982: p.85, 訳 p.121）。例えば，語り役は，社内で起こっていることを説明し，
それに意味を与えることで社員の結束を維持し，皆が守るべき基準を示す。ま
た聖職者は，多くの人の相談を受け，過去の出来事から教訓を引き出すことに
よって文化の価値を保護するし，耳打ち役は上司に様々な情報を入れることに

よって物事を動かす力をもつ。他にも，うわさ屋，秘書の情報源，スパイ，秘密結社といった役割をもつ人物から文化ネットワークは構成されるが，シンボリック・マネジャーはこのネットワークを活用しながら新たな価値を創造したり，維持したりするのである。

　このように Deal & Kennedy（1982）は，組織文化の創造・維持におけるマネジャーのシンボリックな行為に注目した。シンボリックな行為は，「組織参加者に組織で起こっていることを意味づけし，さらにこの行われる活動を取り込み，社会的コンセンサスと社会的定義を作り出し，ラベル化していく」（高橋，1995: p.198）こととなり，これによって組織文化はマネジメントされていく。

2．シンボリック・マネジャー論への批判

　シンボリック・マネジャーの議論は，マネジャーによる文化マネジメントの可能性を模索したが，この議論は機能主義に立脚している（Alvesson & Berg, 1982）。つまり，文化を客観的実在物とみなしつつ，マネジャーが組織文化を操作できることを前提としているのである。坂下（2002）によると，Deal & Kennedy（1982）は「意味が成員によって解釈されたり間主観的に構成されていくことを主張しているのではない。彼らは意味が組織の側から成員に対して一方向的に植えつけられると主張」（坂下，2002: p.199）している。こうした，文化を思いのままに操作しようとする試みに対して，「組織文化エンジニアリング（cultural engineering）」（Alvesson & Berg, 1992: p.149）というやや侮蔑的な言葉を用いた批判もみられる。このように，Deal & Kennedy（1982）を含む機能主義的な議論は，組織メンバーがシンボルや文化をいかに解釈するのか，そしてそうした解釈によって文化がいかに創造されていくのかといった側面については十分に検討していない。

Ⅳ．ドラマツルギーとシンボリック・マネジメント

1．ゴフマンのドラマツルギー論

Goffman（1959）は，人々の相互作用を，劇場におけるシンボルを通した相

互作用として捉えるパースペクティブを提唱した。このドラマツルギーと呼ばれるパースペクティブは，Goffman（1959）の『行為と演技－日常生活における自己呈示』のなかで提唱された。彼はこの著書において「通常の作業状況内にある人が自己自身と他者に対する自己の挙動をどのように呈示するか，つまり他人が自己について抱く印象を彼がどのように方向づけ，統制するか」（Goffman, 1959: p.xi, 訳 p.iii）を論じた。

　ゴフマンのドラマツルギーは，演技や印象操作を通して，状況の定義に影響を与え，他者が自発的に演技者自身の企図に即した行為をしてくれるようになる方法について論じている。ここでいう状況の定義とは，「リアリティ（現実）を構成すること，あるいは経験を組織化すること」（桐田，1986: p.1）であり，人々は状況の定義に照らして意味解釈をし，行為する。つまりゴフマンは，劇作家と役者が観客の前の舞台でストーリーを組み立てて披露するように，個人が自己とその社会的現実を，行為を遂行することを通して形作ることを指摘したのである（Hatch, 2013: pp.180-181, 訳 pp.287-288）。

　演技者は，外面によって演技をする。外面とは演技者が「パフォーマンスの過程で意図的あるいは無意識的に用いる標準的な型の表出装備（expressive equipment）」（Goffman, 1959: p.22, 訳 p.24）であり，舞台装置（setting），見せかけ・外見（appearance），態度（manner）からなる。舞台装置は，演技が行われる背景や小道具である家具・装飾品・物理的配置・その他の背景になる品々である。例えば，英国の高級官僚にとっての高級クラブや医師における大病院がそれにあたる。舞台装置は演出したい自己をより効果的に演出する上で重要な役割を果たすため，英国の高級官僚は高い入会金・年会費を払い高級クラブのメンバーになるし，医師は精巧な医療装置を備える大病院に勤務したいと考える。舞台装置は，表出装備の背景的部分を表示するものである一方，見せかけ・外見と態度は「パフォーマー（演技者）自身と最も密着しているものとみなす諸項，ならびにパフォーマーがどこへ行っても彼につきまとうとわれわれが自然に期待する諸項を表示するもの」（Goffman, 1959: p.24, 訳 p.26）（括弧内は筆者加筆）である。見せかけ・外見は「パフォーマーの社会的地位を伝える機能を〔相互行為の〕時点にもつような刺激」（Goffman, 1959: p.24, 訳 p.27，〔　〕は訳者補足）であり，例えば地位ないし位を示す記章，服装，

性，年齢，人種的特徴，身体の大きさ，容貌，姿態，言葉遣い，表情，身振り
などが含まれる。一方，態度は「その〔相互行為の〕時点で，われわれにパ
フォーマーが将来の状況内ですることを予期している相互行為上の役割を予告
する機能をもつような刺激」（Goffman, 1959: p.24, 訳 p.27）を意味し，例えば
攻撃的態度は演技者が言語的相互作用を開始し，その方向を主導するのは自分
だと期待しているという印象を与える。ドラマツルギー論は，演技者が舞台装
置の中で，見せかけ・外見や態度といった行為的なシンボルや言語的なシンボ
ルを用いながら，社会的現実を構成していく側面を描いている。

　坂下（2002）はゴフマンのドラマツルギー論は，解釈主義的な組織シンボリ
ズム論に対しても意義をもつと主張している。坂下（2002）は，ドラマツル
ギー論は，組織シンボリズム論がもつ理論的論点の一つである，組織文化のマ
ネジメントに対して有力な理論的枠組みとなり得ると指摘している。組織成員
に共有された意味体系を組織文化と捉える場合，シンボリック・マネジャー論
が主張するように，指導的な階層にいるメンバーのシンボリック行為によって
組織文化はマネジメントされうる。吉見（1994）は演じることを「何らかの象
徴的実践を通して意味世界を立ち現れさせていくこと」（吉見, 1994: p.7）で
あると指摘しているが，坂下（2002）も，指導的立場にあるメンバーの「シン
ボリック行為を演技（や印象操作）と見ていくことで，特定の意味体系が共有
され維持されていく『組織のドラマツルギー』が明らかになるかも知れない」
（坂下, 2002: p.177）と論じている。

2．ドラマツルギー論の展開

　ドラマツルギーのパースペクティブは，演技や印象操作といったシンボリッ
ク行為を通して社会的現実を構築していくという視点を提供した。このパース
ペクティブは組織研究のいくつかの分野に援用されているが，その一つがリー
ダーシップ研究である。

　例えば，Gardner & Avolio（1998）はドラマツルギーのパースペクティブ
から，舞台装置としての環境，演技者としてのリーダー，オーディエンスとし
てのフォロワーが状況を定義し，カリスマ的関係性を構築するプロセスについ
てのモデルを提示した。リーダーとフォロワーが相互作用する際，組織に降り

かかる危機の度合い，組織デザイン，そして文化といった環境はカリスマ的関係が構築される土台となる。この環境が，例えば危機的であり，柔軟さを許容できるような有機的な組織デザインであり，変化に慣れている文化であればカリスマ的関係は発生しやすく，反対の環境であればカリスマ的関係は構築されづらい。

　カリスマ的リーダーによるカリスマ的関係を構築するための印象操作は，① フレーミング（framing），② 脚本（scripting），③ 演出（staging），④ 演技（performing）からなる（Gardner & Avolio, 1998: pp.41-47）。Conger（1991）が，リーダーはフォロワーを活気づけつつ，組織目標を伝えるためにフレーミングを行うと主張しているとおり，リーダーはリーダー自身やフォロワーのために意味や社会的現実をマネジメントし，情報が伝達され解釈される背景となるフレームを構築する。構築されたフレームをもとに，リーダーは脚本を描き，「場面を定義し，役者を定め，期待される行動の輪郭を描く一連の方向性」（Benford & Hunt, 1992: p.38）を決定する。次にカリスマ的リーダーは演出を行う。演出とは，「モノ，オーディエンス，局域を最適化，管理，指揮すること」（Benford & Hunt, 1992: p.43）である。なお，ここでいう局域（region）とは，「知覚にとって仕切りになるもので，ある程度区画されている場所」（Goffman, 1959: p.106, 訳 p.124）であり，実際に演技が行われる場所を意味する，ゴフマンが用いた語である。演出では，見た目，舞台装置，小道具や他の種類の人工物を含むシンボルの創造や操作，言語的なもの，非言語的なもの，マスメディアの使用により，カリスマ的なアイデンティティや関係性を構築していくための演技を引き立てる。そして，実際にカリスマ的関係性を構築していくのが演技である。演技では，示範，自己宣伝，取り入り，威嚇，哀願といった印象管理の技法を用いながらカリスマ的リーダーとしてのアイデンティティを構築していく。5つの技法のうち，示範と自己宣伝は特に重要であり，示範によって頼りになり，精神的な支えになる人物としてアイデンティティを構築することができ，自己宣伝によって，信頼でき，革新的で，尊敬され，力強い人物としてのアイデンティティを構築することができる（Gardner & Avolio, 1998）。こうしてカリスマ的リーダーは，一連の印象操作の技法を用いて自己や社会的現実を構築していく。このように，ドラマツルギーは演技

のメタファーを通してシンボリックな行動によるマネジメントを描き出すこと
を可能にするパースペクティブである。

Ⅴ．社会的現実としての組織とディスコースへの注目

1．組織の社会的構成と組織ディスコース

　第9章でも確認したとおり，組織文化および組織は必ずしも組織のトップに
よって恣意的に作られるのではなく，組織メンバーたちの解釈によって構成さ
れていくと理解できる（Smircich, 1983）。こうした組織メンバーによる組織
の創造を解釈的に検討するのに有用となる視点が社会構成主義やポストモダニ
ズムの議論であり，その方法論としてのディスコース分析である。社会構成主
義とは，「究極的真理を否定しつつ，人々の関係の中で世界が構成され創られ
ていく」（高橋, 2003: pp.238-239）ことを前提に社会現象を説明する立場であ
る。この立場は社会構成主義やポストモダニズムに立脚するものであり，組織
の劇場メタファーを考える場合，組織は「すでにそこにあるもの」や「トップ
など特定の人々によってコントロールされるもの」ではなく，人々の関係性の
中で常に作り上げられていくものとして捉えられる。したがって組織は，あら
かじめ決められたシナリオに沿った劇を演じる役者とそれを観客席から鑑賞す
る聴衆という二項対立的な見方ではなく，皆が一体となって円形の舞台上でシ
ナリオのないドラマを演じる劇場として捉えることができよう。

　このように，組織が社会的に構成されると考えるとき，組織を社会的に作り
出す主要な手段が組織ディスコースである（Mumby & Clair, 1997）。組織ディ
スコースとは「我々が組織生活で事実だと思うことを記述し，表現し，解釈
し，理論化するために用いる言語とシンボリックな媒体」（Grant et al., 1998:
p.1）である。コミュニケーション研究で用いられてきた情報伝達の機械モデ
ルは，完全なコミュニケーションは「送り手から送信されたメッセージが形を
変えずに受け手に，きちんと到達したときに成り立つ」（Czarniawaka, 2004:
p.399, 訳 p.627）と考えてきた。したがって，情報伝達の機械モデルを採用す
るコミュニケーション研究では，素早く，正確に，誤解のない情報伝達こそが
適切なコミュニケーションであり，余計なノイズは排除されるべきであると議

論されてきた。一方，組織ディスコース研究においてディスコースは，単なる言語やコミュニケーションを超えて組織の社会的現実を創造する存在であると捉えられている。つまり，ディスコース的アプローチは「言語がどのように現象を構成するのかを研究するのであって，言語がどのように現象を反映し，明らかにするのかを問題とするのではない」(Phillips & Hardy, 2002: p.6)。コミュニケーションや言語は単に情報を伝達したり，現実を映し出したりするだけではなく，組織的現実を作り上げていく存在なのである (Phillips & Oswick, 2012: p.439)。こうした，言語のもつ，現象を「形成する力 (formative power)」(Fairhurst & Grant, 2010) に注目し，「言語が組織的現実をいかに構成するかを強調する」(Hardy et al., 2005: p.60) のが組織ディスコース分析である。

　言語がもつ，組織的現実を形成する力に注目するにあたり，組織ディスコース研究では，具体的には対話と会話，ナラティブとストーリー，レトリック，比喩に注目する。例えば，関係のプロセスを通して会話と対話がいかに組織化をもたらすか，ナラティブとストーリーがセンスメーキングにおいてどのような影響をもたらすのか，組織が何かを成し遂げようとするときどのようにレトリックが用いられるのか，いかに比喩が感情的，認知的，経験的繋がりを喚起する類似性の認識を通じてセンスメーキングの手助けをするか，といったことが研究されている (Grant et al., 2004b)。また，組織研究のトピックとしては，アイデンティティ，制度，戦略，組織変革 (Phillips & Oswick, 2012) や関係的プロセスとしてのリーダーシップ (Fairhurst & Uhl-Bien, 2012)，ジェンダー，パワー，組織文化 (Grant et al., 2004a) など広く研究が行われている。

　このように，組織現象の構成における言語の役割に注目するのが組織ディスコース研究である。この組織ディスコースという視点は，組織文化や組織シンボリズムの研究にも非常に大きな意義をもっている。Alvesson (2004) は「文化の理解には，社会的なコンテクストにおける言語使用の注意深い解釈がしばしば必要」(Alvesson, 2004: p.317, 訳p.504) と主張し，組織文化の研究における言語の役割に注目する必要性を主張している。組織文化は「組織の意味形成 (sense making) のプロセスであり，その結果としての人為的構造物」(高橋, 1998: p.74) であるが，Alvesson (2004) は，意味は単に存在するのでは

なく，ディスコースによって，そして，ディスコースのなかで構成され，した
がってディスコースを意味創出の力として捉える必要がある（Alvesson, 2004:
p.317, 訳 p.504）と論じている。このように，ディスコース研究を用いること
により，組織メンバーの日々の会話と対話，組織のなかに存在し，シンボリッ
クに用いられるナラティブや物語などによって組織文化がいかにして形成され
ていくのかについて検討することが可能となるだろう。

2．劇場メタファーとしてのポリフォニー論の可能性

　組織はトップによって一意的に作られるのではなく，多様な組織メンバーに
よって社会的に構成されると考えるならば，「組織の状況を特徴づけるディス
コースはたった一つだけではない」（Grant et al., 2004b: p.14, 訳 p.21）。その
ため，組織をディスコースの観点から検討するにあたり，より多様なディス
コースを捉える必要がある。その際，組織に関わる人，特に組織メンバーがい
かに組織のなかで実践を行っているかを探る手がかりとなるのがポリフォニー
（多声性，polyphony）である（高橋, 2010: p.100）。ポリフォニーはもともと
音楽用語であり，例えば，パッヘルベルの「カノン　ニ長調」やバッハの「小
フーガ　ト短調」のように，複数の独立した旋律（メロディ）が同時に進行す
る音楽のことを指す。バフチン（Mikhail M. Bakhtin）がドフトエフスキーの
小説を分析する際にポリフォニーという概念を援用したことを契機に，近年，
社会科学の分析にも導入されている（高橋, 2010: p.100）。

　組織をポリフォニーとして捉えるということは，組織のなかの多様な声に注
目するということを意味し，ポリフォニーの概念は「多様なロジックの共−存
在，相互作用，そして相互定義を認める」（de la Ville & Mounoud, 2010:
p.186）点に特徴がある。多様性の概念はポストモダニズムの一つの特徴であ
り，この多様性を組織分析に取り入れることによって組織を客観的かつ法則定
立的に説明しようとする機能主義とは異なり，組織の解釈的側面を描くことが
でき，同一の組織でも解釈する人によって異なるものとして構成されることが
説明できる。例えば，ある人物は自社を，積極的に商品開発を行う革新的な組
織であると捉える人物もいれば，創業から同一の事業を中心に据え続ける保守
的な組織であると捉える人物もいるかもしれない。また，トップと現場では自

社に対する考え方が全く異なるというケースも珍しくない。では，このように組織に対する解釈が人によって異なる場合，いったい誰の理解がその組織を正しく描き出しているのだろうか。おそらくどの解釈も正しく，組織の現実はこのように非常に多様で多面的に構成される。したがって，その組織を理解するためには，多様な人々の声に注目する必要がある。ポリフォニーは多様な人々の声を捉え，多角的に組織あるいは組織で起こる現象を捉えるための概念であるといえる。したがって，組織のなかの多様な声に耳を傾けるポリフォニーというアプローチが，組織現象をより多面的に描き出すうえで有用となり得る。

Ⅵ．劇場としての組織

　組織を劇場のメタファーとして議論することは，新たな組織の理論を展開する一助であるといえる。本章では，組織シンボリズムやシンボルの概念を確認し，シンボリック・マネジャー論，ドラマツルギー論，およびポリフォニー論を紹介し，研究方法としての組織ディスコース研究を議論してきた。

　劇場メタファーにおいては，組織文化や組織シンボリズムの研究から劇場としての組織を機能主義パラダイム，解釈主義パラダイムのどちらからも議論することが可能である。ただし，社会構成主義やポストモダニズムのパースペクティブからの組織の劇場メタファーの検討は，ボールディングのシステムの複雑性階層レベル8，すなわち社会システムを理解するための重要なステップとなり得る。

第11章

ジャズバンドとしての組織

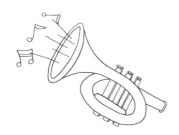

Ⅰ．ジャズバンドのメタファー

　組織を捉えようとするメタファーの中で，比較的メジャーなものとして「楽団」メタファーがある。クラシックオーケストラを思い浮かべてみよう。奏者たちがまず準備を始める。奏者たちが所定の位置に着席・スタンバイするとコンサートマスターが登場し，一礼をした後にコンサートマスターの指示でチューニングが始まる。チューニングが終わると，指揮者が登場する。指揮者の登場とともに奏者たちは立ち上がり，観客席を向いて軽く一礼をする。この一礼が終わると緊張感は一層増し，演奏の最終準備として，奏者たちは指揮台の上に上がった指揮者の合図を待つ。この静寂は指揮者の合図とともに演奏が開始されると破られる。演奏中も奏者たちは，今までの練習と楽譜と指揮者の指揮を信じて，楽譜に従って一糸乱れぬ演奏をするのがクラシックオーケストラのイメージである。

　クラシックオーケストラとジャズバンドは，楽団という分類は同じであるが，その演奏手法はかなり異なっている。観客目線からでも気づくことのできる特徴の違いとしては，クラシックオーケストラには基本的に指揮者が存在するが，ジャズバンドには基本的に指揮者が存在しない。クラシックオーケストラでは，指揮者の指示によって奏者たちは楽譜に従いながらも演奏を変化させる。それに対して，ジャズバンドでは各セクション（一般的には複数の種類の楽器の組み合わせのことをセクションと呼ぶ）の動きに合わせて他のセクションも流動的に演奏を変化させていくため，必ずしも指揮者が必要にならない。さらに代表的な特異点としては，即興演奏の有無があるだろう。クラシック

オーケストラでは，奏者が全くの独自の判断で，指揮者の指揮や楽譜にないことを行うことはできない。クラシックオーケストラでは，奏者はあらかじめ決定されている楽譜の解釈と指揮者の指揮を厳守することが求められる。それに対してジャズバンドの演奏では，各セクションの動きに呼応するように既存の楽譜に即興でアレンジを加えて演奏される。奏者たちは，独自の解釈と改変が可能であり，この即興演奏も演奏される作品の一つとなる。

　クラシックオーケストラは，組織に「ベストプラクティス」を提供する見事なメタファーであった。奏者たちは明確に役割分担され，指揮者・コンサートマスター・パートリーダーなどの明確で堅固なヒエラルキーが存在する。そして，指揮者は強力なリーダーシップを発揮する。演奏される曲には楽譜という設計図がある。指揮者は楽譜を正しく解釈し，その解釈に基づき，奏者たちに的確な指示を与える。奏者たちは，その指示を具現化していく。そこで素晴らしい成果（＝演奏）が達成される。このようなクラシックオーケストラとしての組織のベストプラクティスを考えると，プロフェショナルな従業員，強力なリーダーシップを発揮する経営者・管理者によって構成され，そこに完全な計画書を作成することが重要であるということになるであろう。そのうえで，明確な役割分担とヒエラルキー，そして正しくリーダーシップを発揮することが求められ，計画書にあるシナリオ通りに行動することが組織のベストプラクティスとなるだろう。古典的な組織論においては，組織は上述したようなクラシックオーケストラのメタファーで捉えられてきた。あるいは，クラシックオーケストラのなかに組織の唯一最善の方法を見出そうとしてきた。

　しかし，2000年前後にこれとは異なる楽団，すなわち，本章の題名でもあるジャズバンドをメタファーとして組織を捉えなおすという動きがでてきた。この指揮者や即興の存在の有無からも，クラシックオーケストラをメタファーとした組織と，ジャズバンドをメタファーとした組織の違いも，それとなく感じることができるのではないだろうか。

　この新しいメタファーは，従来の客観主義的な組織概念の再定義・再構築を進めるという潮流から始まった。その端緒は，社会心理学者・経営組織研究者のワイク（Karl E. Weick）の組織化理論やセンスメーキング理論に求めることができよう．

　本章では，ジャズバンドとしての組織について理解するために，主に
Weick の組織化理論，センスメーキング理論を中心に議論している[1]。

Ⅱ．動態・プロセスとしての組織化

1．「組織」から「組織化」へ

　「組織」とは，確固とした客観的な実在物であろうか。少なくとも伝統的な
組織論は，この問いに対しては肯定的な前提をもって議論されてきた。組織と
はその組織メンバーとは独立した一つの客体として実在し，それ故に，組織メ
ンバー＝人間は客観的に組織を観察・分析することが可能であるとみなされ
る。組織とは，全く組織メンバーとは切り離された道具＝機能として捉えるこ
とができるので，組織メンバーが組織をコントロールすることが問題となって
きたのである。すなわち，例えば「組織をいかに合理的に管理するか」「組織
を機能的に，ないし合理的に説明するか」などといったことが論点となってき
た。

　しかし，伝統的な組織論が議論してきた「合理性」という神話が綻び始める
と，伝統的な組織が前提としてきた本節冒頭の問い「組織は確固とした客観的
な実在物であるか」に対する前提を見直そうという流れが出現する。このよう
な組織の認識をめぐる諸議論のなかで，組織の認識を徹底的に転換させようと
した研究がワイクの組織化論であっただろう。

　　「組織が行為する」というとき，“組織”という１つの名詞があるので，そ
　れに対する何らかの実在－すなわち，独立した固有で不変なそして他の物と
　主語－述語の関係になりうる物－を想定してしまう。われわれが避けたいの
　は，組織をこのように独立した力とか機関として扱うことである（Weick,
　1979: p.34，訳 p.45）。

さらに曰く，

　　組織について語るとき，名詞をたくさん使いたくなる。しかし，そうした
　名詞は記述すべき状況にあらぬ安定的イメージを与えてしまうようだ。組織

を理解しようとするなら，名詞を根絶すべきだと言いたい（Weick, 1979: p.44, 訳 p.58）。

　本節冒頭に述べた問いに戻ろう。以上に引用した Weick（1979）の組織観によれば，「組織は確固とした客観的な実在物であろうか」という問いは，否定されることになる。Weick（1979）は，組織（Organization［名詞］）は組織メンバーから独立した固有で不変な力や機関として誤って認識させる可能性があるため使用すべきでなく，組織化（Organizing［動名詞］）を用いる必要があると主張した。この点について，稲垣（2002）は，Weick（1979）の「（「組織」という名詞を用いることは）静止したスナップショットを組織の重要なリアリティだと誤解する」（括弧内筆者補足）（Weick, 1979: p.43, 訳 p.56）との主張を，「組織現象という流れのある時点で切り取られた一断面に見てとれる固定的な関係性としての『構造』から，流れあるいは動きとしての組織現象と捉えるための『過程』へと移行することを示している」（稲垣, 2002: p.185）と解説する。

　以上のように，ワイクは組織とは何らかの実体ではなく，組織成員の頭あるいは心のなかに存在するにすぎない存在と考えた。組織は固定的・静的（static）な物体・実体ではなく，動的（dynamic）なプロセスであると考えたのである。ただ，我々はスナップショットのように，組織化のプロセスの一瞬を捉えた静止画を「組織」の全てであると勘違いしているにすぎない。しかしながら，静止画を眺めているだけでは，組織の一部しか理解することが叶わないにもかかわらず，それをもって組織を理解しようとすること，理解できたと勘違いすることをワイクは危惧しているのである。組織は「組織」ではなく，「組織化」であり，組織化を理解するためには，それをプロセスとして理解する必要がある。

2．組織化のプロセス―ESR モデル―

　ワイクは，組織化を「意識的な相互連結行動（interlocked behaviors）によって多義性（equivocality）を削減するのに妥当と皆が思う文法」（Weick, 1979: p.3, 訳 p.4）と定義した。この定義には，第1に社会は，社会成員の意

識と相互行為によって成立しているという社会観が反映されている。この社会観に基づけば，組織もまた社会の一形態であり，組織は組織成員の意識と相互行為によって成立していることになる。この理解に加えて，第2に，組織成員間の相互作用によって組織に運び込まれる多義性を削減するというように，組織成員の相互作用に焦点を当てた情報処理的思考が前提となっている。これは，本書第5章で述べたような情報処理の考え方ともまた，一線を画する考え方である。これらの前提をもとに，組織化とは，組織成員の相互連結行動を規定するルールそのものが組織化であると Weick は考えた。

　組織化のプロセスは，ESR モデル，あるいは進化論モデルと呼ばれている。これは組織化を，インプットの多義性が削減されるプロセスとしての自然淘汰の過程になぞらえたものである。ESR モデルは，主に生態学的変化（ecological change），イナクトメント（enactment），淘汰（selection）そして保持（retention）の4要素から成り立っている（図表11-1参照）。

　多義的な情報から組織化のプロセスは始まる。あらゆる物事は常に変化している。にもかかわらず，必ずしも人間は全ての変化を認識していない。それは，変化がスムースなものであるならば，人間はその変化を認識しない，あるいはできないからである。しかしながら，そこに人間が認識できる程度の変化が起こった時，その機会を生態学的変化と呼ぶこととする。この生態学的変化は，イナクトされうる環境（enactable environment）の素材を提供することになる。行為者たちが変化を認識したとき，彼ら／彼女らはその変化に対してより深い注意を払おうとし，変化を隔離しようとする。この変化を抜粋し，隔離することをイナクト（enact）あるいはイナクトメント（enactment）という。さて，このように抜粋され，隔離された変化は，組織や組織成員たちにそ

図表 11-1　組織化の ESR モデル

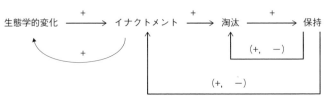

（出所）　Weick（1979: p.132, 訳 p.172）。

れを処理する情報がないため，多義的な情報を組織に提供することになる。こ
のように提供された多義的な情報は，組織化のプロセスの中でいくつかの解釈
があてがわれることになる。いくつかの解釈があてがわれ，組織成員達が多義
的な情報に意味をあてはめていくと，多義性が削減される。この過程を淘汰と
呼ぶ。多義性の淘汰が進み，合点のいく意味が形成されると，そのルール，規
則，ワイクの言を借りれば「文法」は組織に貯蔵されることになる。この貯蔵
の過程を保持と呼ぶ。保持されたルール，規則，あるいは文法は，次に同様の
変化が起きた場合には参照され，また異なった変化が起き，多義性が組織に流
入してくると，参照されつつも見直されることになる。つまり，保持の過程
は，イナクトメント・淘汰のプロセスから影響を受けるだけでなく，のちにイ
ナクトメントや淘汰のプロセスに影響を与えるようになる。

　ワイクの組織化の概念のカギとなる要素は，「多義性の削減」にあるといえ
るだろう。多義性とは，組織化のプロセスに流入する曖昧で，不確実で，そし
て多義的な情報である。これが組織化に流入すると，そこには思いつく限りの
多くの可能性や結果が存在することになる。組織化のプロセスとは，この思い
つく存在するであろう多くの可能性や結果の数を削減し，一定レベルの革新を
確保する。つまり，組織化のプロセス下で，組織成員はある事柄についての妥
当な解釈を巡って時間を費やしているのである。

Ⅲ. 意味の世界へ

　組織化のプロセス，つまり，ESR モデルをみてきたことで了解できたよう
に，組織化のプロセスについての議論では，組織構造や組織デザインといった
物理的なものの構成ではなく，組織成員たちがいかに多義的な情報に取り組む
かといったプロセスに注目している。もはや，組織化の議論は，意味の世界へ
進んでいくのである。

　さて，ワイクは1995年に発表したセンスメーキング論のなかで，センス
メーキング（sense making）の過程から組織化を理解しようとした。ワイク
は，センスメーキングの過程を考える際に，第1に Wiley（1988）の社会学に
ミクロ−マクロ分析におけるレベルとしての主観性の分析と，第2に Barley

(1986) の構造化理論に依拠して捉えている。

　まずは，Wiley のミクロ－マクロ分析における主観性のレベルの分析からみていこう。

　Wiley は“組織”をたしかに一つの固有のレベルとしては論じなかったが，私としては，組織化を間主観性と集主観性の間を行き来する運動と捉えたい。組織化とは，生き生きとしてユニークな間主観的理解と，初期の間主観的構築に参加しなかった人が身に付け，維持し，拡大していく理論とが入り混じったものであると私は考えている（Weick, 1995: p.72, 訳 pp.98-99）。

　Wiley（1988）は，主観と客観という二分法を避け，社会学の分析レベルには4層のレベル，すなわち個人，相互作用，社会構造，文化といったレベルに対応する主観のレベルがあると論じた。主体との関係を基準に階層を分け，異なるかたちの主観が問題になると考えたのである。それらの社会学の4層の分析レベルには，それぞれ別の主観が存在すると Wiley（1988）は述べている。第1の個人のレベルでは内主観性が問題となる。内主観性は，「われわれ（我々）」という感覚以前の完全なる個人的な「私」がもっている感覚であるといえる。第2の相互作用のレベルでは，間主観性のレベルが問題となる。コミュニケーションしあう2人以上がもつであろう「われわれ（我々）」という感覚が生起する段階である。2人以上の人間のコミュニケーションが可能なのは，彼ら／彼女らの間に共有する主観が存在するからである。その相互行為が可能になるレベルで共有されている主観が，間主観性という言葉で表すことができる。社会構造のレベルでは，集主観性が問題となる。集主観性は「われわれ（我々）」の感覚を超え，社会集団や制度の成員であるという感覚が生起する段階である。社会集団や制度が維持可能なのは，その成員達が共有している主観があるのであり，その主観が集主観性であるといえる。そして文化のレベルでは超主観性が対応している。超主観性は，社会集団を超え，文化や民族や宗教とったレベルで当然視され，その成員であれば誰しもが無意識的に共有している主観であるといえる。

　このワイリー（Norbert Wiley）の分析レベルの言及に従えば，組織とは集

主観性に対応することになると考えられる。とはいえ，ワイクの引用にあるように，ワイリーは組織に対して，どの主観性が問題になるかは論じなかった。そして，Weick（1995）はこの Wiley（1988）の4層の主観のうち，間主観性と集主観性が組織化に関連のあるものであるとし，センスメーキングのプロセスを間主観性と集主観性の間を行き来する運動と捉えたのである。

　この間主観性と集主観性を行き来する運動，その様相としての組織化をワイクは Barley（1986）の構造化理論を参照しながら組み立てている。Barley（1986）は Giddens（1993）などの構造化理論にみられる「構造化」という概念を組織の分析に当てはめ，図表11-2のように構造化のイメージを描いている。

　Barley（1986）は，構造を進行中の行為の流れや行為を反映したり抑制したりする，一連の制度化された伝統や形態としてみることができると述べている。この構造を流れ・動的なものとして捉えようという視点は，組織を流れ・動的なものをして捉えようというワイクの視点と非常に似ている。バーリー（Stephen R. Barley）も構造ではなく，構造化（structuring）という言葉を用いて，それらの人間の行為と行為によって形作られる制度を行き来する運動のことを「構造化」としたのである（Barley, 1986: p.80）。

　Barley（1986）は，当時の最新技術であった CT スキャナーが，それを導入した病院の組織構造にどのように影響を与えるか，また他方で，病院（病院の

図表11-2　構造化のプロセスの並行モデル

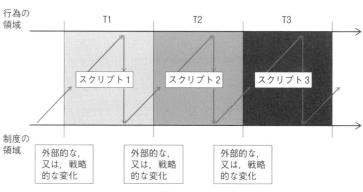

（出所）　Barley（1986: p.82）を筆者邦訳。

メンバー）は新技術である CT スキャナーやそれに影響を受け構成された組織
構造をどのように解釈していくかについて，2 つの病院を対象に観察・調査を
し，そのプロセスを明らかにした。彼の研究は，それぞれの病院において変化
をいくつかのフェーズに分け，それぞれのフェーズでどのような相互作用が
あったかを議論することによって進められている。この研究では，2 つの病院
が同一の最新技術（と技師）を導入したにもかかわらず，全く異なった構造化
のプロセスがみられたことを報告している。Johnson et al.（2007）は Barley
（1986）では，技術を物理的なものではなく社会的なものとして捉え，技術と
組織形態の関連について，技術がいかに制度化された役割や相互作用の型に変
化をもたらし多様な組織構造を生み出すかについて，新しい理論的な輪郭を得
ようとしていると評価している（Johnson et al., 2007: p.83, 訳 p.107）。

　ワイクのセンスメーキング論に戻ろう。ワイクは，このバーリーの構造化の
プロセスに関する 2 つの領域，すなわち「行為の領域」を間主観性に，「制度
の領域」を集主観性に対応させている。なんらかの多義的な情報が流れ込んで
くると，組織成員たちは相互行為を通してその多義性を削減しようとする。そ
の相互行為は間主観的なものであり，バーリーのいう「行為の領域」において
行われるものである。この「行為の領域」において行われる多義性の削減に関
する文法が保持されると，それは集主観的なものとなり，「制度の領域」にお
いて一度固定される。行為者は，次になんらかの行為を遂行する際には，制度
の領域にある文法を参照する。その意味において制度の領域にある文法は，行
為の領域における相互行為を規定する。しかしながら，新たなフェーズに移行
するような，生態学的な変化，すなわち行為者たちに認識されるような変化が
起こった場合には，制度の領域に保持されているものを参照しながら，生態学
的変化によってもたらされた多義的な情報を処理しようとする。制度の領域に
保持されている文法では処理しきれない場合，新たな解釈をあてがいながら行
為の領域において間主観的に相互行為を遂行し，その行為は制度の領域におけ
る文法を見直し，保持しなおすのである。

　また，組織化のプロセスに新たに参加した新参者たちは，制度の領域におい
て保持されているものを身につけ，それをもとに既存の組織成員たちと相互行
為するようになる。このプロセスが組織の新参者の社会化，つまり，組織の一

員として認められるということになる。組織の新参者は制度の領域において保持されている文法を使いこなせるようになると同時に，その文法を維持し，さらには拡大していくことで，組織化のプロセスを構成していくのである。

　このように組織化は，組織成員たちの意味形成の場としても捉えることができる。その意味において，ワイクは組織を解釈システム（Daft & Weick, 1984）と呼ぶこともある。組織には，常に多義的な情報が流れ込み，その情報の解釈の仕方を探し求め，組織成員たちが妥当だと考える解釈の仕方＝意味を形成していくのである。つまり，組織化は「多義的情報」から始まり，多義的情報を組織成員にとって解釈可能なように意味を作り上げていく（センスメーキング）過程が組織化のプロセスであるといえるのである。

Ⅳ．ジャズの即興としての組織化

　解釈システムあるいはセンスメーキングの場としての組織化のプロセスという組織についての説明図式をさらに敷衍する形で，ジャズバンドにおける即興をメタファーとした組織論が展開されるようになる。もともと，以上にみてきた組織化やセンスメーキングのプロセスと，ジャズの即興は非常に相性が良い考え方であった。

　導入の部分でもみてきたように，組織を説明するために楽団のメタファーはよく利用されてきた。しかし，この楽団というのは，クラシックオーケストラであった。指揮者たる経営者・管理者がおり，楽器奏者たるフォロワーがいる。楽器奏者たるフォロワーたちは，厳密に役割分担されており，かつ明確なヒエラルキーによって統制されている。彼らの行動は，楽譜たる計画書によって規定される。組織は以上のような説明によって理解されてきた。あるいは，組織のベストプラクティスを，クラシックオーケストラをメタファーとして探っていたともいえる。

　それに対して，ジャズバンドには一般的に指揮者はいない。演奏者たちが自分たちの判断で演奏を変化させる。その相互行為によって一つの音楽を創り出していく。ジャズバンドとしての組織とは，指揮者としてのリーダーと，楽譜としての計画書の一義的な指示によって，奏者たるフォロワーがそれを遂行し

ていくイメージとは異なり，奏者たちがその場で要求される演奏を相互に行い
ながら，一つの音楽としての組織を作り上げていくイメージである。

　Weick（1998）は，組織は様々な二律背反を本来的に抱えていると指摘する。
コントロール vs イノベーション，活用（exploitation）vs 探索（exploration），
ルーティン vs 非ルーティン，自動 vs 制御，といった二律背反である。クラ
シックオーケストラとしての組織，すなわち伝統的な経営組織論では，この二
律背反でいえば，コントロール・活用・ルーティン，制御といった側面を強調
してきた。しかし，こういった流れに対して，例えば March（1976）は，以
下のように指摘する。

　　社会にとって，組織にとっていや個人にとって，理性や知性の猛威の前に，
　　目的の発見，発展が阻害され，首尾一貫性がやたら複雑緻密な形になるとい
　　う要らざる結末を招いている。そのようなことから抜け出すために，われわ
　　れは，個人や組織があまり適切な理由がなくても何かやって実験してみた
　　り，自分自身の像と戯れてみるような仕掛けを見つけたり作ったりしなけれ
　　ばならない（March, 1976: p.78, 訳 p.127）。

　伝統的に組織論では，「理性」と呼ばれる目的先与性，首尾一貫性，客観的
合理性が重要視されてきた。しかし，それらを前提に組織の行動を理解しよう
と試みることによって，むしろ組織の行動はがんじがらめになり，組織の行動
の理解は困難になっていくとマーチ（James G. March）は喝破した。

　ワイクは，これらの二律背反はどちらかを優先するといった選択の問題では
なく，同時的なものであるとした。実際の組織の活動は，これらのどちらかを
選択するのではなく，これらの二律背反を調和させるものである。ワイクも
マーチと同様に，従来の組織理論は，特に秩序とコントロールを問題としてき
たために，もう片方の概念に注意を払ってこなかったか，軽視していると主張
する。この問題のために，従来の組織理論では，組織の実態を捉え切れていな
いと考えるのである。

　ジャズバンドの即興というメタファーは，組織がもつ二律背反を調和させな
がら，実際に活動している組織を描写し，説明する図式を提供することを意図

している。ジャズバンドでは，楽譜という秩序を前提にしながらも，その秩序のなかで即興的な演奏が求められる。つまり，既存の秩序をもとに新たな秩序を創り出す過程が，ジャズバンドの即興のイメージである。組織化には，もともとバーリーのいう「制度の領域」における文法，つまり前提となる秩序が存在していたとしても，「行為の領域」においてその秩序を利用しながら組織的即興が生まれる。組織的即興は，組織化における新たな文法＝秩序として，次なる即興を創り出すのである。

　ジャズバンドの即興としての組織観は，組織化のESRモデルやセンスメーキング論の限界を超えようとする試みであったといえる。今まで述べてきたように，管理者や計画書によって一義的に設計された決定論的な組織観から，組織成員の相互作用に基づく主意主義的な組織観への転換自体は，ジャズバンドの即興としての組織観の出現の以前，ESRモデルやセンスメーキング論においても志向されてきた。しかし，ESRモデルやセンスメーキング論にもいくつかの限界が指摘されている。

　組織化のESRモデル（図表11-1）では，必ずしも組織の変革プロセスを説明しきれていなかった。遠田（2002）は，ワイクのESRモデルについて次のように指摘する。

　　ワイク（Weick）は，このような常識[2]をさしたる理由も示さずに“疑え”という。それもイナクトメントか淘汰のいずれかで“信頼”しつつ疑え，と。ただ疑うだけでも難しいうえに，“信じながら疑え”という。ワイクのこの勧告は事実上不可能に近い（遠田，2002: p.29）。

　この遠田の指摘は，ワイクのESRモデルにおける保持がイナクトメントと淘汰に対する影響について，ワイクは保持がイナクトメントと淘汰への作用の効果について過去の経験を信頼するかしないかの決定によるものであるという主張に対するものである。遠田の指摘は，この主張に対して組織がイナクトされた環境を何の理由もきっかけもなく恣意的に疑ったり否定したりすることは考えられないのであり，どうして過去の経験が疑われるようになるのかと批判しているのである。

　また，遠田は組織において保持はどのように行われ，保持内容の維持や修正はどうなっているのかという問題を挙げる。その上で，彼は組織化の進化論モデルでは，保持されているイナクトされた環境と淘汰ステップで選択された解釈との力学や，ダイナミズムに関して何も言及されていないとも批判している。これらの批判は，要約するとESRモデルやセンスメーキング論は，組織化の過程でいかに組織の意味が形成されていくかという説明は非常に明確になされている反面，一度形成された意味を組織化の過程のなかで捉え直すという理論的根拠が薄いものであるということになる。つまり，ESRモデルやセンスメーキング論における組織化のプロセスも，既存の伝統的な組織論の組織観に比べれば，ある程度において能動的であるが，保持内容の見直しに関する議論が欠けているために，まだ受動的であるということがいえるのである。

Ⅴ．ジャズメタファーとしての組織

　これまで組織をジャズバンドのメタファーとして理解するために，クラシックオーケストラのメタファーと対比しながら，Weickの組織化理論やセンスメーキング理論を中心に組織と組織の理論を説明してきた。組織現象を従来のマネジメント論や組織の機能主義的理論とは異なる視角より理解しようとする理論展開であり，意味の世界や多様な変化を捉えることのできるジャズのメタファーは，これまでの組織変革論やマネジメント論における今後の組織研究において多大な貢献を果たしているといえる。

　ジャズバンドとしての組織化とは伝統的な組織論が前提としてきた，経営者や管理者，計画によって一方的に決定される組織観ではなく，組織成員の相互行為によって形成されるという新たな組織観から組織を理解しようとするメタファーであった。クラシックオーケストラとしての組織観においては，組織の経営には，まずもって計画（＝楽譜）が存在し，それを明確に役割分担されたメンバーたちによって実行される。組織における成員たちの行為は，多くの場合，管理者や経営者によって決定された計画に基づいてなされるのであり，その意味で成員たちの行為は計画と一致させることが求められる。以上のことからクラシックオーケストラとしての組織観に基づいた組織論は，組織における

計画および，計画に基づいた合理的な実施が主な論点となる。それゆえに，ク
ラシックオーケストラをメタファーとした組織は，固定的であり，組織の結果
を理解することが重視される。

　しかしながら，ジャズバンドのメタファーによれば，組織は計画して実行す
るのではなく，計画しながら実行するのである。むしろ，実行されるからこそ
計画が生み出されるという側面も指摘できるだろう。組織とは組織化の現象で
あって，固定的・静態的な実体として組織を捉えるのでは組織の理解には不十
分である。組織化の現象は，流動的であり，プロセスとして理解される必要が
ある。そして，それは，ただ何か決められたコースを流れるのでもなく，組織
成員の間主観と組織の集主観を行き来する主意的な往還運動である。ワイクの
「組織を理解しようとするなら，名詞を根絶すべきだと言いたい」（Weick,
1979: p.44, 訳 p.58）という主張こそが，組織を理解するために最も重要なの
ではないだろうか。

　ジャズバンドのメタファーは，組織についての新たな視点を提供し，組織の
変革の問題や，新たなマネジメントの在り方を議論するのに多大な影響を与え
た。他方で，ジャズバンドのメタファーをもって，組織が変化することへの説
明が完成したとは言い難いということは，前節でも述べたとおりである。ジャ
ズバンドの即興としての組織は，秩序から新たな秩序を生み出していくという
組織成員の能動的な相互行為に焦点を当てた組織観であるといえる。この組織
観を通して，特に組織化の過程における保持内容の見直しなどの，組織におけ
る変化の兆しとそのメカニズムを解明するために重要な一要素の議論を試みて
きた。組織は基本的には秩序の問題であり，秩序の破壊や変革を扱うのは難し
い。とはいえ，組織における秩序の破壊や変革もまた組織の現象である以上，
組織における秩序の変革や破壊の現象をより正確に明らかにすることは，今後
より重要になってくるだろう。

【注】
1）　以下の議論は，寺本（2014）の議論を加筆・修正したものである．
2）　「このような常識」とは，環境想像力というものがあって，自己肯定的で，それだけで否定しに
　　くい側面があるものである。常識は，それが常識であるがゆえに，ほとんどの人がその適切性を
　　チェックしない。これがまた常識を変わらざるものののようにしている（遠田, 2002: p.29）。

第 12 章
議会としての組織

Ⅰ. 議会のメタファーとしての組織

　日本を代表する議会（国会）の二院制のルーツとされるイギリスで，議会が初めて登場したのは 8〜9 世紀にさかのぼる。13 世紀末には，当時の中心的議題であった租税を扱う模範議会（model parliament）が生まれた（上田, 2020）。議会とは，そもそも立法権を付与された合議制の機関を意味し，絶対王政にみられるようなパワーの集中を避けるべく，三権分立（立法，行政，司法）が考案され，その一翼を担うものである。イギリスの当初の模範議会は，高位聖職者，世俗貴族，州代表・都市代表という 3 つの身分から構成され，この貴族と平民が同じ場で審議していた時代から，14 世紀には平民からなる庶民院が貴族院から独立・分離し審議を行うこととなる（松園, 2018）。この時代の二院制が今日のイギリス議会へとスムーズに移行したのではなく，国王による専制政治によって無議会が発生したり，庶民院は貴族院の合意なくとも法律を制定できるという「下院（庶民院）優越」の原則や，良識としての上院（貴族院）のもつ修正機能が生成されたりするなど多様な歴史を経て立ち上がった。日本の場合，こうした歴史を経ず，戦後に形式としての二院制（衆議院・参議院）が敷かれ「ねじれ国会」の問題も生じた。そもそも日本の採る議院内閣制は国の立法と行政の権力分立の原理が機能しにくい側面をもつともいわれ，構造そのものがパワーの集中しやすさの源泉ともなっている。
　日本ではもともと公式の場での議論や決定は形骸化しがちであり，インフォーマルな説得や交渉によってあらかじめ合意を形成する，用意周到な根回しが行われたり御意見番のイデオロギーを忖度したりし，現代は「総意」と呼

ばれるものが事前に不透明に形成されがちである。このため重要な議会案件ほ
ど，党派を越えた綱引き，正統性の武装，反対派による影響力の阻止などのイ
ンフォーマルなパワー抗争が展開される傾向がみられる。

　このような議会のメタファーから組織を捉えるなら，オーソリティー，パ
ワー，ポリティカル活動によって個人や集団，全体の利害を調整するシステム
とみなすことができる。本章はパワーという構成概念を中心に据え，組織論で
はいかにこれをマネジメントする研究が展開されてきたか，どのような因果関
係の説明が行われてきたか，資源依存パースペクティブやパワー・コンフィ
ギュレーションの理論などをもとに概観する。

Ⅱ. パワーとは何か

1. パワーの定義

　パワーという概念は，人間関係論の普及のプロセスで "dirty word" として
回避されがちであり，微妙かつ複雑であいまい性をもつため，プロセス概念の
なかでリーダーシップほどに理論的，実証的開拓が十分でなかった（野中ほ
か，1978: p.201）。また経営者によるコントロールを脅かしうるものと捉えら
れ，政治的活動につきものの非効率性ゆえにほとんどの初期のモダニストに注
目されなかった（Hatch, 2013）。こうしたなかで，ウェーバー（Max Weber）
やフォレット（Mary P. Follett）などの古典を除けば，先駆として紹介される
のが米国の政治学者のデール（Robert Dahl）による1950年代の研究である。
デールはパワーを，「AがBに対してパワーをもっているというのは，そうで
なければしないことをBにさせることのできる程度のことを言う」と定義し
た（Hatch, 2013: p.231, 訳 p.372）。この記述についてHatch（2013）は，常に
行為者間の関係というコンテクストにおいてパワーは行使され，個人にではな
く「関係」に基づく概念の側面を強調する。

　初期の研究の一つにBlau（1964）がある。ブラウ（Peter M. Blau）はパ
ワーを「社会関係のなかで行為者が抵抗を排除してでも，自己の意思を貫徹す
ることができる蓋然性である」というウェーバー（Max Weber）の定義を引
きつつ，より拡大して理解されるべきと強調した。そこでは，「パワーとは定

期的に与えられる報酬を差し止める形態をとろうと罰の形態をとろうと，脅か
すことで抵抗を排除してでも，人々あるいは集団がその意思を他者に押し付け
る能力」(Blau, 1964: p.117, 訳 p.105) と定義される。またパワーの特徴は，
その反復性，非対称性にあり，その源泉を一方向的な依存（one-sided
dependence）に置かれることとしている。

　こうした依存関係に焦点を当てた初期の研究に，エマーソン (Richard M.
Emerson) によるものがある。Emerson (1962) は，アクター A (a) のアク
ター B (b) に対するパワー (P) を [Pab] とした場合，それがアクター B
のアクター A に対する依存 (D) に等しく [Pab＝Dba]，社会的関係の互酬
性を考慮すると，逆の関係 [Pba＝Dab] を含めた方程式セットとして表現可
能とした (p.33)。またエチオーニ (Amitai Etzioni) は，パワーを「ある行
為者が自己の指示ないしは自己の支持する何らかの規範を実行すべく他の行
為者を誘導したり，影響を与えたりする能力」(Etzioni, 1961: p.4, 訳 p.13) と
しながら，ウェーバーの伝統に則る諸研究はオーソリティーとしての正統的
(legitimate) パワーを強調しがちだが，非正統的パワーが組織内統制に用いら
れたり，パワーのタイプによって正統性の程度が異なったりすることに注意を
喚起する。

　これらの初期のパワー研究の定義をもとに整理すると，① 2 人以上の人々の
反復的な関係であること（継続性を有すること），② その関係は，懲罰などに
よって強制力・影響力を行使する（行使される）ものであること，③ その関
係のベースに，非対称的な行使者の能力あるいは披行使者の依存があること，
④ パワーは「依存」とおよそ等しい関係が仮定されること，といえる。そし
て，オーソリティーや正統性 (legitimacy) との関連性も指摘されている。

　こうした初期の研究を踏まえ，カストとローゼンツヴァイク (Fremont E.
Kast & James E. Rosenzweig) は，パワーとは唯一有効性とともにあり，社
会状況下で利用可能な代替肢を制約することによって相手の行動に影響を与え
る能力としている (Kast & Rosenzweig, 1985: p.364)。そしてオーソリティー
を公式組織における制度化されたパワーとし，活動を遂行する組織メンバーに
ミッションを規定し，権限をもたらす合法性の基礎に根差すものとする。彼ら
はパワーを組織の有効性を達成する機能の一つと捉え，意思決定の手段のコン

トロールとしてのパワーを論じている。加えて Kast & Rosenzweig（1985）は個人と組織（上位者・管理者）のパワーの平等性についてもふれる。もともと，従業員グループが集合的バーゲニング（取引や交渉）やストライキに訴えるフォーマルなかたちがあり，参加的，分散的，独立的な意思決定や多様なコミュニケーションチャネルによってインフォーマルなかたちでのパワーの平等性は促進され得るとしている。

　またロビンス（Stephen P. Robbins）は，先の Emerson（1962）などを参照しつつ，パワーを A が B の行動に影響を与え，A がそうさせなければしなかったであろうことを B にさせる能力，とする。そこでは，① 実行せずとも潜在能力により行使され得ること，② 依存関係，③ B が自己の行動にある程度の裁量をもっていること，などを前提とする概念とした（Robbins, 1994;2005: p.176, 訳 p.290）。ここで注意すべきは，行使される側の自由裁量の度合いでパワーは変化する点である。また Robbins（2005）は，パワーの倫理性に小さい紙幅で言及する。そこでは，ポリティカル活動が倫理的か否かを区別する明快な方法はないとしながら[1]，非倫理的行為は倫理的にみせかけるかたちで切り抜けられがちという組織ポリティクスの「倫理的ジレンマ」の側面がみられ，結果として組織の腐敗（corrupt）を招く可能性があることなどが指摘されている。

　一方でミンツバーグ（Henry Mintzberg）は，パワーを組織の有効性との関連からより広い概念ととらえる。Mintzberg（1983）によればパワーは，「組織成果をもたらす（成し遂げる）うえでの能力」であり，その部分集合として非正統的なポリティクス（politics）と，公式的なオーソリティーを明確に識別する必要性を指摘しつつ，パワーは影響力（influence）と同義とした（Mintzberg, 1983: pp.4-5）。またフェッファー（Jeffrey Pfeffer）は，パワーを「行動に影響し，出来事の流れを変え，抵抗を乗り越え，これがなければ動かない人々に物事を実行させる潜在的能力（potential ability）」（Pfeffer, 1992: p.30, 訳 p.32）とし，社会的行為者間の特定の関係を特徴づけるものであり，コンフリクトが存在する状況下で行使されるとした。また，組織ポリティクスは，「不確実性や選択の不一致がある状況下で，好ましい諸結果を得るために，パワーや資源を獲得し，開発し，用いるための組織内でとられる諸活動を含

む」(Pfeffer, 1981: p.7) ものとしている。(Pfeffer, 1992: p.176, 訳 p.186)。

2．パワー概念の論点

　これまでみたように，パワーの定義は研究者によってかなりの幅をもった概念である。これは，パワー概念を用いて研究者が，組織プロセスの何を説明したいかという主体的研究目的に依存する（野中ほか, 1978: p.185）こと，また，例えば1930年代にその原型がみられるといわれるモチベーションの理論などに比べ，歴史が浅いことに関係するかもしれない。

　先の定義を整理すると，第1に，フォーマルなパワー（オーソリティー）とインフォーマルなパワーの識別が重要といえる。オーソリティーの行使は組織における下方へ，つまり，トップからボトムへとつながるものであり，こうしたフォーマルなパワーは一つの源泉にすぎず，インフォーマルなパワーは組織の階層を上方，水平に，また部門や組織をまたいで一度にすべての方向へ機能するかもしれない（Hatch, 2013）。

　第2に，パワーは実際に直接的働きかけがなくとも「潜在的な能力」として発揮される点に留意すべきであろう。潜在性としてのパワーに注目した初期の研究に，Lippitt et al. (1960) がある。リピット（Ronald Lippitt）らはグループダイナミックスの視点から，社会的パワーを「影響をおよぼす潜在性力」(potentiality to exert influence) と捉える先行研究をもとに，「帰属性パワー指標」(attributed power index) を開発し，のべ32グループ232人の児童へのキャンプ場での観察調査を行った。これは，パワーの直接的影響でなく，彼らが「行動感染」(behavioral contagion) という現象に注目し，パワー行使者の意図されぬ影響を明らかにしようとしたものである。調査の結果，集団メンバーは高い程度のパワーをもつメンバー行動に感染しやすく，高い程度のパワーをもつメンバーに対する他のメンバーからの影響は非指示的なかたちを採りやすいことなどが指摘されている（Lippitt et al., 1960: pp.751-753, 訳 pp.902-905）。

　そして第3に，パワーについては平等性や倫理性の観点からの議論もみられ，「倫理的ジレンマ」や組織の腐敗に繋がる懸念も指摘されている。パワーの行使は組織の意思決定の構造に関係するという点で，意思決定のプロセスや

コミュニケーションネットワークを参加的，分散的にすることで平等性を確保する方向性がみられた。

　いずれにせよ，これらの諸研究におよそ共通するのは，あいまい性を帯びたパワー概念をいかに明確化し，操作可能にするかというアプローチである。本章では便宜上，主に Mintzberg（1983）の定義に従い，パワーには，① 正統的，公式的なオーソリティー，② 非正統的，非公式的なポリティクス，があり，影響力と同義と仮定して議論を進める。また Pfeffer（1992）が指摘するように，パワーが発揮される条件としてコンフリクトが措定されることに注意が必要ではあり，パワーとコンフリクトをセットとして取り扱う諸研究もみられるが，本章は主に蓄積されつつあるパワー論に焦点を当てる。

Ⅲ．パワー・ベースと類型論

1．個人レベルのパワー・ベースと行使の方法

　パワーが依存との表裏でありおよそ等しいとすれば，具体的にどのような依存によってパワーは生起するのだろうか。ここではパワーの源泉，つまりパワー・ベース（power base）を整理する。また，その行使の方法についてもふれる。これらは，主に個人レベルの研究と組織レベルの研究がある。

　個人レベルのパワー・ベースをカテゴライズした初期の研究に，フレンチとレイヴン（John R. P. French, Jr. & Bertram Raven）のものがある。彼らによると，パワー・ベースは 5 つの類型によって説明される（French & Raven, 1959: pp.156-164, 訳 pp.202-214）。

1)　報酬パワー（reward power）：行使者の報酬を与え得る能力を基礎とし，報酬の量が増すにつれ増大する。

2)　強制的パワー（coercive power）：1）を含み，「予想される処罰のもつ負の誘発性の量」と「同調しないと罰せられる確率から同調しても罰せられる確率を引いたもの」との積により決まる。

3)　正当性パワー（legitimate power）：「行使者は被行使者に影響を与える正当な権利をもち，被行使者はこの影響を受け入れる義務を負う」ことを指示するような内在化した価値から生ずる。

4)　参照的パワー（referent power）：被行使者が自己と行使者を同一視する願望に基づく。

5)　専門性パワー（expert power）：その領域で行使者がもつ知識や知覚の程度（専門性）を被行使者がどのくらいであると考えるかによって規定される。

　この類型をもとに，その後，多様な研究が重ねられている（e.g., Patchen, 1974; Thamhain & Gemmill, 1974）。例えば French & Raven（1959）を参照するなどして Robbins（2005）は，個人レベルのパワー・ベースを組織内のフォーマル・パワー（オーソリティーに根ざすもの）と，パーソナル・パワー（個人の資質などに根ざすもの）に分けて整理している。

　フォーマル・パワー（formal power）：① 強制力は恐怖心に根差す。A が B を解雇，停職，降格できる場合に A は B に強制力を有する，② 報酬力は金銭的，非金銭的報酬からなり，プラスのメリットをもたらす，③ 正統的力は組織の公式的階層の地位の結果である，④ 情報上の力は他者が必要とするデータや知識を有することで相手を依存させる。

　パーソナル・パワー（personal power）：① 専門力は専門技術，特殊スキル，専門知識などを有する結果として行使される，② 参照先としてのパワーの基礎は好ましい資質や個性を備えた人物との同一化（identification）にあり，他者への賞賛，その人物のようになりたいという欲求から生じる，③ カリスマ的パワーは参照先としてのパワーの延長線上にあり，英雄的な資質により他者に影響を及ぼす。

　ここで Robbins（2005）は，フォーマル・パワーを持たず，同時にパーソナル・パワーも築くことができない場合，労働組合のように集団のパワー，つまり組織内の連合体（coalition）の形成を志向すると説明する（pp.181-182, 訳 pp.298-299）。連合体の議論（Cyert & March, 1963）を援用したものとみられるが，これについては後述する。French & Raven（1959）の５つのパワー・ベースについては，ポザコフとシュリースハイム（Podsakoff & Schriesheim）がフィールド調査・分析を行った過去の実証研究データをもとに，メタ解析を試みており，結果としてカテゴリーそのものに課題がみられると指摘している。また Pfeffer（1992）はパワーには，個人特性とみるものと，組織の分業

図表 12-1　影響行動における手段の連続体

追従 (emulation)	示唆 (suggestion)	説得 (persuasion)	威圧 (coercion)
・同等あるいは抜きんでるよう努力する ・同等あるいは越えようと努力して模倣する ・同等に達するあるいは近づく	・熟考や可能な行為についての個人の意向に，前もって考え方や提案，計画を示したりする	・助言，勧め，根拠ないしは何かをするための誘因（強要よりもむしろ）により説き伏せる	・制約に焦点を当てる ・強制的 ・肉体的重圧や圧迫

捉えにくい
間接的

パワー

明白な
直截的

（出所）　Kast & Rosenzweig（1985: p.361）をもとに作成。

とコミュニケーション・システムのどこに行使者は位置するか，その構造をみるものという2つの視点が必要とし，パワーは個人のスタイル，スキル，能力と，状況の要求との適合関係によって表されるとした（p.77，訳 p.81）。これは，リーダーシップのコンティンジェンシー理論と類似の視点を示唆するものといえる。

　また，Kast & Rosenzweig（1985）はパワー行使の方法について4つのカテゴリーを示している。図表 12-1 は，パワーとは行使者が他者に影響を与える手段の連続体であることを表しており，追従（emulation），示唆（suggestion），説得（persuasion），威圧（coercion）という4つの手段を措定している。間接的で捉えにくいものから直接的で明確なものへとパワー行使の仕方が移行するにつれ，影響の度合いも高まる（Kast & Rosenzweig, 1985: pp.360-362）。

2．パワーと関与による組織類型

　Etzioni（1961）は，組織が他の社会単位と区別される理由は服従関係（compliance）にあるとし，行使者のパワーのタイプと被行使者の関与（involvement）のタイプの2軸から，まず個人レベルの相互作用のパターンに言及する。服従関係とは，「ある行為者が他の行為者のパワーによって裏付けられた指示に従って行動する関係，および指示に従って行動する従属行為者がそのパワーに対してもつ態度（orientation）を意味する」（Etzioni, 1961: p.3,

訳 p.12)。そこでは，パワーを保持する行為者が他の行為者に対し，指示に従えば物質的，象徴的報酬を，従わねば損害を与えるような命令を下す手段を占有していることを示し，被行使者（従属行為者）の適応には肯定的なもの（忠誠）と否定的なもの（疎外）とが識別される。そしてある行為者のパワーと被行使者の関与との組み合わせの議論が展開される。

　パワー類型は，3 つのタイプからなる（Etzioni, 1961: pp.5-10, 訳 pp. 13-16)。これは，① 強制的（coercive）パワー：肉体的欲求不満の惹起および快適さなどの欲求充足に対する統制などの処罰の適用，適用への脅しによるもの，② 報酬的（remunerative）パワー：賃金や手数料，役得，物品の配分など物質的資源や報酬による統制を指す，③ 規範的（normative）パワー：象徴的報酬と損失によるものであり，一つは評価，威信，儀礼的象徴（祝福など）の操作，もう一つは受容と肯定的反応の操作，分配によるもの，とされる。そして，被行使者の情緒的，評価的態度を示す関与類型にも 3 つのタイプが仮定される。① 疎外的（alienative）関与は，強い否定的な態度を示し，② 打算的（calculative）関与は，否定的にせよ肯定的にせよ強度の弱いものを指しており，③ 道徳的（moral）関与は，強い肯定的な態度を意味する。

　こうして Etzioni（1961）は，個人レベルから組織レベルのパワー類型の仮説を展開する。組織に優勢な服従関係が「強制的－疎外的」「報酬的－打算的」「規範的－道徳的」である場合，他の組み合わせよりも適合的，効果的であるとする（図表 12-2)。組織は環境が許す限り，こうした構造を非適合的なものから適合的なものへと変化させる傾向にあり，適合的な構造をもつ組織は非適合的方向へ押しやろうとする要因に抵抗するとした（Etzioni, 1961: p.14, 訳

図表 12-2　服従関係の類型

関与 パワー	疎外的	打算的	道徳的
強制的	適合（強制的服従関係）		
報酬的		適合（功利的服従関係）	
規範的			適合（規範的服従関係）

（注）　空欄は非適合的とされる。
（出所）　Etzioni（1961: p.12, 訳 pp.17-19）をもとに作成。

p.18)。そこで描かれる類型は，

1)　強制的－疎外的パターンの優勢な「強制的組織」(coercive organi-
zation)，

2)　報酬的－打算的パターンの優勢な「功利的組織」(utilitarian organi-
zation)，

3)　規範的－道徳的パターンの優勢な「規範的組織」(normative organi-
zation)，

からなる。そして Etzioni（1961）は，3つの組織類型のうち，主に産業界に
みられるものを2)の功利的組織としている。

　「功利的組織」は，報酬が組織の下位メンバーをコントロールする主要な手
段であり，打算的な態度が大部分の下位メンバーを特色づけるとする。主に功
利的組織は，① 工場や鉱山のようなブルーカラーからなる組織，② 金融機関
や公共機関のようなホワイトカラーからなる組織，③ 研究機関や法律事務所
のような専門家からなる組織，ごとに識別すべきとされる。主に① と② での
コントロールの源として報酬的パワーが多くを占め，③ については社会的評
価などに基づく規範的パワーも重要な源泉となる。職種や地位等で服従関係に
違いが観察されるものの，③ ではインフォーマルなコントロールやシンボリッ
クな賞罰（symbolic sanction）が効果的に用いられるとした（Etzioni, 1961）。
ここで注意すべきは，民間企業は必ずしも「功利的組織」のみならず，刑務所
などを想定している「強制的組織」，大学などを想定している「規範的組織」
のパターンを伴う場合がある点である。また，パワーと関与のパターンによる
彼の組織類型は先駆的で実態を考慮したものではあるが，環境を十分に考慮し
ておらずクローズド・モデルに留まるものである（Mintzberg, 1983）。

3．パワーの源泉としての不確実性処理

　Pfeffer（1992）は影響力の源泉としての不確実性の処理能力について，意思
決定の側面から言及する。組織の意思決定におけるサブユニットあるいは個人
の影響力は，① 組織の直面する不確実性の種類，② 組織の不確実性を縮減し
得る特有の性質や能力，③ そうした性質を特定のサブユニットないし個人が
保持する程度，との関数（function）としている（Pfeffer, 1992: p.78, 訳 p.82）。

不確実性の処理はパワーの説明変数と捉えられ，これは，不確実性の種類，処理能力，主体がその能力を保有する程度によって測られる。パワーを発揮する個人は，例えば仕事の不確実性が低い技術系プロジェクトでは部局内で広範な接点をもつ対内コミュニケーション・スターが，応用研究系のプロジェクトでは内外に情報源をもつ境界連結者（boundary spanner）が担う傾向を既存の調査から見出せるという。ここで Pfeffer（1992）が「個人やサブユニット（部門）」としているように，パワーの源泉を不確実性の処理能力と捉える視点はクロジェ（Michel Crozier）の古典的研究[2]にみられるとされ，これを踏まえ，組織内サブユニットのパワーを定量的に分析した戦略的コンティンジェンシー理論と呼ばれる一連の研究（Hickson et al., 1971; Hinings et al., 1974）がある。

　Hickson et al.（1971）は，組織内の依存はあるサブユニットが他のサブユニットに対する不確実性処理の度合いと，あるサブユニットの不確実性処理活動の代替可能な範囲，という2つの側面にパワー（依存）は関係するとした（p.218）。またサブユニット間のある程度のタスク相互連結が必要としたうえで，彼らの実証研究の主要な変数は，① 不確実性の処理（coping with uncertainty），② 代替可能性（substitutability），③ 中心性（centrality）と設定される。そこで示される仮説は，① あるサブユニットが不確実性を処理するほど，その組織内パワーはより大きい，② あるサブユニットの活動の代替可能性が低いほど，その組織内パワーはより大きい，③ あるサブユニットの作業フローの浸透度が高いほど，その組織内パワーはより大きい，および，あるサブユニットの作業フローの緊急性が高いほど，その組織内パワーはより大きい，④ あるサブユニットによってより不確実性が統制されるほど，その組織内パワーはより大きい，となっている。上記の変数や仮説群からなる戦略的コンティンジェンシー理論のモデルは，図表 12-3 のように描かれる。

　そして Hinings et al.（1974）は，この Hickson et al.（1971）のフレームワークを用い，パワーの構成要素やパワーの説明変数のより詳細な操作定義，統計分析の結果等を示した。パワーの説明変数として比較的高い相関がみられたのは「不確実性の処理」「作業フローの緊急性」「非代替可能性」の順であり（Hinings et al., 1974: p.36），これらを主要変数としてパワー獲得のための2つの具体的フローが示される。そこでは，パワーはコンティンジェンシー要因

図表 12-3　戦略的コンティンジェンシー理論のモデル

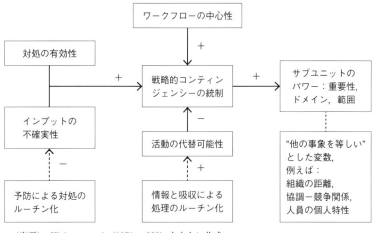

(出所)　Hickson et al.（1971: p.223）をもとに作成。

（戦略的要因）が及ぼす組織のデメリットをコントロールするサブユニットの能力に依存するとされる。このような戦略的コンティンジェンシー理論の学説史上の貢献は，組織の環境決定モデルが扱ってきた「不確実性」，ポリティカル・モデルが扱ってきた「職務の代替可能性」，組織構造の理論が扱ってきた「仕事の中心性」の問題を論理的に結びつけたことにある（大月，1999: pp.24-25）。

Ⅳ. 資源依存とパワー

1. 独立の要件

　パワーおよび依存の源泉が明らかになる一方で，いかに依存関係を回避，あるいはコントロールするかが問題となる。これは，初期の研究で「独立」（依存の回避）の要件として考察されている。

　Blau（1964）は，服従の選択肢と，それに伴う社会的独立の諸条件，パワーの諸要件，権力闘争の争点としての構造的含意を整理する（図表 12-4）。このうち，社会的独立の諸条件は次のように説明される（Blau, 1964: pp.118-121,

図表12-4　選択パターンと独立の条件

服従の選択肢	独立の条件	パワーの要件	構造的含意
1 誘因の供給	戦略的資源の保有	他者が提供するものへの無関心	交換と資源配分
2 他のところで獲得	他の選択肢の利用	他者が必要とするものの独占	競争と交換率
3 パワーによる服従	強制力の行使	法と秩序	組織化と分化
4 無しで済ます	欲求を弱める諸理念	物質的，その他の関連ある諸価値	イデオロギーの形成

（出所）　Blau（1964: p.124, 訳 p.111）をもとに作成。

訳 pp.106-108）。

1)　戦略的資源の保有：自身に必要なサービスや利益，換言すれば，他者が提供する効果的な誘因となる必要な資源のすべてをもっている人々は，他の誰にも依存せずにすむ。

2)　他の選択肢の利用：人々が価値あるサービスを供給する者に依存する程度は，その価値そのものと，人々が手にし得る次善の選択肢の価値との関数である。

3)　強制力（coercive force）の行使：こちらのほうから強制力を行使し，必要とする利益やサービスを施させる能力を示す。優柔不断さか，規範的拘束がこの能力を事実上禁止している。こちらから要求を強要し得る「連合」を組んで独立を勝ち取ることもできる。

4)　欲求を弱める諸理念（ideals）：利益やサービスに対する個人の願望や欲求が少なければ少ないほど，他者に依存してそれを満たす必要性は減少する。この利益やサービスがなくとも良いと，諦めをつけること。

　一方でトンプソン（James D. Thompson）は，組織レベルの依存のメカニズムを整理しつつ処理方法を提示した。Thompson（1967）によれば，完全に自己充足的な組織はあり得ず，組織のドメインはタスク環境からのインプットとアウトプットに依存しており，組織が必要とするサポートの供給源が集中もしくは分散している場合（インプット）があると同時に，クライアントが単一もしくは複数の場合，あるいは製品・サービスを提供する組織が唯一もしくは競合している場合（アウトプット）がある（Thompson: p.27, 訳 p.33）。組織

はいくつかの環境要素と常に交換をせねばならず，各々の要素は相互依存関係のネットワークのなかにあり，① タスク環境の要素が提供可能な資源あるいは成果に対する組織のニーズに比例して，② 同一の資源あるいは成果を他のタスク環境の要素が提供し得る能力に反比例して，組織はタスク環境の諸要素に依存している（Thompson, 1967: p.30, 訳 p.38）。

さらに Thompson（1967）は，Emerson（1962）のいうように依存関係はパワーの裏返しであるなら，組織がタスク環境の要素のニーズを満足させる能力をもつ場合，あるいは組織がその能力を独占している場合，組織はタスク環境のその要素に対するパワーを保持するとした。こうして組織は，多元的なタスク環境の諸要素との関係の組み合わせに起因する生味のパワー（net power）を検討することが可能になる。このようなパワーは，深刻なコンティンジェンシー要因の処理方法の一つであり，まったくこれを保持しない（依存的）組織によって合理性は確保され得ない。結果として組織は，

1) 代替手段を維持することによってタスク環境の要素のパワーを最小化しようとすること，

2) サポートの獲得が競合状態にあるとき，名声を手に入れようとすることによって依存性を増大させずにパワーを獲得しようとすること，

3) また組織は，サポートの能力がタスク環境のなかで集中している場合，自らが依存している要素に関するパワーを得ようとすること，

4) 相互依存関係の性質に応じ，組織は契約戦略，吸収戦略あるいは連合戦略を用いること，

5) タスク環境のいくつかのセクターによって制約されればされるほど，残りのタスク環境の要素に対するパワーをさらに得ようとすること，

6) そうしたバランスが得られないとき，タスク環境そのものを拡大しようとすること，

などの傾向をもつ（Thompson, 1967: p.38, 訳 p.48）。

2．資源依存パースペクティブ

前節の Blau（1964）や Thompson（1967）の議論などを踏まえ，フェッファーとサランシック（Jeffrey Pfeffer & Gerald R. Salancik）は，組織間の

パワーを資源ベースで精緻化した。彼らは，既存の組織間の影響力についての研究から相互依存性（interdependence）は影響力行使の必要条件であり，その際，ある組織が他者のコントロールに従う程度に影響を及ぼす条件リストを以下のように示す（Pfeffer & Salancik, 1978: p.44）。これは，

1) 焦点組織（focal organization）が必要性を意識している，
2) 焦点組織は，必要性を生み出した社会行為者（social actor）から何らかの資源を入手している，
3) その資源は焦点組織の操業上，決定的あるいは重要な部分である，
4) 社会行為者はその資源の配分，アクセス，利用をコントロールしており，それに代わる資源は焦点組織に利用可能でない，
5) 焦点組織は，その社会行為者の操業や生存に決定的な他の資源の配分，アクセス，利用をコントロールしていない，
6) 焦点組織の行為や産出は可視的であり，自らの必要性に従うか否かの判断を社会行為者によって評価され得る，
7) 焦点組織にとっての社会行為者の要求の充足は，相互依存的な環境の他の構成要素による需要の充足と衝突していない，
8) 焦点組織は，その社会行為者の要求についての決定，策定，表明をコントロールしていない，
9) 焦点組織は，外部の需要を満たすような行為や産出を展開することが可能である，
10) 組織は生存を欲している，

という条件である。そして彼らは，これらの条件はすべてが必要であるわけではないとしながら，ある組織の他の組織への依存を決定する 3 つの要因を強調する（Pfeffer & Salancik, 1978: pp.45-51）。

1) 資源の重要性：組織が継続的に操業し，生存するうえで必要とする度合いに応じた資源の重要性を意味する。相対的な取引の大きさと資源の重要性という 2 次元で測られる。
2) 資源配分と利用への自由裁量：他の社会行為者がその資源の配分や利用について保持する自由裁量の程度をさす。主要なパワーの源であり，稀少資源の場合，より重要となる。知識や情報の所有，資源に対するアクセス

や実際の利用，法令等によるコントロールを基礎とする。

3) 資源コントロールの集中：代替資源の存在しない度合い，あるいは利害
関係者集団等によってその資源がコントロールされている程度を意味す
る。焦点組織が追加的な供給源から資源にアクセスできるかどうかがポイ
ントとなり，代替資源の利用可能性にかかわらず，多くの規則や法令がア
クセスを制限し得る。

こうした依存関係は，一方の組織へ他方に対するパワーを与え，非対称な取
引が生じやすい。そこで Pfeffer & Salancik（1978）は依存を管理し，回避す
る方法として，組織変革の戦略，資源依存回避の戦略，コントロール回避の戦
略，という3つの方向性を主張している（pp.106-110）。

1) 組織変革の戦略：組織は環境の要求にフィットするために適応および変
革が可能であり，自らの能力をフィットさせるために環境を変化させよう
と試みることも可能である。前者の一例としてコトラー（Philip Kotler）
のいうマーケティング・コンセプトがあり，企業は市場ニーズを評価し自
らの製品や生産プロセスをそれに適応させる。後者はガルブレイス（Jay
Galbraith）のいう需要創造（demand creation）を意味する。組織は製品
を供給する市場を自らセグメントすることによって，適合的な環境を創り
出す。

2) 資源依存回避の戦略：単一の製品－市場に従事するために生じる依存
を減じる方法は，① 代替的交換（substitutable exchange），② 多角化
（diversification）の展開である（Pfeffer & Salancik, 1978: p.109）。イン
プットとアウトプットにおける緩衝化（Thompson, 1967）は，一定期間
の存続には有効であるものの，こうした単一の製品－市場への依存に起因
する組織の脆弱性を抜本的に取り除くには充分でないとする。①は，例え
ばエネルギー利用を石油から天然ガスに置き換えるなどの代替資源の開
発，つまりインプットでの交換の再定義であるとともに，新たな製品－市
場展開といったアウトプットの創造も含んでいる。また，より抜本的な方
式としての② は，利用する資源，供給する市場，競合他社など，新規事
業が現行の諸活動と異なっている程度に応じて高い有効性を発揮する。

3)　コントロール回避の戦略：他の組織へのパワーの集中にある組織の直面する相互依存が由来する場合，① 独占禁止訴訟（antitrust suit）を通じ他者のコントロールを取り除く方法，② 略式任命（cooptation）を通じパワーをもつ組織のメンバーを脆弱な組織の広範な活動，取締役会やアドバイザリー・パネルなどへの参加者として招聘する間接的方法がある。潜在的な敵対者を迎える狙いは，焦点組織の社会化や援助提供にある。③ より多くの資源をコントロールし得るパワーをもたらし組織を生存させる直接的手段として，合併・買収（merger and acquisition）がある。

Pfeffer & Salancik（1978）の非対称な相互依存を軽減する戦略は，大別すると2つの方向性に集約が可能かもしれない。一つは「分散化戦略」，もう一つは「内部化戦略」である。前者は，代替資源の開発や多角化，独占禁止訴訟を示しており，パワーをもつ組織の資源の，自社にとっての重要性を直接的，間接的に低減する戦略を示している。また後者は，M&Aや取締役会への略式任命といった活動は直接的，間接的に自社に資源を取り込むことを意味すると理解できるだろう。Thompson（1967）が言及した川上や川下への垂直的統合に関係する戦略と呼応するものといえる。

V．連合体とパワー・コンフィギュレーション

1．組織から連合体へ

では，組織レベルのパワーの主体はどのように捉えられるのだろうか。

サイアートとマーチ（Richard M. Cyert & James G. March）は，企業の意思決定行動を予測し説明する理論を展開する際，「組織の意識」（organizational mind）を仮定せず，組織目標を明らかにする必要があるとした（Cyert & March, 1963: p.27，訳 p.40）。漠然とした組織の「目的」についての意見が一致している背後には，組織の様々な（目的の下位としての）「目標」についての意見の不一致と不確実性がみられ，明確な優先順位づけとならない。Cyert & March（1963）は，組織目標は企業家の目標であるという定義や，組織の多様な参加者による「合意的で共有された目標」を仮定する伝統的方法は誤っ

ていると退け，「ある手続きによって連合体（coalition）が組織目標の表明に
到達する」と仮定し，「目標を継続的バーゲニングによる学習過程の結果」と
する諸研究をもとに，連合体の目標形成プロセスの理論を展開する。連合体
は，① 企業組織：経営者，従業員，株主，供給業者，顧客，弁護士，税徴収
吏，監督諸機関などが含まれ，② 行政組織：行政官，職員，指名官吏，選挙
官吏，立法官，裁判官，訴訟依頼人，利害関係者グループの指導者などからな
る。そこでは連合体の境界を単純に画さず，ある特定地域・期間の参加者に焦
点を当て，伝統的な「経営者－従業員」という非対称性を強調せず，ある連合
体のメンバーは他の連合体のメンバーと時間の投入などの側面で明確に異なる
ものとみなされる。

　上記の目標に到達する「ある手続き」とは金銭，個人的処遇，権限，組織方
針などからなるサイドペイメント（side payment，副次的報酬）の配分を意味
し，それぞれの連合体間あるいは連合体内ではこの配分をめぐり参加者による
バーゲニング（取引や交渉）が繰り広げられる。偶発的結果として得た戦利品
を配分するのと異なり，サイドペイメントの配分（獲得）は目標の明確化の中
心的プロセスとされる。換言すれば，組織目標の意思決定プロセスを明確にす
ることは，サイドペイメントに関するバーゲニングのプロセスを明らかにする
ことに相当する。もっともサイドペイメントは（例えば金銭など）かなりのも
のが「政策上の公約」（policy commitment）というかたちを利用しペイメン
トの種類の識別を困難にするが，バーゲニングのプロセスを通じてペイメン
ト，組織目標の多くが明確にされ得るという。こうして Cyert & March（1963）
は諸目標の形成を，潜在的な連合体メンバー間のバーゲニングとし，組織に課
せられる一連の制約要因と捉えた（p.43，訳 p.64）。

　また Thompson（1967）は組織の戦略を支配連合体（dominant coalition）
に参加する人々が意図するドメインと定義し，連合体のサブユニットの生成と
パワーについて論じた。そこでは，① 自由裁量（discretion）の大きい職務は
政治的プロセスを伴いやすく，これに就く個人は自己の他者に対する依存度と
同じかそれ以上のパワーを維持しようとすること，② そうした個人は連合し
ようとすること，③ このため，組織内の依存関係の変化が既存の連合体に脅
威を与え，かつ新たな連合を可能にすること，④ 組織の不確実性の源泉が増

えるほど政治的職位の数も増えること，⑤ テクノロジーとタスク環境が動態
的であればあるほど，政治的プロセスも迅速化すること，などが指摘される
（Thompson, 1967: p.131, 訳 pp.166-167）。

2．外部と内部の連合体

　Mintzberg（1983）は，組織を複数の連合体からなるものと捉え，パワー構
造の変化としての組織のコンフィギュレーションを提示した。彼は組織の選択
や行為を支配しようとする多様な有力者，これを影響者（influencer）とし，
組織行動をパワー・ゲームと表現する。そもそも組織は共通のミッションを追
求すべく立ち上がった初期の影響者グループによって世に出るが，その後，幾
人もの影響者が自らの要求を充足する"乗り物"としての組織に引き寄せられ
る。もっとも影響者たちの要求は一様でない。彼らは選択や行為のコントロー
ルのためにパワーという手段，システムを用いようとする。従って組織行動を
理解するうえで，どのように影響者が出現し組織内で自らの要求を充足しよう
と，どのようにパワーを行使するかを理解せねばならないとした（Mintzberg,
1983: p.22）。

　そこでは組織内の常勤雇用者からなる影響者が形成する内部連合体
（internal coalition, 以下 IC）と，組織外の非雇用者からなる影響者が形成す
る外部連合体（external coalition, 以下 EC）が識別される。内外の連合体は
自らの要求充足のために組織の周辺や内側でともに団結する，以下の多様な構
成要素からなる（Mintzberg, 1983: pp.27-29）。

　外部連合体：① 組織の法的権利をもつ所有者，② 資源の供給者や製品・
サービスの顧客，取引先，競争相手を含む提携者，③ 労働組合や職能団体か
らなる職員組合，④ 一般家庭やオピニオンリーダー，特定利益集団，地方公
共機関，政府などからなる多種多様な公共，⑤ 公式的に内と外の連合体の結
節点となる取締役，などをさす。

　内部連合体：① 組織のトップである最高経営責任者，② 製品・サービスを
実際に生み出す作業者，③ CEO から現場監督者への権限の階層上に位置する
ライン管理者，④ 計画や公式管理のためにシステムのデザインや操業に関与
する技術者集団の分析者，⑤ 作業員を間接的に補助したり憩いの場を提供し

たりする専門職からなる支援スタッフ，⑥ 内部の影響者の間で共有された信念の集合からなる組織の観念体系（ideology），などからなる。

3．内外の連合体の類型

Mintzberg（1983）は，外部連合体を 3 つのタイプの連続体と捉え，影響者の数が 1 から無限大へと増加するにつれて支配的なパターンから分割的，受動的なパターンへと変容する（metamorphose）とした（pp.96-97）。

1) 支配的外部連合体（Dominated EC）：一つあるいは，一組の外部影響者が直接的，集中的，個人的に組織周辺のパワーの多くを保持する。外部影響者は組織の上層部に個人的に接近可能なため，彼らの意思決定を阻止したり彼らを交替させたりする力を得ており内部連合体を概してうまく統制する。

2) 分割的外部連合体（Divided EC）：支配的外部連合体の終焉とともに，根本的な組織のパワーシステムは変化する。独立した複数の影響者に外部連合体のパワーは分割され，各々の相反する要求への応答のために組織は従来と異なった方向へ押しやられる。多種多様な外部連合体は各々の特定の問題に関心を寄せ，その支配において圧力キャンペーンや公式的制約，しばしば直接的統制といったあらゆる影響力の手段を講ずる。

3) 受動的外部連合体（Passive EC）：外部影響者の数が増加を続けると，外部連合体が不活発になり内部連合体にパワーが移行するまで外部影響者のパワーはますます分散する。これは通常，株主や労働組合，取引先，供給者組合がおびただしい数にのぼると生じる。

外部連合体による直接的影響力は主に，フォーマルには取締役会から CEO へ，インフォーマルには内部連合体の影響システムによって様々なかたちで直接的，広範囲に及ぼされる。そして Mintzberg（1983）は内部連合体の構造を，① 戦略尖としての CEO，② ラインマネジャー，③ 分析家（テクノ構造），④ 支援スタッフ，⑤ 作業員（作業核）という基本要素から構成されるとし，各々の役割，目標・手段，正統的パワーの転移の根拠，パワーを発揮するフィールドや好みのポリティカル・ゲームなどを整理する（pp.232-233）。ま

た内部連合体には，① オーソリティー・システム，② イデオロギー・システム，③ 専門的技術システム，④ ポリティクス・システムからなる影響システムが仮定され，パワーを基軸としながら各々の基本要素間の影響プロセスや特性，システム間の相互関係などが描かれる。例えば，オーソリティー・システムはパワーをラインマネジャーに取り込み CEO に押し上げるのに対し，イデオロギー・システムはパワーを広く拡散させる傾向をもつ。内部連合体の類型は以下の5つに集約される（Mintzberg, 1983: pp.235-242）。

1) 個人的内部連合体（Personalized IC）：オーソリティーの階層によって支配され，ルールが個人のコントロールシステムとなる。CEO が絶対的な内部連合体の統治者として現れる。

2) 官僚的内部連合体（Bureaucratic IC）：オーソリティー・システムにパワーは集中するものの，官僚的統制におかれる。オーソリティーは，業務プロセスと生産の標準化によって主として維持される。

3) イデオロギー的内部連合体（Ideologic IC）：イデオロギー・システムが支配し，成果は中核的組織目標の周辺で他の内部連合体よりもタイトに統合される。人々は一体化を通じ自身のものとして中心的目標を分かち合い内面化する。

4) 専門的内部連合体（Professional IC）：専門的技術システムが支配し，パワーは組織の成功に重大な技術的スキルや知識とともに流動する。

5) 政治的内部連合体（Politicized IC）：パワーは，ポリティクスの影響力に依拠する。政治的ゲームが内部を支配し，共存する正統的システムの影響力との敵対的ゲームとみなされる。

4．パワー・コンフィギュレーションとライフサイクル

Mintzberg（1983, 1984）は，先の3つの外部連合体，5つの内部連合体の組み合わせをもとに，以下の6つのパワー・コンフィギュレーションを導く（Mintzberg, 1983: pp.312-314）。背景には，図表12-5に示した内部と外部の連合体の本質的な影響関係[3]が仮定されている（矢印は影響の方向を示す）。

A) 装置（Instrument）：支配的 EC によって官僚的 IC がコントロールされる。組織は支配的な外部の影響者に奉仕するものとなり，内部の人々は功

図表 12-5　内外の連合体の本質的関係

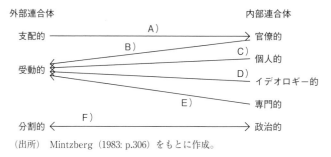

（出所）　Mintzberg（1983: p.306）をもとに作成。

利主義的手段によって誘引される。

B）閉鎖システム（Closed system）：内部連合体は「装置」と類似しており，功利主義的で職務と成果の官僚的標準化を基礎とする。外部環境の集中したパワーに直面していない点に「装置」との差異があり，官僚的 IC が自律的であるか，あるいは受動的 EC をコントロールする。

C）独裁（Autocracy）：受動的 EC に直面するものの，個人的 IC が自律的に機能する。個人の統制手段を管理する CEO にすべてのパワーが集中しており，事実上のパワー・ゲームの不在を意味する。

D）伝道師（Missionary）：受動的 EC が不活発な状態になればなるほどイデオロギー IC は内部の価値体系によって支配される。外部環境の影響を経験するというよりも，組織は環境へ自らのミッションを強要する。強力なイデオロギーは観念に結び付いた目標の周辺にタイトに内部連合体を統合する働きをし，めったにパワー・ゲームは演じられない。

E）能力主義（Meritocracy）：専門的 IC は，その専門的技術にパワーを集中させるプロフェッショナルである。分離した受動的 EC と影響し合う。異なったタイプの専門家が特に管理体制に出現すると，かなりのポリティカル活動が生じる。外部連合体によって頻繁に圧力が生じるものの，内部の専門的技術がそのほとんどを処理し得る。

F）政界（Political arena）：政治的 IC と分割的 EC との強いコンフリクトが生じる。相反するプレッシャーが組織の外部から課せられ，ポリティカル・ゲームが内部に満ち溢れる。声高さ，忠誠心のなさが特徴づける。最

悪の場合，ポリティカルな交渉にすべてのエネルギーを費やし，何も達成
できない。

Mintzberg（1983, 1984）によると，これら6つのパワー・コンフィギュレー
ションには，「独裁」としての生成段階から始まり「装置」や「伝道師」とし
ての成長段階，「閉鎖システム」や「能力主義」としての成熟段階を経て最後
に「政界」としての終焉段階に至るというように，図表12-6の実線の矢印が
示す連続体としての移行ルートが仮定されている。さらに，ただいくつかの組
織がたどる経路にすぎないことが強調されつつ，3つのライフサイクルが提示
される（Mintzberg, 1983: pp.514-515）。これは，

1) プロフェッショナル組織に共通の「専門的技術のサイクル」：独裁－能
力主義－政界，

2) ボランティア組織に共通の「イデオロギーのサイクル」：独裁－伝道
師－閉鎖システム－政界，

3) 民間組織に共通の「官僚制のサイクル」：独裁－（装置）－閉鎖システ
ム－政界，である。

もっとも「独裁」は，唯一人の個人にマネジメントを委ね，若く不安定で脆

図表 12-6　パワー・コンフィギュレーションのライフサイクル

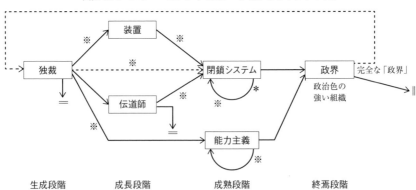

(注)　「＊」：一時的「独裁」の可能性，「＝」：組織の絶滅を意味，「※」：対立および（ないし）不安定
　　　なアライアンス，一時的な「政界」。実線は仮定される移行ルート，破線は可能性のあるルート。
(出所)　Mintzberg（1983: p.506; 1984: p.213）をもとに一部修正して作成。

弱なため，多くの組織はそのまま死に至る（Mintzberg, 1984）。ただし，カリスマ的創業者による「独裁」はイデオロギーの周辺に連合が生じ「伝道師」へと移行しやすいものの，時間の経過がイデオロギーを鈍化させ組織の絶滅を促しやすい側面もある。また図表12-6に示したように，例えば「独裁」から「装置」のようにいくつかの移行期には内外の対立（confrontation）や不安定なアライアンス（shaky alliance）が生じ一時的な「政界」に陥ることが前提とされる（図表中の※印）。また成熟段階の安定した「閉鎖システム」と「能力主義」は，それぞれのコンフィギュレーションに留まりながら短く不安定な「政界」を経て自らを再興し（図表中の半円矢印）外部の影響から自らを隔離する傾向がみられ内部に絶対的パワーを形成しがちであり，このことがコンフィギュレーションの崩壊に繋がる可能性として仮定される。

　ここで一時的な政界の状態と終焉段階の完全な型としての「政界」は，明確に識別される。Mintzberg（1984）は終焉段階の「政界」を，「蔓延するコンフリクト（pervasive conflict）に囚われた組織」（p.220）とし，特権的地位やいかなる人工的サポートの手段も失い，結果として組織は急速に絶滅に至るとする。わずかな組織の生存の可能性は，強力なパワーをもつリーダーによって復興され新たな人材の採用，既存の諸手続きの除去などを経て，リーダー個人の周辺でまったく新たなパワーを強固なものにし「独裁」として復活することにあるという。このようなパワー・コンフィギュレーションのライフサイクルは，組織の成長を戦略や構造，技術などから捉える既存のアプローチを立体的に補完するものといえる。

VI. 議会としての組織

　本章で概説したパワーに関する諸理論は，組織におけるマネジメントの手段としてパワーを捉える，あるいは組織の変化のプロセスに一定の秩序を見出しパワーによって因果関係を説明しようとする，主に機能主義者のパラダイムに立つ。この意味で，立法機関としての議会のメタファーが象徴する組織の側面が描かれたといえる。バカラックとローラー（Samuel Bacharach & Edward Lawler）は，まったく従順で政治に無関心な組織行為者はほとんどおらず，

「組織で生き残ることは政治的行為である」と述べた（Bacharach & Lawler, 1980: p.1）。もしも組織の活動にパワーはつきものとするなら，組織に生きる人々はこのことに多くの注意深い配慮が必要であろう。

　Burrell & Morgan（1979）によれば，機能主義者のパラダイム[4]には，かつてコンフリクトの理論を秩序の理論のなかに取り入れるべきか否かという論争がみられ，これまで隣接する「解釈」パラダイムや「ラディカル構造主義者」パラダイムといった知的勢力との相互作用のもと，新たな諸要素を吸収・使用し自らのパラダイムのなかに独自の学派を生み出すに至った（pp.27-28, 訳pp.34-35）。そもそもパワー研究は，先にみたとおり研究者が組織のいかなる側面に注目するかによって多様性をもち，それゆえに新たな組織論を問いかけ，切り拓き，定着させる可能性をもつ。例えば，フーコー（Michel Foucault）の理論に立脚する組織論者ら（e.g., Clegg, 1989; Deetz, 1992; Townley, 1994）によるミクロレベル，制度・社会レベルでの幅広いパワーに関する議論が展開されている（Hatch, 2013）。

【注】
1）　Robbins（2005）は，ポリティクスの倫理性を考える際のガイドラインとして Cavanagh et al.（1981）を参照している。
2）　フランスの社会学者のクロジェは，国有タバコ工場の観察を通じて，機械の故障という官僚制組織内の重要な不確実性要因を取り扱う，機械の保全工具にパワー基盤が置かれていることを指摘した（Hatch, 2013: p.234, 訳 pp.377-378）。
3）　ここで示されていない内外の連合体の組み合わせは，共通性や安定性を欠くか，6）の「政界」に類似した形態をとるという。
4）　本書第 3 章を参照のこと。

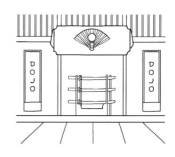

第 13 章

道場としての組織
―伝統と文化としての知識の継承―

Ⅰ. 道場のメタファー

　「道場」はサンスクリットの bodhi-manda（菩提樹下の金剛座）を中国で漢字にしたもので，bodhi-manda はお釈迦様が悟りをひらいた場所を意味している。つまり，お釈迦様が悟りをひらいた菩提樹の下の金剛座を，もともと「道場」といった（https://www.aishinkankyoto.jp/doujou-budo/2021 年 5 月5 日）。広辞苑によれば，「悟り」とは仏教用語で迷いが解けて真理を会得することであり，この世の中の真の在り方を理解することといえる。現実の社会はこのような物事を真に理解する場でもあり，したがって社会組織をこのような悟りの場，つまり物事を理解し，共有するコミュニティとしてみなすことにより，レベル 8 の現実の社会組織を理解することができよう。

　Boulding のレベル 8 のシステム（図序-1 参照）としての社会組織の特徴は，レベル 1 からレベル 7 までのすべてのシステムを含みながら，文化をもち歴史と伝統をもつ現実としての組織であり，われわれが日々認識している組織である。

　この社会組織は自己認識とともに伝統と文化の継承をしており，目的の達成としての道具的システムと社会・文化システム，および次世代へと受け継がれていく組織である。しかし，組織と認識される現実はそのすべてを現実として構成して現れているわけではなく，人間が認識できる範囲において認知され，組織が現実として構成されているにすぎない。このようなレベル 8 のシステムとしての社会組織はその組織の一員となり，文化や伝統を学ぶことが要求され

る。それは，まさに伝統，そして悟りを目指し，技を修得することにより世界を極めようとする「道場」として組織のメタファーとして捉えている。

　日本においてはこのような方法は「修行」と呼ばれており，その場が「道場」である。そこでは，肉体的な訓練とともに精神的訓練が重視され，悟りを目指すものとして仏教的な色彩は帯びるものの多くは「道」を目指す武道，例えば柔道，剣道，あるは茶道，華道などこの世の世界をさらに超越した「悟りの世界」を目指すものとされる。そこには，世界の真の姿や現世を超えた世界を求めることにより現実の社会をさらに理解しようとする作用が働いている。

　このような暗黙知を修得するという日本古来の学習実践は現在の社会にも根付いており，また常にその学習は継続している。現在の企業においてもこのようなタイプの教育訓練プログラムや経営理念が存在し，そこでは一種のコミュニティといった「道場」と呼ばれる場が形成されている。レベル8の「社会組織」には現実の実践とともにこのようなコミュニティが社会に存在しており，そのことがこのレベル8による社会システムを理解することを可能にするであろう。われわれは既に存在する社会に生まれ出るのであり（e.g., Berger & Luckmann, 1967; 高橋, 2006），その社会や文化を学びその社会を継承，維持するだけでなく，さらに社会を発展させてことこそレベル9のシステムを知ることへの道標となることになる。

Ⅱ．組織で継承され，変化するもの

1．比較方法論からの検討

　かつて，Lammers & Hickson（1979）は組織社会学の比較の方法の中で，①「遺伝型」の類似性（genotypical likeness）と「表現型」の相違性（phenotypical unlikeness），②「遺伝型」の相違性（genotypical unlikeness）と「表現型」の類似性（phenotypical likeness），③類似性と相違性のバランスに注意を払う必要性を主張するとともに様々な制度や社会状況での経営現象の類似性と相違性について議論した。これは，遺伝子のメタファーを使い，組織が受け継ぐものとその個体（組織）の形質との相違を明らかにする必要性を説いたものであるといえる。遺伝子型（genotype）は生物個体の遺伝的特性の基礎

となる遺伝子構成であり，個体に現れる形質を指す表現型（phenotype）の対語で，表現型は遺伝子と環境との相互作用により決定される。遺伝子型が同じであっても，表現型は常に同じとは限らず，遺伝子型が異なっていても表現型が同じこともある[1]。

　確かにこのような方法は組織の継承について重要な示唆を与えるものであるが，継承されるものと継承されないものとの区別の困難性と遺伝子としていかに継承されていくかについて，組織現象における継承を十分説明することは不十分であるように思われる。

2．Weick の進化論モデル

　Weick（1979）は，組織化の理論において多義性の削減から組織化のプロセスを生態学的変化として説明している。そこでは，イナクトメント（Enact-ment），淘汰（Selection），保持（Retention）により編成されるプロセスからなっている。

　このように，Weick の組織化のモデルは進化論的な淘汰モデルにより組織が変化し，受け継いでいくものを説明するモデルを提示しているが，生物学的なモデルであり，十分な社会システムとしての組織の説明モデルとしては抽象的に思える。しかし，この Weick のモデルに示されたように継承さるべき遺伝子に何らかの要因で偶然かもしれないが突然変異を起こし，新たな継承さるべき遺伝子が形成されることも確かであろう。また，表現型という遺伝子も引き継がれる遺伝型の遺伝子に組み込まれて生態的な変化を組織にもたらすという論理は，ある意味では妥当性をもつともいえる。

　そのような現象を捉える場として先のメタファーで示した「道場」としての

図表 13-1　Weick の進化モデル

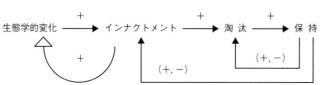

（出所）　Weick（1979: p.132, 訳 p.172）．

コミュニティをこの社会組織を理解するための一つのモデルとして検討することを試みている。社会組織は現在われわれが認知しかつ生活している現実の場であり，組織社会として実践をとおして現実として認識される世界における，社会的存在として文化として表象される組織を説明するモデルが必要とされるのであり，社会組織もまた社会と同様に歴史的に継承され，将来に引き継いでいくものである。そのモデルとしてコミュニティとして組織を考えるコミュニティズ・ベースト・ビュー・モデルによりレベル8そのシステムを検討することが可能となろう。

3．組織のコミュニティズ・ベースト・ビュー・モデルによる継承

コミュニティとは，「時間と空間を共有し，かつある特定の社会的関係にある人の集まり」であると本章では定義することにするが，1980年代に盛んに議論された日本的経営論にみる「運命共同体論」（間，1971, 1978）や「共同生活体論」（津田，1977）といった文化論や制度論の議論とは一線を画している。これらのコミュニティ論は，日本社会の歴史性や文化・社会の特殊性から企業を一つのコミュニティとみなし，議論したものである。それに対し，ここで議論する「組織のコミュニティズ・ベースト・ビュー」は，言語の重要性を指摘するコミュニケーション，知識獲得，実践，組織学習といった概念を取り込んだ新しいコミュニティのコンセプトを組織モデルに組み入れるというこれまでとは異なった視点から目指した組織の新しい理論モデルの構築であり，学習をとおしての組織の継承問題が本格的に議論可能となる。

このような組織観に基づく実践のコミュニティ論における知的技能の熟練とアイデンティティの発達は，実践コミュニティの中に位置づけられる。したがって，熟練技術の修得現場は，一つのコミュニティとみなされるし，公式および非公式なコミュニケーションと学習をとおして実現されているといえる。

このことは，技術の修得のみならず組織の一員となるという組織成員化であり，まさにこの修得モデルは組織の社会化をとおして実現されることを示唆しているのである。このように，新参者は組織の一員となり，古きものは組織から退くことをとおして，組織成員は時間とともに入れ替わり，組織は継承されることになる。このことは，単に人が入れ替わるということではなく，また組

織は機能するということではなく，組織は固有のアイデンティティを後世に引き継ぐということを示している。

Ⅲ. 組織のコミュニティズ・ベースト・ビュー・モデルと組織の継承と発展

1. 組織に継承されるもの

Lave & Wenger (1991) は，学習は状況に埋め込まれているとみなし，「正統的周辺参加 (legitimate peripheral participation)」の概念を想起した。学習とは，単に知識を獲得するということではなく，知識は社会的実践，すなわち社会的世界であるコミュニティへの参加をとおして行われるという「実践のコミュニティ (a community of practice)」という視点から議論されている。つまり，それは社会的実践であり，学習をとおしてのコミュニティへの参加と一員としてのアイデンティティの構築である。組織の実践のコミュニティを論じる場合，学習を中心として意味，実践，コミュニティ，そしてアイデンティティについて語らなければならず，すなわち社会的コミュニティとしての実践への参加は，新たな学習理論の展開と知識についての地平を切り開くことになるのである。学習プロセスは「正統的周辺参加」という概念から，歴史的形態としての徒弟制とは異なる「状況的学習」における新参者の知識と技能の習得のプロセスとして描かれる (Lave & Wenger, 1991)。この知識と技能の獲得こそが，すなわち学習をとおして組織の中で受け継がれるものとして，また暗黙のうちにその組織の本質を受け継ぎ，引き継ぐ方法として理解される。

ここでの学習は，個人の頭の中ではなく，まさにコミュニティへの参加プロセスに位置づけられ，相互作用としての発話，つまり意味形成は個々の発話者の頭の中から離れて，社会的相互作用の場に位置づけられるということである (Hanks, 1991: p.13, 訳 p.6)。コミュニティへの参加は，理解と経験の絶えざる相互作用のうちにあり，二分法的理解を超越することになる (Lave & Wenger, 1991: p.52, 訳 p.28)。つまり，知識や技能の修得には，実践のコミュニティへの参加が不可欠であり，学習とはこの実践のコミュニティへの参加に他ならず，発話行為を含む言語の使用と関連したコミュニケーションという実

践，すなわち社会文化的な実践への参加プロセスをとおして学習の意味が形成
されるといえる。このことは，Weick（1979）のいうところの意味形成
（sense-making）の展開と位置づけることができる。

　この社会的実践への参加が学習の基本的形態であるとすると，それを支える
社会的世界へと言及を導くことになる。正統的周辺参加は，実践における知性
的技能の熟練のアイデンティティの発達と実践のコミュニティの再生産と変容
に関連する。つまり，実践のコミュニティは自らの未来を生み出す生成的プロ
セスとして，そして，それは活動の場の中に社会的文化的に組織化されること
になる（Lave & Wenger, 1991: p.55, 訳 pp.32-33）。Lave & Wenger（1991）
は，このように学習を社会的コミュニティへの参加というプロセスの中に位置
づけることにより，技能の修得はこの中に包摂されるとした。

　Wenger, McDermott & Snyder（2002）によれば，実践のコミュニティと
は「あるテーマに関する関心や問題，熱意などを共有し，その分野の知識や技
能を，持続的な相互交流を通じて深めていく人々の集団」（p.4, 訳 p.33）であ
り，知識を核とした社会的枠組みであるとされる（p.5, 訳 p.34）。知識は形式
知であると同時に暗黙知でもあり，暗黙知はインフォーマルな学習プロセス，
つまり実践のコミュニティが提供する物語，会話，指導，実習をとおして共有
される（Wenger, McDermott & Snyder, 2002: p.9, 訳 p.40）。つまり，社会的
実践への参加は，人の知るという行為の中にこそ知識が存在し，専門的な技術
を修得するためには同じような状況に直面する人々と交流することが必要であ
ることを示している（Wenger, McDermott & Snyder, 2002: pp.8-9, 訳 p.39）。

　この実践のコミュニティは組織のどこにでも存在するし，そのコンフィギュ
レーションも様々であり，組織においてはフォーマルにもインフォーマルにも
存在することになる。どのようなコンフィギュレーションであるにしろ[2]，例
えば，一つのプロジェクトというフォーマルな共通活動とともに，そこに参加
する異なる専門家による意味の共有化が必要となるプロジェクトチームのよう
に，この社会的世界としてのコミュニティは組織に発生する知識に関わる諸問
題に対処し，参加者に価値の生成と共有を促す。このようなコミュニティに参
加することは，参加者の帰属意識の醸成，専門家としての意識や自覚，アイデ
ンティティの形成を意味しており，形式知と同時に暗黙知の次元をも含んでい

る。これが，組織の継承を説明する有力なモデルとして提起されるのである。

　社会的世界としての実践のコミュニティの概念を組織に適用することにより，従来の組織論で議論されるフォーマル組織とインフォーマル組織といった二分法的議論を超えた新たな組織モデルを提示することになる（青木，2005: p.208）。

　企業はこの実践のコミュニティの重要性を認識しつつあり，既にこの実践コミュニティを，専門的知識を維持するために活用していることが指摘されている（Wenger, McDermott & Snyder, 2002）。つまり，企業は，ますます難しくなる知識に対処するためには，実践コミュニティが必要であり，こうしたコミュニティを理解し育成することが人々を結びつけ，問題を解決し，それによって新たな価値を創造し，ビジネスチャンスを生み出すことを認識する必要があることを意味している。このように，知識を中心として組織を構成することは，まさに学習する組織を作り上げることであり，組織のあらゆるレベルや場面で生成され，維持される実践のコミュニティがその役割を担うことになる。このように組織をコミュニティとしてみることは，まさに「生きたシステム（living systems）」（Senge, 2006: p.267）としてみることであり，生きた経験による「生きられた組織（the organization as lived in practice」（Wenger, 1998: p.241）こそが実践のコミュニティにより構成された組織であり，組織は人間のコミュニティとして考えなければならない。

2．継承される知識と文化，そして「悟り」の実践―社会構成主義の影響―

(1)　知識の継承と創造と実践のコミュニティ

　実践のコミュニティにおいては，どのような形で知識を蓄積するのであれ，ともに学習することに価値を認めているのであり，非公式であろうとも社会的関係の中かで繋がりをもつのである。価値といっても，それは単に仕事に役立つというのではなく，理解し合える同僚と知り合い，興味深い人々の集団に属するという，個人的な満足感にも意義があるといえる。このことは，やがて共通の知識や実践，アプローチを構築するだけでなく，実践のコミュニティに参加する自分たちの取り組むテーマについて独自の見解をもつようになる。また，人間関係を育み，相互交流の確立し，さらに一体感をもつことにより組織

は後世に引き継がれるのである。このプロセスこそが「悟る化」といえるが，このような視点は文化論やそれに先立つ社会構成主義のパラダイムが存在する。

(2)　「悟る化」と社会的に構成される組織および実践コミュニティ

さらに，この「悟る化」による「匠」への育成の場が道場であり，それが組織の実践共同体である。「悟る」とは，『広辞苑』によれば，以下のように説明されている。

① 物事の道理を明らかに知る
② 推しはかって知る。察知する
③ 心の迷いを去って真理を体得する

つまり，物事の道理を知ることであり，万物を理解すること，すなわち真理（truth）を理解することでもある。真理（神と言い換えて方がいいもしれない）が世界のあらゆるものに宿るとするならば，われわれの身の回りのものや技術や行い，さらには自然物にもまた真理は存在することになる。しかしながら，ここでの真理は，モダニズムの求める絶対的な真理ではなく，日本人のもつ世界の在り方という意味での真理であり，人の到達する究極の世界とでもいえるものである。「悟る化」はわれわれが理解しがたかったことが急に目の前に開け理解できるようになること，従来の認識を超えるあたら世界をもたらすものである。

このような「悟る化」は実践コミュニティとしての「道場」という場において実現されるものでありその場の状況やその場の解釈とも関連し，そこで生じる問題や課題，サイン式による認知マップの修正など，社会の根本的諸課題の

図表 13-2　悟る化

主 体　⟷　客 体

世界と心理が構築される

悟る化

問いかけともなり，社会の在り方や組織のありかを根本的に問い直すことになる。知るという行為の中に知識は存在するのであり，人々が日常の世界で活動し，生活するかぎりにおいて，社会組織のシステムは公式的にも非公式的にかかわらずそのすべての中に「悟る化」は存在するのである。これが，まさに「道場」であり「コミュニティ」であり，社会組織なのである。

　このように組織が社会的に構成されるという考え方は，社会構成主義に代表される。社会構成主義とは，端的にいうとわれわれを取り巻く世界は社会的に構成されるものであり，現実として現れるということを意味している。その社会的構成主義は 20 世紀を特徴づけるモダニズムに対して，その挑戦であるポストモダニズムに位置づけられる。その基本的視点は，社会を規定する客観性や社会の深層にある法則性，そして究極的な真理の探究というパラダイムに挑戦することにみることができる。その基本的な考え方は知識社会学を展開したBerger & Luckmann（1966）に遡るとされてるが，その背景にはポストモダニズムとポスト構造主義と深く関わっている。

　社会構成主義の特徴を要約すると，① 世界は社会過程の所産であるのでその世界の在り方は一定ではなく，それらの内部にある「本質」は存在しないという反本質主義，② 知識は実在の直接の知覚であること，つまり客観的事実を否定する反実在論，③ あらゆる知識が歴史的および文化的に影響されるのであれば，社会科学によって生み出された知識も当然含まれるとする知識の歴史的文化的特殊性，④ われわれが生まれ出る世界には人々が使っている概念枠やカテゴリーが既に存在しており，人々の考え方は言語媒介として獲得されるとする思考前提としての言語の重要性，そして ⑤ 世界は人々の話し合いにより構築されるとする社会的行為の一形態としての言語，社会構造というより相互作用と社会的慣行への注目と知識や形態がどのように人々の相互作用の中で生まれるかというプロセスの重視，等を挙げることができる（Burr, 1995: pp.5-8, 訳 pp.8-12）。社会構成主義では，個人よりも人間関係のネットワークが強調され，解釈学をはじめとしてシステム論などの諸領域においても伝統的な科学方法論の絶対的優位性を主張してきた立場に対して異議を唱える（McNamee & Gergen, 1992: p.5, 訳 p.22）。それ故に，社会構成主義は社会科学の研究に対して従来の組織論で提唱してきた機能主義的組織論とは根底から

異なるモデルを提示し，レベル8のシステムである社会組織を説明する有力な
パラダイムといえよう。

⑶　社会コミュニケーションとしてのディスコース

　このような社会構成主義における現実（リアリティ）の形成はどのように形
成されるのであろうか。既に述べたように社会組織においては「言語」の重要
性が指摘されており，社会構成主義ではディスコースとして議論されている。
ディスコースが含む言語，会話，物語は，社会を理解するための不可欠である
とされ，Parker は，ディスコースを「対象を構築する記述の体系」（1992: p.5）
とし，また Burr は「ディスコースとは，何らかの仕方でまとまって，出来事
の特定のヴァージョンを生み出す一群の意味，メタファー，表象，イメージ，
ストーリー，陳述，等々を指している」（1995: p.48, 訳 p.74）と定義づけてい
る。つまり，ディスコースが意味していることは，ある出来事を描写する特定
の方法，つまりある観点から表現する特定の仕方なのである。すべての対象，
出来事，人について異なるディスコースが存在するのであり，それぞれの対象
には，それを語る異なるストーリーやそれを世界（社会）に反映する異なるや
り方が存在するということである。

　社会構成主義を理解するためには必須の概念である言語は，人々が社会的に
構成され，物事を社会的に構成していくという過程は言語に根ざしているとい
う見方を意味しているのであり，われわれは言語通して社会を学び，理解し，
現実として受け入れるということである。

　このように実践コミュニティにおける周到的周辺参加による実践コミュニ
ティにおける学習は，実践コミュニティへ参加するものはまさにそのコミュニ
ティにおいて使用される言語による学習をとおしてこのコミュニティの社会化
および文化よって知識の獲得と継承を実現することになる。このような「場」
こそが「道場」であり，実践のコミュニティとして社会組織は形成され，理解
することができよう。

Ⅳ.「道場」としての組織—「匠」と「悟る化」の事例
—トヨタ自動車九州株式会社—

　この「組織のコミュニティズ・ベースト・ビュー」に基づく「道場」としての組織による継承につての事例として，トヨタ自動車九州株式会社（以下トヨタ九州）の「道場」と「匠」の世界を挙げることができる[2]。トヨタの工場現場での「見える化」は有名であるが，そこで図られている人材育成は，「見える化」の「単なる組織の問題解決能力を高めるための有効な手段であり，仕組みである」（遠藤，2005: p.34）ではなく，一つの経営理念としての「見える化」である。トヨタ九州では，トヨタの技能員育成理念には，「匠」の世界が目指されており，トレーニングセンターの壁には，トヨタの目指す「匠」への人づくりのパネルが掲げられている。その内容は，「心」「技」「体」が一体化するとともに，指導力を持ち合わせたものこそが「匠」となる。「匠」とは，元々は木工職人をさすが，「すぐれた技術をもつ人」つまり熟練の技をもつ人を意味する。この匠への育成こそがトヨタの人材育成であり，「悟る化」と呼べるものである。トヨタにあっては，このような「匠」への人材育成が図られている。「匠」を目指す人づくりは，
　　① 目的と狙いをもった情熱ある人づくり
　　② チームワークで成果を生み出せる人づくり
　　③ 後工程（お客様）をつねに意識する人づくり
　　④ 時代やニーズの変化に強い集団づくり

図表 13-3　トヨタの「匠」と「悟る化」

であり，これを可能にするのが現場という実践のコミュニティである。またその目指す人材像は，「心」「技」「体」と指導力をもった「匠」である。「心」とは，妥協しないものづくりのマインド形成，「技」とは，匠を目指した技能レベルの向上，「体」とは，すべてのベースとなる健全な体づくりである。

　そのために，新人研修における集団行動の訓練や技術トレーニングセンターでの技術研修，現場における OJT など，特に改善として実施されていることは，新入社員のみならず従業員すべてが，トヨタ人としての自覚やものづくりへの姿勢など，トヨタの理念を会社の現場をとおして学習することを意味している。これは，単に技術の修得にとどまらず，トヨタのものづくりの世界を理解するというものを含んでいる。

　このように，トヨタにおける人材育成の訓練の場を，まさに，実践のコミュニティとして理解することができる「道場」としての組織である。トヨタ九州においては，人材の訓練センターのみならず，このような技能コミュニティは各作業現場で日常的に実現されているのであり，トヨタ九州の志向するトヨタ式生産方式は単なる能率を求めたリーン・マネジメントではなく，実践のコミュニティ論で示された学習の過程としての組織参加であるとともに，このことによりトヨタイズムといわれるトヨタの精神やトヨタたらしめている組織が継承されていくのである。

　トヨタの場合，今後，技術継承は国内の問題ではなく，国際的な展開の中で解消されなければならない問題へと展開している。トヨタは国内生産を縮小し，海外生産比率を拡大している。トヨタ式生産システムは，部品供給する系列子会社との関係で成り立っており，自動車製造そのものの技術の継承もさることながら，部品調達のサプライチェーンをいかに海外で構築していくか，そしてそこにトヨタイズムを組み込めるかが大きな課題である。このトヨタイズムといわれるものこそが，受け継がれなければならない暗黙知であり，それがトヨタ，つまり組織の継承を意味することになる。

V．道場としての組織 ―システム９に向けて―

　ここではシステム８としての社会組織を「道場」という実践コミュニティを

組織モデルとして事例を挙げ，その中でシステム9の特定できないシステムへの橋渡しとしての「悟る」すなわち「匠の世界」につて，具体的な事例をとしてトヨタの教育訓練システムと工場のコンフィギュレーションをについて述べてきた。「悟る化」（enlightenment）はコミュニティベースによる単なる技術訓練ではなく，トヨタ自動車という会社のもつ理念や文化を示すものとして組織のコンフィグレーションとして理解することができる。トヨタの場合，今後，技術継承は国内の問題ではなく，国際的な展開の中で解消されなければならない問題へと展開している。トヨタは国内生産を縮小し，海外生産比率を拡大している。トヨタ式生産システムは，部品供給する系列子会社との関係で成り立っており，自動車製造そのものの技術の継承もさることながら，部品調達のサプライチェーンをいかに海外で構築していくか，そしてそこにトヨタイズムを組み込めるかが大きな課題である。このトヨタイズムといわれるものこそが，受け継がれなければならない暗黙知であり，それがトヨタ，つまり組織の継承を意味することになる。

　組織における継承は，継承するべきもの，継承するべきではないものを峻別するともに新たに現れた表現型というべきものをイノベーションとして組織が取りいれていく継続的なプロセスとして組織を理解することを求めている。

　それは，あらかじめ定められたブループリントのようなメタファーではなく，みずからが学び，組織としてのアイデンティティをもち，さらに組織を発展させるというべき概念をもつ自己組織性にみる「自省作用」とか「自己言及作用」をもった組織というべきものがレベル8の社会組織としてのシステムといえる。そこでは，形式知ではなく暗黙知の継承やさらなる暗黙知の創出によるその組織特有の能力や知識，それらの継承と発展という継承された知識と創造された知識による組織モデルが実践のコミュニティというコミュニティベースの論理から発展可能といえよう。

　組織は組織本来がもつ本質（理念や哲学），継承される構成要素と新たに獲得される要素と実践という活動をとおして現れる組織現象のコンフィギュレーションとしてわれわれは認識することになるであろう。

　今後は，組織の継承は一組織内の問題から日本では系列といわれる組織間関係を含む領域へと，さらに現実にはグローバル化の中で論じられる必要があ

る。このような現実の問題を対象としなければならないとき，「組織のコミュニティズ・ベースト・ビュー（Communities Based View of Organization）」モデルがどれだけ有効か，を検討する必要がある。

　レベル9の複雑さを特定できないシステムにつては，今後の研究によりさらに明らかにされることになろうが，物理学では宇宙全体を説明するかもしれない「神の数式」が発見され，超弦理論として知られる「ひも理論」など新たな科学的発見がつづいてる。われわれの社会世界はもちろん物理的世界とも結びついているので，新たな理論の展開によりレベル9のシステムが解明されていくことになろう。問題は，さらに複雑化している。

【注】
1）　このセンテンスは出典元の用語解説の一部を掲載している（出所：(株)日立ソリューションズ All Rights Reserved. Copyright(C)2008, 2010, Hitachi Solutions, Ltd.『百科事典マイペディア』2010年5月編集・制作）
2）　この事例は，2011年3月15日（火）午後1時からトヨタ九州の宮田工場で実施したヒヤリング調査に基づくものであり，経営管理部経営企画室広報Gグループ長である湧川展史氏からのヒヤリングとトレーニングセンターの見学およびセンター指導員へのインタビューからまとめている。この調査は，ここで構想している「組織のコミュニティズ・ベースト・ビュー」が実際の現場において組織現象を説明するための理論的フレームワークとして，製造技術の修得という限られたものではあるが，適用可能性があるかについてのパイロット・スタディとして位置づけられる。

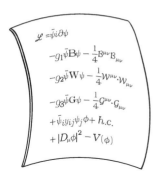

終 章

多様化する組織

コンフィギュレーションとこれからの
組織の展開
―神の数式のメタファー―

Ⅰ．未知のメタファーとしての神の数式

　現在，神の数式といわれる数式によって新たな次元の世界が解明されつつある。果たして，この神の数式がわれわれの住んでいる地球のみならず宇宙全体の次元を説明するのであれば，未知の次元，すなわちシステムが隠れていることになる。神の数式は自然科学により追求されてきた研究成果であり，地球の様々な現象，例えば気象現象や大気の流れのみならず「蝶蝶現象」など因果関係を説明することができるかもしれない。そうなれば，この宇宙という世界のすべてを説明することができるようになるが，その一歩を踏み出したにすぎない。ここでは多様化する未知のシステムとしての組織を「神の数式」メタファーとして議論してみることにする。

Ⅱ．神の数式のメタファー

　神の数式といわれる数式によって新たな次元の世界が発見・解明されつつある。果たして，この神の数式がわれわれの住んでいる地球のみならず宇宙全体の次元を説明するのであれば，まだ隠れている未知の次元のシステムが存在することを明らかにしている。神の数式は自然科学である物理科学であり，地球のみならず宇宙で起こる様々な現象を解明してくれる鍵であるともいえる。例えば，地球の複雑な気象現象や大気の流れのみならず「蝶蝶現象」など因果関係を説明することができるかもしれず，宇宙のブラックホールや宇宙の終焉を

語ってくれるかもしれないし，そうなれば，この宇宙という世界のすべてを説明することができるようになるかもしれない。

　組織という社会現象はまた物質的な世界と変わりなく存在できるものではなく，物質世界は常に社会世界と結びついている。気候の移り変わりや大気汚染，さらには地球温暖化などの自然現象は，これからの世界に大きく影響する現象であり組織の在り方も影響を受けることになる。

　神の数式は以下のように定式化されている（図表終-1）[1]。

　式の説明は難解なので，詳しい説明は物理学におまかせするとして，この神の数式は基本素粒子，電磁気力，弱い核力，強い核力，そしてヒッグス粒子，$+|D_\mu\phi|^2-V(\phi)$ によって成り立っている。この数式においては，標準理論と一般相対性理論を統合した超弦理論を発展したエドワード・ウィッテン（Edward Witten）の M 理論により，この世は 11 次元であるが 10^{500} 個の宇宙が生まれては消えるとされる。このような世界観を認識することは難しいけれども，確かにわれわれの知らないシステムがわれわれの世界に存在することは確かなようである。その次元がどのようにわれわれの社会に影響を及ぼし，組織に関係しているかは分からないが，少なくとも 5 次元の世界（システム）がナノの世界に存在することが解明されつつある。

図表　終-1　神の数式

$$L = \bar{\psi}_i \partial \psi \qquad \text{基本素粒子}$$

$$-g_1 \bar{\psi} B \psi - \frac{1}{4} B^{\mu\nu} B_{\mu\nu} \qquad \text{電磁気力}$$

$$-g_2 \bar{\psi} W \psi - \frac{1}{4} W^{\mu\nu} \cdot W_{\mu\nu} \qquad \text{弱い核力}$$

$$-g_3 \bar{\psi} G \psi - \frac{1}{4} G^{\mu\nu} \cdot G_{\mu\nu} \qquad \text{強い核力}$$

$$+\bar{\psi}_i y_{ij} \psi_j \phi + h.c. \qquad \text{ヒッグス粒子}$$

$$+|D_\mu\phi|^2 - V(\phi)$$

図表　終-2　神の数式の展開のまとめ

理論	成果	不具合	物理学者
不確定性原理 （量子力学の礎）	原子核と電子の挙動を記述 →シュレディンガー方程式	電子の磁極やスピンを説明できない 数式に対称性がない	ハイゼンベルグ／シュレディンガー
ディラック方程式	回転対称性・並進対称性・ローレンツ対称性を満たす美しい式 電子の磁極やスピンを記述可能 反粒子の存在を予言	電磁気力・強い力・弱い力を記述出来ない	ポール・ディラック
ゲージ対称性の導入	ディラック方程式にゲージ対称性を加えて，電磁気力を記述	強い力・弱い力を記述出来ない	オッペンハイマー／ディラック
ヤン・ミルズの理論	それまでの理論に，非可換ゲージ対称性という新しい対称性を加え，新たに強い力弱い力を記述出来る式を提唱	ヤン・ミルズ理論では，強い力を媒介する粒子の質量がゼロになってしまう そのことは，実験での観測結果と異なる	ヤン／ミルズ
自発的対称性の破れ	カイラル対称性の自発的破れにより，真空は粒子と反粒子の異常ペアで満たされていて，それらが，真空を走る粒子の動きを阻害することで物質の重さを与えているとした。→強い力を説明できた	弱い力に関しては説明していない	南部陽一郎
弱い力の解明 →標準理論 （量子力学の集大成）	新しい粒子 w，z ヒッグス粒子を導入し，それにより数式の対称性を保ちつつ，弱い力をも記述することに成功	重力を記述できていない 宇宙開びゃくの瞬間，まだカイラル対称性の自発的破れが出来ていない時期の物質の挙動を説明できていない	ヒッグス／グラショウ／ワインバーグ
相対性理論	光速は不変で，時間の基準であるとする特殊相対性理論と，重力が時間と空間を歪めるとする一般相対性理論（特殊相対論を包含）	素粒子間の力と電磁気力とは独立した数式	アインシュタイン
超弦理論	標準理論と一般相対性理論を統合	この世は 10 次元であるとすることが観測不可能	シュワルツ／グリーン／ポルチンスキー／バファ
M 理論	超弦理論の発展 無数の大宇宙が生まれては消えている	この世は 11 次元であるとすることが観測不可能	エドワード・ウィッテン

（出所）　http://blog.livedoor.jp/a_delp/%E7%A5%9E%E3%81%AE%E6%95%B0%E5%BC%8Frev
01.pdf（2020 年 5 月 23 日）より引用。

Ⅲ．多様化する未知の組織

　神の数式によってナノからさらに未知の世界までの物質やエネルギー現象を
すべて解き明かすことができるかもしれないが，この神の数式が解き明かされ
てもすべてが分かるとは言い切れない。例えば，複雑な生態現象や生命現象，
人間の感情や思考，社会と文化現象，経済現象など因果関係が複雑にからみ合
うわれわれの世界では自然科学の物理学だけでは解明できるとは思われない。
組織は当然物理現象であるが社会現象でもあり，また人間関係という感情や認
知，言語によるコミュニケーションも組織にとって重要な課題でもある。
　組織に関する研究は着実に進んではいるが，研究が深化すればするほど分か
らないことが増大しているように思える。ボールディング（Boulding, K）の
レベル9の複雑さを特定できないシステムついて組織を考えると，レベル1か
らレベル8（図序-1参照）までを含んだ現在われわれが認識しているシステム
次元はほんの3次元レベルと4次元レベルであり，神の数式によるシステムの
次元は10次元とも11次元ともいわれている。その世界はどこに存在するので
あろうか。もちろん，われわれの現実の世界はその多次元システムの世界であ
るが，5次元以降を認知し現実を構築することは難しい。
　このような視点から従来類型化されている組織モデルを考察すると，以下の
ような組織のタイプを考えることができる（Heckscher, 1994）[2]。

1．新しい官僚制
　最も一般的な組織変革の方向であり，官僚制の原理から離れるのではなく組
織をクリーン・アップすることである。この核心的な変革は，「権限の付与」
や「脱官僚制」という名の下で行われ，基本的に組織の各単位の自律性（特に
業務部門）を増すことにある。他のバージョンとしては，ジャスト・イン・タ
イム・システムやTQCなどである。

2．閉鎖的なコミュニティ
　官僚制にかわるタイプは，強くそして統一化された文化をもつ組織である。

共有された価値が規則を必要としないで組織をしっかりとコントロールし，目的の統一化を促進させる。強い文化の概念は新しいものではなく，1920年代には，企業のリーダーはコミュニティとして組織（忠誠心と協働）を意識的に構築した。日本的経営にみられる組織モデルもこのモデルといえる。

3．マーケット・モデル

組織へのマーケット・システムの適用であり，経済学からの組織分析である。内部組織の経済学がこの理論の代表であり，取引コストの問題として知られる。新しい官僚制モデルと異なるところは，組織全体にわたり下位単位の自律性があり，単純な金銭的誘因が使用されることである。最近では，経済学による組織へのアプローチとしてエージェンシーの理論からの議論がある。

4．連邦モデル

第4番目のモデルは，本質的には階層のないシンプルな連邦組織である。官僚制組織と対極に向かう組織といえる。ただ，問題点としてはマーケット・モデルと同様に組織全体にわたる戦略を展開することが困難なことである。行動は，契約ベースではなくネゴシエーションのネットワークにより，独立した単位の相互作用によって起こる。このモデルの構造では，人々が自分の仕事や全体組織との関係を理解するという自省作用をもてないという欠点がある。

5．プロフェッショナル・モデル

プロフェッショナル・モデルは古い制度であり，その特徴は仲間による自己管理を基本として動く組織である。ここでは共通した社会化が求められる。典型的な専門職業には独自の教育システムがあり，核心となる知識のみならず一連の倫理や態度が教育される。このモデルでは官僚的な権限は避けられるが，権威による意思決定は依然として温存されるといえる。例としては，ギルドのような組合や研究機関を挙げることができる。

6．インタラクティブ・モデル

Heckscher（1994: p.24）がインタラクティブ・タイプ（interactive type）と

呼ぶこのモデルはコンセンサスと対話に特徴をもっている。ポスト官僚制として、このモデルには，概念的に① 制度化された対話によるコンセンサス，② 命令によるというより説得による意思決定，③ 信頼に基づく影響力，④ 重要な統合要因である戦略にまつわる相互作用と組織のミッション（使命）の強調，⑤ 戦略に関する情報の共有と個々の仕事と組織全体のミッションとの意識的な連結，⑥ 規則というより原則による行動に関するガイドライン，⑦ メタ意思決定のメカニズムというべき決定のプロセス，⑧ 高度に公式化され専門化されたシステム内の関係，⑨ 影響のシステムを機能させるための信望（相互評価システム），⑩ 開かれた組織（労働の流動性など），⑪ 公平さを得るためのうまい方法（客観的で平等な扱い），⑫ 官僚制と異なる時間の構造化（定期的な年次報告書 VS 仕事の性質に基づく時間の柔軟さ），が含まれている。

　ここでは概念的な特徴がいくつか考えられているが，新しい組織についてより理解するためには具体的な組織モデルを考察することが必要である。その組織モデルとして，新たにハイブリッド型組織（Galbraith, 1993）とレイヤーを考えたハイパーテキスト型組織（Nonaka & Takeuchi, 1995）が提示されている。

7．フロントエンド／バックエンド構造組織

　Galbraith（1993）は，従来の組織のやり方ではこれからの環境適応や競争に，もはや通用しないと指摘している。組織は競争環境の中でどのように自らを変革し，生き残り，勝利を収めるかを考えなければならない。フロントエンド／バックエンド・モデルとは，単一事業の形態と事業部制のプロフィットセンター・モデルを統合した，異なる組織編成原理を必要する複合型ハイブリッド型組織である。

8．ハイパーテキスト型組織—知識創造企業—

　ハイパーテキスト型組織は創造性豊かな個人を助け，知識創造のためのよりよい条件を創り出すことであり，組織的知識創造は，個人によって創り出される知識を組織的に増幅し，組織の知識ネットワークに結晶化するプロセスであると理解されている（Nonaka & Takeuchi, 1995: p.59, 訳 p.88）。知識創造型

組織モデルは，人間の暗黙知と形式知の社会的相互作用を通じて創造され拡大
されるという前提に基づいている。暗黙知とは，個人的な知識で，信念，パー
スペクティブ，価値システムの要素を含んでいるものであり，形式知とは，形
式言語によって表現される知識である。この 2 つの相互補完的関係にある知識
の相互作用という，スパイラル・プロセスが「組織的知識創造」である。暗黙
知は，知識変換のスパイラル・プロセスをとおして組織的に増幅されてより高
い存在レベルで形にされるのである。タスクフォース・モデルを使った新しい
組織モデルとして，アドホクラシー，フラット組織，ネットワーク組織，サテ
ライト型組織，内部市場組織が検討されている。

　これらの組織は，普遍的なモデルとして描かれがちであるが，そのような万
能組織モデルは不可能である。つまり，組織的知識創造の新しい組織構造は，
ビュロクラシーの効率とタスクフォースの柔軟性を統合した「ハイパーテキス
ト型組織」であり，3 つのレイヤーが重なり合った重層的組織として示されて
いる。

　7．と 8．で主張される組織タイプはスピードに対応するための集団やチー
ムを自律単位として，それをサポートするコントロール・システム，信頼と経
営理念という価値共有による文化，情報の共有と適切な考課と報酬制度，新し
い管理者の役割等に見出すことができる。組織に異なる編成原理を同時にもつ
ということ，そして画一的なものはなく，独自の価値を創造可能な組織として
認識することはできる。しかし，従来の組織の理論的レベルを超えた概念を
もってレベル 9 のシステムを説明できるとは思われない。

　したがってさらに，新しい概念によるリゾーム型組織（e.g., 今田，1994; 梶
脇，2017; 下原，2016)，アメーバネットワーク組織を考えることができよう。

9．リゾーム型組織

　新たな視点から今田（1994）は，ポストモダンの議論からリゾーム型組織に
ついて述べている。このリゾームの本質は，既存のネットワーク理論にないそ
れ自体が自らを変えていく論理が含まれているかどうかである。リゾームとい
う概念は，根茎もしくは地下茎と翻訳され，根ではなく蓮根のような地下の木
という意味である（今田，1994: p.200)。リゾームという概念は，ジル・ドゥ

ルーズとフェリックス・ガタリにより提示された概念で，それは地図のような
ものであり多次元的様態を意味している。樹木という秩序観はなく常に別の様
態へと変態するものがリゾームであってハイアラーキー構造をもたず，またセ
ンターもなく諸要素が複雑にもつれあった相互作用をしている混沌系であると
される（今田，1994: p.200）。

　また，下原（2016: p.680）によれば，一般的なツリー（樹木）型のシステム
観を補完する概念としてドゥルーズ／ガタリの"リゾーム（根茎）"型の秩序
形成があり，個別にツリー型で構成されたシステム群の上を自在に横断する
人々の活動そのものがシステム群を変幻自在なネットワークとして編み，結ぶ
と捉え，そのようなシステム間での人間活動をリゾーム的な秩序形成の仕組み
としてモデル化するものである。具体的には，個々のシステム間を媒介する人
間活動の動的特性に応じた情報共有機構を，個々のシステムがその境界を相互
に拡張し，相互利用する相互浸透機構としてモデル化する（下原，2016:
p.680）。

　リゾーム的なシステム観をこれまでのツリー型と対比すると図表終-3のよ
うなツリー型とリゾーム型の構造イメージとして示されている。

　リゾームの対極としての樹木は，下記のように，秩序のあらゆる特徴を備え
ている（下原，2016: pp.680-681）。

①　一本の幹あるいは中心がある

②　規則性と対称性がある：幹を支える対称的な根幹から広がる対称的な枝

図表　終-3　ツリー型およびリゾーム型の構造イメージ

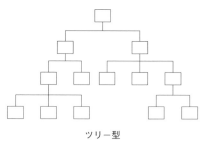

ツリー型

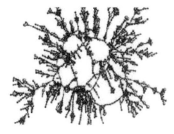

リゾーム型

（出所）　下原（2016: p.681）の図1より引用。

など

③　中心からの距離によって定められた序列がある

④　幹から枝，枝から細かい枝へと繰り返される再帰性・相似性がある

ヒト・モノ・コトが相互依存し，連携・連動して機能する実体としてシステムを捉える関係論的なシステムデザインにおいては，要素と要素間の関係性からなる複雑なシステムを，要素をノード，関係性をリンクとするネットワークとして捉え理解し，デザインする方法論を採ってきた。ネットワーク型のモデル化を利用する点でリゾームとの親和性はあるが，これまでの階層構造と機能分担を秩序化の主たる原理とする，これまでのシステム観を暗黙裡に前提としていたことは否めない（下原，2016: p.681）。

さらに梶脇（2017: p.102）によれば，リゾーム型世界の実現はANT（アクターネットワークセオリー），知の考古学・系譜学，プロセス理論，オートノミズム，ポスト構造的フェミニズム，ポスト・コロニアリズムといった社会科学の分野だけに限定されるものではない。それはさらに自然科学の領域にもみいだすことができるとしている。そして，メタファーとしてリゾーム型世界を「複雑系のスモールワールド」（橘，2015: p.46）と理解できるなら，リゾームの連結性・非等質性の原理，多様体の原理，非意味的切断の原理，地図作成法の原理といった特性はフラクタル構造と相似していると梶脇（2017: p.102）は言及してる。このことから組織研究のフロンティアでは，当然のごとく複雑性の科学を取り込むものも数多くみられる（梶脇，2017: p.102）とされる。

10. アメーバネットワーク組織

この組織は個が核（コア）を中心としてネットワークで繋がっている組織で，個はネットワークへの参加を自律的に決めることができる。また，核をもつメットワークは核の間でもネットワークで結ばれているという組織観である。つまり，核という目的を共有することによりその目的により個々人がそれぞれ自律的に，あるときは協働して自由に結びつき目的に向かって行動するという概念であり，リーダーレスの組織であるといえる。したがって，組織がどのようなコンフィギュレーションをとるかはあらかじめ決められているだけでなく，アメーバのように自在に形態や規模が変化するという組織モデルで

ある。このような組織は，インターネットという仮想空間での繋がりによって
目的を共有することを可能にしているといえる。つまり，特定の目的や問題
が起こったときに特定のネットワークにアクセスしその目的や課題を提示す
ることにより参加者が自主的にそのネットワークに参加して，協働して目的を
達成する行動を起こし問題を解消するというコンフィギュレーションを形成す
る組織観である。そのような組織は，ICT（Information and Communication
Technology）の発展と人々のネットへの参加と共有により現実に出現しつつ
ある。

　9.，10. で提示したリゾームやアメーバネットワークという組織観は，これ
までにない組織概念とコンフィギュレーションをもっており，神の数式にみる
ような新次元の組織コンフィギュレーションの手懸かりとなり，レベル9のシ
ステムを語るための第一歩となるかもしれない。

Ⅳ．最後に ―未知の複雑化を特定できない組織の探求―

　もしこの神の数式がこの宇宙を含む世界を説明することができるというので
あれば，これまでわれわれが認識できなかった未知の多様な組織について理解
する手懸かりを提供してくれるであろう。M理論にあるようにこの世の世界
が11次元であるならば，それらの次元がどのように関係していて世界を創り
上げているかが解明されることによって，これまでの組織の理論では十分に説
明できない現象，例えば「制約された合理性」や「組織構造の変化」などを説
明できるようになるかもしれない。現時点では物理学における神の数式という
ような組織の数式は見出されてはいないが，近い将来組織論においても神の数
式のような組織に関する神の数式が発見されるかもしれない。その時，レベル
9のシステムをもつ組織は物理的世界と社会的世界，そして精神的世界が複雑
に絡み合い，多様化し，重層化し，融合した未知のコンフィグレーションとし
て現れるであろう。

　「神の数式」を組織のメタファーとして考察し，組織の「神の数式」を見出
すことは今後の組織論に最大の課題である。未だに多様化する未知の組織を解
明するには，さらなる研究と知識が必要となるのである。われわれは新たな発

見し，新しい知識を獲得すればするほど，まさに知らないことを知るのである。

【注】

1）「神の数式　第1回　この世は何からできているのか～天才たちの100年の苦闘」（https://va
2577.github.io/post/35/ 2022年2月1日）から引用。

2）　ここでの記述は，高橋（1999）から修正の上一部を引用している。

参考文献一覧

Abegglen, J. C. (1958) *The Japanese Factory: Aspects of its Social Organization*, Glencoe, IL: Free Press. (占部都美監訳『日本の経営』ダイヤモンド社, 1958 年)

Abegglen, J. C. (1973) *Management and Worker: The Japanese Solution*, Tokyo: Kodansha International. (占部都美監訳 森義昭共訳『日本の経営から何を学ぶか—新版日本の経営—』ダイヤモンド社, 1974 年)

Albert, S., & Whetten, D. (1985) Organizational identity. *Research in Organizational Behavior*, 7: pp.263-295.

Allen, L. A. (1958) *Management and Organization* (Management Student edition), NY: McGraw-Hill. (高宮晋監訳『管理と組織』ダイヤモンド社, 1960 年)

Alvesson, M. (2004) Organizational Culture and Discourse. In D. Grant, C. Hardy, C. Oswick & L. Putnam (eds.), *The SAGE Handbook of Organizational Discourse*. SAGE Publications. pp.317-335. (四本雅人訳「組織文化とディスコース」高橋正泰・清宮徹監訳『ハンドブック組織ディスコース研究』同文舘出版, 2012 年, pp.503-532)

Alvesson, M. & Berg, P. O. (1992) *Corporate Culture and Organizational Symbolism*, Walter de Gruyter.

安藤史江 (2001)『組織学習と組織内地図』白桃書房

青木克生 (2005)「第 9 章 実践のコミュニティと組織分析」岩内亮一・高橋正泰・村田潔・青木克生『ポストモダン組織論』同文舘出版

Argyris, C. (1977) Double Loop Learning in Organizations. *Harvard Business Review*, 55 (5), pp.115-125. (有賀裕子訳「ダブル・ループ学習とは何か」『ダイヤモンド・ハーバード・ビジネスレビュー』ダイヤモンド社, 2007 年 4 月 pp.100-113.)

Argyris, C. (1983) Action Science and Intervention, *The Journal of Applied Behavioral Science*, 19-2: pp.115-135.

Argyris, C. & Schön, D. A. (1978) *Organizational learning: A Theory of Action Perspective*, Addison-Wesley Publishing.

Bacharach, S. B., & Lawler E. J. (1980) *Power and Politics in Organizations: The Social Psychology of Conflict, Coalitions, and Bargaining*, CA: Jossey-Bass.

Barley, S. R. (1986) Technology as an occasion for structuring: Evidence from observations of CAT scanners and social order of radiology departments. *Administrative Science Quarterly*, 31: pp.78-108.

Barnard, C. I. (1938) *The Functions of the Executive*. MA: Harvard University Press. (山本安次郎・田杉競・飯野春樹訳『新訳 経営者の役割』ダイヤモンド社, 1968 年)

Benedict, R. (1946) *The Chrysanthemum and the Sword: Patterns of Japanese Culture*. (角田安正訳『菊と刀』光文社, 2008 年)

Benford, R. D. & Hunt, S. A. (1992) Dramaturgy and Social Movements: The Social Construction and Communication of Power. *Sociological Inquiry*, 62-1: pp.36-55.

Berger, P. L., and T. Luckmann (1967) *The social of Reality: A Treatise in the Sociology of Knowledge*. New York: Anchor Books (山口節郎訳『日常世界の構成—アイデンティティと社会の弁証法』新曜社, 1977 年)

Bertalanffy, L. Von (1968) *General System Theory: Foundations, Development, Applications*. NY: George Braziller. (長野敬・太田邦昌訳『一般システム理論』みすず書房, 1973 年)

Black, M. (1962) *Models and Metaphors: Studies in Language and Philosophy*. lthaca: Cornell University Press.

Blau, P. M. (1964) *Exchange and Power in Social life*. NY: John Wiley & Sons. (間場寿一・居安正・塩原勉訳『交換と権力—社会過程の弁証法社会学』新曜社, 1974 年)

Boulding, K. E. (1956) General Systems Theory—The Skeleton of Science. *Management Science*, 2-3: pp.197-208.

Boulding, K. E. (1968) General Systems Theory—The Skeleton of Science. in W. Buckley (ed.), *Modern Systems Research for the Behavioral Scientist*, Chicago:

Brown, A. (1947) *Organization of Industry*. New York, NY: Prentice-Hall Inc. (安部隆一役編『経営組織』日本生産性本部, 1963 年)

Buckley, W. (1967) Sociology and Modern Systems Theory. NJ: Prentice-Hall. (新睦人・中野秀一郎訳『一般社会システム論』誠信書房, 1980 年)

Burns, T. and G. M. Stalker (1961) *The Management of Innovation*. London: Tavistock. pp.119-121.

Burr, V. (1995) *An Introduction to Social Cnstructionism*. London: Routledge. (田中一彦訳『社会的構築主義への招待—言説分析とは何か—』川島書店, 1997 年)

Burrell, G. & Morgan, G. (1979) *Sociological Paradigms and Organizational Analysis*. London: Heinemann Educational Books. (鎌田伸一・金井一頼・野中郁次郎訳『組織理論のパラダイム—機能主義の分析枠組—』千倉書房, 1986 年)

Burrell and Morgan, and Their Legacy (1996) *Organization Science*, 7-2: pp.191-207.

Campbell, D. (1969) Variation and selective retention in socio-cultural evolution. *General Systems*, 14: pp.69-85.

Carroll, G. R. (1990) On the Organizational Ecology of Chester I. Barnard. In O. E. Williamson (ed.), *Organization Theory From Chester Barnard to the Present and Beyond*, pp.56-71. NY: Oxford University Press. (飯野春樹監訳『現代組織論とバーナード』文眞堂, 1997 年)

Cavanagh, G. F., Moberg, D. J., & Velasquez, M. (1981) The Ethics of Organizational Politics. *Academy of Management Review*, 6-3: pp.363-374.

Chandler D. A., Jr. (1962) *Strategy and structure: Chapters in the history of the American industrial enterprise*. Cambridge, MA: The MIT Press. (有賀裕子訳『組織は戦略に従

う』ダイヤモンド社, 2004 年)

Child, J. (1972) Organizational Structure, Environment and Performance: The Role of Strategic Choice. *Sociology*, 6-1: pp.1-22.

中條秀治 (1998)『組織の概念』文眞堂

Clegg, S. R. (1989) *Frameworks of Power*. London: Sage.

Conger, J. A. (1991) Inspiring Others: The Language of Leadership, *Academy of Management Executive*, 5-1: pp.31-45.

Conti, R. F. (2013) Frederick Winslow Taylor. In M. Witzel, and M. Warner (eds.), *The Oxford Handbook of Management Theorists*. Oxford, UK: Oxford University Press.

Cook, S. D. N. & Yanow, D. (1993) Culture and Organizational Learning, *Journal of Management Inquiry*, 2-4: pp.373-390.

Crainer, S. (2000) *The Management Century*. San Francisco, CA: Jossey Bass. (嶋口充輝監訳, 岸本義之・黒岩健一郎訳『マネジメントの世紀―1901〜2000―』東洋経済新報社, 2000 年)

Cyert, R. M. & March, J. G. (1963) *A Behavioral Theory of the Firm*. NJ: Prentice-Hall. (松田武彦・井上恒夫訳『企業の行動理論』ダイヤモンド社, 1967 年)

Czarniawaka, B. (2004) Turning to Discourse. In D. Grant, C. Hardy, C. Oswick & L. Putnam (eds.), *The SAGE Handbook of Organizational Discourse*, pp.399-403. SAGE Publications. (林成光訳「ディスコースへの転回」高橋正泰・清宮徹監訳『ハンドブック組織ディスコース研究』同文舘出版, 2012 年, pp.627-634)

Daft, R. L. & Weick, K. E. (1984) Toward a model of organizations as interpretation systems. *Academy of Management Review*, 9-2: pp.284-295.

Daft, R. L. (2000) *Organization Theory & Design*. South-Western Publishing. (高木晴夫訳『組織の経営学 戦略と意思決定を支える』ダイヤモンド社, 2002 年)

Daft, R, L. (2001) *Essentials of Organization Theory & Design* (2nd ed.), Cincinnati, OH: South-Western College Publishing. (高木晴夫監訳『組織の経営学―戦略と意思決定を支える―』ダイヤモンド社, 2002 年)

Dandridge, T. C., Mitroff, I. & Joyce, W. F. (1980) Organizational Symbolism: A Topic to Expand Organizational Analysis. *Academy of Management Review*, 5-1: pp.77-82.

Deal, T. E., and A. A. Kennedy (1982) *Corporate cultures: The rites and rituals of corporate life*. Reading, MA: Addison-Wesley. (城山三郎訳『シンボリック・マネジャー』新潮社, 1983 年)

Deetz, S. A. (1992) Disciplinary Power in the Modern Corporation. In M. Alvesson & H. Willmott (eds.), *Critical Management Studies*, pp.21-45, London: Sage.

de la Ville, V-I. & Mounoud, E. (2010) A Narrative Approach to Strategy as Practice Strategy Making from Texts and Narratives. In G. Damon, L. Rouleau, D. Seidl & E. Vaara (eds.), *Cambridge Handbook of Strategy as Practice*, pp.183-197, Cambridge University Press.

Dey, K., & Golnaraghi, G. (2017) Organizational Benefits Through Diversity Management:

Theoretecal Perspective on the Business Case. In R. Bendl, I. Bleijenbergh, E. Henttonen, & A. J. Mills (eds.), *The Oxford Handbook of Diversity in Organization* (Paperback ed.), pp.255-277, Oxford University Press.

Douglas, M. (1990) Converging on Autonomy: Anthropology and Institutional Economics. In O. E. Williamson (ed.), *Organization theory from Chester Barnard to the Present and Beyond*, NY: Oxford University Press. (飯野春樹監訳『現代組織論とバーナード』文眞堂, 1997 年)

Downey, H. K. & Slocum, J. W. (1975) Uncertainty: Measures, Research, and Sources of Variation. *Academy of Management Journal*, 18-3: pp.562-578.

Drucker, P. F. (1971) What we can learn from Japanese management. *Harvard Business Review*, 49-2: pp.110-122.

Duncan, R. B. (1972) Characteristics of Organizational Environments and Perceived Environmental uncertainty. *Administrative Science Quarterly*, 17-3: pp.313-327.

Duncan, R. B. (1973) Multiple Decision-making Structures in Adapting to Environmental Uncertainty: The Impact on Organizational Effectiveness. *Human Relations*, 26-3, pp.273-291.

Emerson, R. M. (1962) Power-Dependence Relations. *American Sociological Review*, 27-1: pp.31-41.

Emery, F. E. & Trist, E. L. (1965) The causal texture of organizational environments. *Human Relations*, 18: pp.21-32.

遠田雄志 (2002)「組織の適応理論（Ⅲ）」『経営志林』（法政大学経営学会）39-3: pp.25-40.

遠藤功 (2005)『見える化—強い企業をつくる「見える化」仕組み—』東洋経済新報社

Etzioni, A. (1961) *A Comparative Analysis of Complex Organizations*. NY: The Free Press of Glencoe.（綿貫譲治監訳『組織の社会学的分析』培風館, 1966 年）

Fairhurst, G. T. & Uhl-Bien, M. (2012) Organizational Discourse Analysis (ODA): Examining Leadership as a Relational Process. *The Leadership Quarterly*, 23: pp.1043-1062.

Fiol, C. M. & Lyles, M. A. (1985) Organizational Learning. *Academy of Management Review*, 10-4: pp.803-813.

French, Jr. J. R. P. & Raven, B. (1959) The Bases of Social Power. In D. Cartwright (ed.), *Studies in Social Power*, pp.150-167. MI: The University of Michigan. (千輪浩訳『社会的勢力』誠信書房, 1962 年)

古田成志 (2018)「断続均衡モデルにおける急進的な組織変革プロセスの構築—日産自動車の事例から—」『中京学院大学紀要』25: pp.1-18.

Gabele, E (1981) *Die Einführung von Geschäftsbereichs Organisationen*. J. C. B. Mohr (Paul Siebeck) Tübingen. (高橋宏幸訳『事業部制の研究』有斐閣, 1993 年)

Galbraith, J. D. (1973) *Designing Complex Organizations*, Addison-Wesley. (梅津祐良訳『横断組織の設計』ダイヤモンド社, 1990 年)

Galbraith, J. R. (1993) The Value-Adding Corporation: Matching Structure with Strategy.

In Galbraith, J. R., E. E. Lawler III, and Associates(eds.), *Organizing for the Future: The New Logic for Managing Complex Organizations*, pp.15-42. San Francisco: Jossey-Bass. (柴田高・竹田昌弘・柴田道子・中條尚子訳『21世紀企業の組織デザイン』産能大学出版部, 1996年)

Galbraith, J. R. (2002) *Designing Organizations: An Executive Guide to Strategy, structure, and Process: New and revised ed.*, John Wiley & Sons. (梅津祐良訳『組織設計のマネジメント―競争優位の組織づくり―』生産性出版, 2009年)

Galbraith J. R., & Nathanson, D. A. (1978) *Strategy Implementation: The Role of Structure and Process*. Eagan, MN: West Publishing Co. (岸田民樹訳『経営戦略と組織デザイン』白桃書房, 1989年)

Gälweiler, A. (1971) Grundlagen der Divisionalisierung, *Zeitschrift für Organisation, 1*: pp.55-66

Gantt, H. L. (1919) *Organizing for Work*, New York: Harcourt Brace and Howe.

Gardner, W. L. & Avolio, B. J. (1998) The Charismatic Relationship-A Dramaturgical Perspective, *Academy of Management Review*, 23-1: pp.32-58.

Geertz, C. (1973) *The Interpretation of Cultures: Selected Essays*, New York: Basic Books. (吉田禎吾・柳川啓一・中牧弘允・板橋作美訳『文化の解釈学Ⅰ』岩波現代選書, 1987年)

Giddens, A. (1993) *New Rules of Sociological Method: A Positive Critique of Interpretative Sociology (Second Edition)*, Cambridge: Polity Press (松尾精文・藤井達也・小幡正敏訳『社会学の新しい方法基準―理解社会学の共感的批判―』而立出版, 2000年)

Gilbreth, F. B. (1921) *Motion Study: A Method for Increasing the Efficiency of the Workman*, New York: D. Van Nostrand Company.

Goffman, I. (1959) *The Presentation of Self in Everyday Life*, Doubleday & Company. (石黒毅訳『行為と演技―日常生活における自己呈示』誠信書房, 1974年)

Gouldner, A. W. (1955) *Patterns of Industrial Bureaucracy*, NY: The Free Press of Glencoe. (岡本秀昭・塩原勉訳『産業における官僚制』ダイヤモンド社, 1963年)

Gouldner, A. W. (1959) Organizational Analysis, In R. K. Merton, L. Broom, & L. S. Cottrell, Jr. (eds.), *Sociology Today: Problems and Prospects*, pp. 400-428. NY: Basic Books.

Grant, D, Keenoy, T. & Oswick, C. (1998) Organizational Discourse: Of Diversity, Dichotomy & Multi-disciplinarity. In D. Grant, T. Keenoy & C. Oswick (eds.), *Discourse and Organization*, 1-13. SAGE Publications.

Grant, D., Hardy, C., Oswick, C. & Putnam, L. (eds.) (2004a) *The SAGE Handbook of Organizational Discourse*, SAGE Publications. (高橋正泰・清宮徹監訳『ハンドブック組織ディスコース研究』同文舘出版, 2012年)

Grant, D., Hardy, C., Oswick, C. & Putnam, L. (2004b) Organizational Discourse: Exploring the Field. *The SAGE Handbook of Organizational Discourse*, 1-36. SAGE Publications. (清宮徹訳「組織ディスコース―研究領域の探究」, 高橋正泰・清宮徹監

訳『ハンドブック組織ディスコース研究』同文舘出版, 2012 年)

Greiner, L. E. (1972) Evolution and revolution as organizations grow. *Harvard Business Review*, July-August: pp.37-46.

Greiner, L. E. (1998) Evolution and revolution as organizations grow. *Harvard Business Review*, May-June: pp.55-64.

Groeneveld, S. (2017) Explaining Diversity Management Outcome: What Can Be Learned From Quantitative Survey Research. In R. Bendl, I. Bleijenbergh, E. Henttonen, & A. J. Mills (eds.), *The Oxfordhandbook of Diversity in Organizations* (paperback ed.), pp.282-297. Oxford University Press.

Hall, D. J., & Saias, M. A. (1980) Strategy follows structure! *Strategic management journal*, 1-2: pp.149-163.

Hanks, W. F. (1991) Foreword by William F. Hanks. In Lave, J. & Wenger, E., *Situated Learning: Legitimate Peripheral, Participation*, Cambridge, UK: Cambridge University Press. (佐伯胖訳『状況に埋め込まれた学習—正統的周辺参加—』産業図書, 1993 年)

Hannan, H. M. & Freeman, J. (1977) The population ecology of organizations. *American Journal of Sociology*, 82-5: pp.929-964.

Hardy, C., Lawrence, T. B. & Grant, D. (2005) Discourse and Collaboration: The Role of Conversations and Collective Identity. *Academy of Management Review*, 30-1: pp.58-77.

Hatch, M. J. (1993) The Dynamics of Organizational Culture. *Academy of Management Review*, 18-4: pp.657-693.

Hatch, M. J. (2000) The Cultural Dynamics of Organizing and Change. In N. M. Ashkanasy, C. P. M. Widerom, and M. F. Peterson (eds.), *Handbook of Organizational Culture & Climate*, pp.245-260. Thousand Oaks: Sage Publications.

Hatch, M. J. with Cunliffe, A. L. (2013) *Organization Theory: Modern, Symbolic, and Postmodern Perspectives*, 3rd ed., NY: Oxford University Press. (大月博司・日野健太・山口善昭訳『Hatch 組織論—3 つのパースペクティブ—』同文舘出版, 2017 年)

間宏 (1971)『日本的経営—集団主義の功罪—』日本経済新聞社

間宏 (1978)『日本における労使協調の底流』早稲田大学出版部

間宏 (1989)『日本的経営の系譜』文眞堂

Heckscher, C. (1994) Defining the Post-Bureaucratic Type. In C. Heckscher and A. Donnellon (eds.), *The Post-Bureaucratic Organization: New Perspectives on Organizational Change*, 14-62. Thousand Oaks, CA: Sage.

Hedberg, B. (1981) How Organizations Learn and Unlearn. In P. C., Nystrom & W. H. Starbuck (eds.), *Handbook of Organizational Design, Volume I:*: 3-27. New York: Oxford University Press.

Hickson, D. J., Hinings, C. R., Lee, C. A., Schneck, R. E. & Pennings, J. M. (1971) A Strategic Contingencies' Theory of Intraorganizational Power. *Administrative Science Quarterly*, 16-2: pp.216-229.

Hinings, C. R., Hickson, D. J., Pennings, J. M. & Schneck, R. E. (1974) Structural Conditions of Intraorganizational Power. *Administrative Science Quarterly*, 19-1: pp. 22-44.

Hofstede, G. (1981) *Culture's Consequences*, Beverly Hills, CA: SAGE Publications. (万成博・安藤文四郎監訳『経営文化の国際比較―多国籍企業の中の国民性―』産業能率大学出版部, 1984 年)

House, R. J., P. J. Hanges, M. Javidan, P. W. Dorfman and V. Gupta (2004) *Culture, Leadership, and Organizations: The GLOBE Study of 62 Societies*, Sage Publications

Huber, G. P. (1991) Organizational Learning: The Contributing Processes and the Literatures. *Organization Science*, 2-1: pp.88-115.

飯野春樹 (1978)『バーナード研究―その組織と管理の理論―』文眞堂

今田高俊 (1989)「自己組織性―社会理論の復活―」『法學研究：法律・政治・社会／慶応義塾大学法学研究会』62-4: pp.156-163.

今田高俊 (1994)『混沌の力』講談社

稲垣保弘 (2002)『組織の解釈学』白桃書房

入山章栄 (2017)「エコロジー・ベースの進化理論―生態系の相互作用が企業進化を加速する」『DIAMOND ハーバード・ビジネス・ビュー』42-6: pp.130-141.

石本裕貴 (2003)「経営における管理過程論の諸学説と学史的特質」『浦和論叢』31: pp.1-25.

岩内亮一・高橋正泰・村田潔・青木克生 (2005)『ポストモダン組織論』同文舘出版

Jaques, E. (1951) *The Changing Culture of a Factory*, London: Routledge & Kegan Paul Ltd.

Johnson, G., A. Langley, L. Melin and R. Whittington (2007) *Strategy as Practice: Research Directions and Resources*, New York: Cambridge University Press. (高橋正泰監訳, 宇田川元一・高井俊次・間嶋崇・歌代豊訳『実践としての戦略―新たなパースペクティブの展開―』文眞堂, 2012 年)

梶脇裕二 (2017)「組織研究の脱構築―組織分析諸モデルの意義を探って―」『商学論究』64-2: pp.79-106.

Kast, F. E. & Rosenzweig, J. E. (1985) *Organization and Management: A Systems and Contingency Approach* (Fourth Edition), NY: McGraw-Hill.

加藤勝康・飯野春樹編 (1986)『バーナード―現代社会と組織問題―』文眞堂

Kiechel, W. (2012) The management century. *Harvard Business Review*, 90-11: pp.62-75.

桐田克利 (1986)「社会的相互作用における状況の定義」『ソシオロジ』31-1: pp.1-20.

木全晃 (2000)「意思決定の二局面とその源泉―革新的プロセスを中心に―」『経営学研究論集』12: pp.137-166.

岸田民樹 (2006)『経営組織と環境適応』白桃書房

岸田民樹・田中政光 (2009)『経営学説史』有斐閣アルマ

北野利信 (1977)『経営学説史』有斐閣新書

小暮至 (2004)『現代経営の管理と組織』同文舘出版

小泉英明 (2003)「学習・教育の科学: 高次脳機能イメージングによるアプローチ」『脳と発達』35-2: pp.126-129.

Koontz, H. & O'Donnell, C. (1955) *Principles of management: An analysis of managerial functions*, New York, NY: McGraw-Hill.

Koontz, H. & O'Donnell, C. (1964) *Principles of Management: An Analysis of Managerial Functions* (3rd ed.), McGraw-Hill Inc.（大坪壇訳『経営管理の原則1―経営管理と経営計画―』ダイヤモンド社, 1965年；高宮晋・中原伸之訳『経営管理の原則2―経営組織―』ダイヤモンド社, 1965年；高宮晋・中原伸之訳『経営管理の原則3―経営人事―』ダイヤモンド社, 1966年；大坪壇訳『経営管理の原則4―経営統制―』ダイヤモンド社, 1966年）

桑田耕太郎・田尾雅夫 (2010)『補訂版 組織論』有斐閣アルマ

Lammers & Hickson (1979) Towards a Comparative Sociology of Organizations. In Lammers and Hicksob (eds.), *Organizations alike and Unlike: International and Inter-Institutional Studies in the Sociology of Organizations*, 3-20. London: Routledge Paul.

Lave, J. & Wenger, E. (1991) *Situated Learning: Legitimate Peripheral Participation*, Cambridge University Press.（佐伯胖・福島真人訳『状況に埋め込まれた学習―正統的周辺参加―』産業図書, 1993年）

Lawrence, P. R. & Lorsch, J. W. (1967) *Organization and environment: Managing Differentiation and Integration*. MA: Division of Research, Graduate School of Business Administration, Harvard University.（吉田博訳『組織の状況適応理論』産業能率短期大学出版部, 1977年）

Levitt, B. & March, J. G. (1988) Organizational Learning, *Annual Review of Sociology*, 14: pp.319-340.

Lewin, K. (1951) *Field Theory in Social Science*. New York, NY: Harper & Row.

Lippitt, R., Polansky, N., Redl, F. & Rosen, S. (1953; 1960) The Dynamics of Power, In D. Cartwright & A. Zander (eds.), *Group Dynamics: Research and Theory* (Second Edition), pp.745-765. London: Tavistock Publications.（三隅二不二・佐々木薫訳『グループ・ダイナミックスⅡ（第二版）』誠信書房, 1970年）

Lunenburg, F. C. (2012) Organizational structure: Mintzberg's framework. *International journal of scholarly, academic, intellectual diversity*, 14-1: pp.1-8.

Luthans, F. (1976) *Introduction to Management: A Contingency Approach*. NY: McGraw-Hill.

March, J. G. (1976) The Technology of Foolishness. In J. G. March and J. Olsen (eds.), Ambiguity and Choice in Organizations. Bergen, Norway: Universitetsforlaget.（遠田雄志・アリソン・ユング訳「テクノロジー・オブ・フーリッシュネス」『組織におけるあいまいさと決定』有斐閣選書, 1986年）

March, J. G. & Simon, H. A. (1958) *Organizations*, NY: John Wiley & Sons.（土屋守章訳『オーガニゼーションズ』ダイヤモンド社, 1977年）

March, J. G. & Olsen, J. P. (1976) *Ambiguity and Choice in Organizations*, Bergen:

Universitetsforlaget.

松岡磐木（1969）「第一章古典的管理論」高宮晋編『現代経営学の系譜』日本経営出版会，pp.13-63.

松園伸（2018）「議院書記の活動とイギリス議会政治（1）中世議会から 17 世紀まで」『早稲田大学大学院文学研究科紀要』63: pp.599-606.

McNamee, S. and K. J. Gergen (1992) Introduction. In S. McNamee and K. J. Gergen (eds.), *Therapy as Social Construction,* London: SAGE.（野口裕二・野村直樹訳『ナラティヴ・セラピー——社会構成主義の実践—』金剛出版，1997 年）

Merton, R. K. (1949) *Social Theory and Social Structure: Toward the Codification of Theory and Research,* Free Press.（森東吾・森好夫・金沢実・中島竜太郎訳『社会理論と社会構造』みすず書房，1961 年）

Merton, R. K. (1968) *Social Theory and Social Structure, enlarged ed.* New York, NY: The Free Press.

Miles, R. E. & Snow, C. C. (1978) *Organizational Strategy, Structure, and Process.* NY: McGraw-Hill（土屋守章・内野崇・中野工訳『戦略型経営—戦略選択の実践シナリオ—』ダイヤモンド社，1983 年）

Miner, A. S. (1991) Organizational Evolution and the Social Ecology of Jobs. *American Sociological Review,* 56-6: pp.772-785.

Mintzberg, H. (1983) *Power in and around Organizations,* NJ: Prentice-Hall.

Mintzberg, H. (1984) Power and Organization Life Cycles. *Academy of Management Review,* 9-2: pp.207-224.

Mintzberg, H. (1989) *Mintzberg on Management: Inside our Strange World of Organizations.* New York, NY: Simon and Schuster.（DIAMOND ハーバード・ビジネス・レビュー編集部訳『H. ミンツバーグ経営論』ダイヤモンド社，2007 年）

三戸公（1973）『官僚制』未来社

三戸公（1991）『家の論理 I —日本的経営論の序説—』文眞堂

三戸公（1991）『家の論理 II —日本的経営論の成立—』文眞堂

溝井裕一（2018）『水族館の文化史—ひと・動物・モノがおりなす魔術的世界』勉誠出版

Morgan, G., Frost, P. J. & Pondy, L. R. (1983) Organizational Symbolism. In L. R. Pondy, P. J. Frost, G. Morgan & T. C. Dandridge (eds.), *Organizational Symbolism,* Greenwich: JAI Press Inc., pp.3-35.

Morgan, G. (1986) *Images of Organization,* Beverly Hills, CA: Sage.

Morgan, G. (1989) *Creative organization theory,* CA: Sage.

Morgan, G. (1997) *Images of Organization* (2nd ed.), Thousand Oaks, CA: Sage.

Morgan, G. (2006) *Images of Organization* (Updated Edition of the International Bestseller). Thousand Oaks, CA: Sage Publications.

毛利三彌（2019）「演劇に劇場がなぜ必要なのか」『演劇学論集』68: pp.21-34.

Mumby, D. & Clair, R. (1997) Organizational Discourse. In T. A. Van Dijk (ed.) *Discourse as Structure and Process: Discourse Studies,* 2: 181-205. *A Multidisciplinary Introduction,*

Sage.

村田晴夫（1984）『管理の哲学』文眞堂

永江誠司（2004）『脳と発達の心理学―脳を育み心を育てる―』ブレーン出版

西本直人（2000）「Weick の組織化概念の発展に関する考察」『法政大学大学院紀要』45: pp.117-128.

西尾隆（1987）「セルズニックの「制度」理論」『国際基督教大学学報．Ⅱ-B，社会科学ジャーナル』26-1: pp.39-63.

新田俊三（1990）「社会システム論の現代的意義」新田俊三編『社会システム論』日本評論社

野中郁次郎（1985）『企業進化論』日本経済新聞社

野中郁次郎・加護野忠雄・小松陽一・奥村昭博・坂下昭宣（1978）『組織現象の理論と測定』千倉書房

Nonaka, I., & Takeuchi, H. (1995) *The Knowledge-creating Company: How Japanese companies create the dynamics of innovation*, Oxford university press.（梅本勝博訳『知識創造企業』東洋経済新報社，1996 年）

織田一朗（2017）『時計の科学―人と時間の 5000 年の歴史―』講談社

OECD (2007) *Understanding the Brain: The Birth of a Learning Science,* OECD Publishing..（小泉英明監訳『脳からみた学習―新しい学習科学の誕生』明石書店，2010 年）

Orlikowski, W. J. (1996) Improvising Organizational Transformation over Time: A Situated Change Perspective. *Information Systems Research*, 7-1: pp.63-92.

大坪稔（2001）「日本企業における純粋持株会社形態の採用と株式市場の評価：カンパニー制との比較における純粋持株会社形態の経済的機能」『日本経営学会誌』7: pp.48-58.

大月博司（1999）『組織変革とパラドックス』同文舘出版

大月博司・藤田誠・奥村哲史（2001）『組織のイメージと理論』創成社

大月博司（2006）「第 12 章　情報ネットワーク社会の組織変革」大月博司・高橋正泰編『経営組織（21 世紀経営学シリーズ）第 2 版』学文社

大月博司（2020）「第 5 章　機能主義と組織理論」高橋正泰監修，高橋正泰・大月博司・清宮徹編『組織のメソドロジー』学文社

Ouchi, W. G. (1981) *Theory Z: How American Business can meet the Japanese Challenge.* Reading, MA: Addison-Wesley Public Company, Inc.（徳山二郎監訳『セオリー Z―日本に学び，日本を超える』CBS ソニー出版，1981 年）

小沢和彦（2015）「ラディカルな組織変革研究における一考察―インクリメンタルな組織変革との関連において―」『日本経営学会誌』36: pp.74-85.

Patchen, M. (1974) The Locus and Basis of Influence on Organizational Decisions. *Organizational Behavior and Human Performance*, 11: pp.195-221.

Perrow, C. (1972) *Complex Organizations: A Critical Essay*, IL: Scott, Foresman and Company.（佐藤慶幸監訳『現代組織論批判』早稲田大学出版部，1978 年）

Peters, T., and R, Waterman (1982) *In Search of Excellence: Lessons From America's Best-Run Companies*, New York: Harper & Row.（大前研一訳『エクセレント・カンパ

ニー』栄治出版, 2006 年)

Pfeffer, J. (1981) *Power in Organizations*, MA: Pitman.

Pfeffer, J. (1992) *Managing with Power: Politics and Infiuence in Organizations*, MA: Harvard Business Review Press. (奥村哲史訳『影響力のマネジメント』東洋経済新報社, 2008 年)

Pfeffer, J. & Salancik, G. R. (1978) *The External Control of Organizations: A Resource Dependend Perspective*, NY: Harper & Row.

Phillips, N. & Oswick, C. (2012) Organizational discourse/Domains, debates, and directions. *Academy of Management Annals*, 6-1: pp.435-481.

Plowman, D. A., Baker, L. T., Beck, T. E., Kulkarni, M., Solansky, S. T. & Travis, D. V. (2007) Radical change accidentally: The emergence and amplification of small change. *Academy of Management Journal*, 50-3: pp.515-543.

Podsakoff, P. M. & Schrieshiem, C. A. (1985) Field Studies of French and Raven's Bases of Power: Critique, Reanalysis, and Suggestions for Future Research. *Psychological Bulletin*, 97-3: pp.387-411.

Pondy, L. R., and I. I. Mitroff (1979) Beyond Open System Models of Organization. B. M. Staw (ed.), *Research in Organizational Behavior*, 1: 3-39. Greenwich, CT: JAI Press.

Pugh, D. S., and Hickson, D. J. (2000) *Great Writers on Organizations* (The Second Omnibus Edition), Aldershot, UK: Ashgate. (北野利信訳『現代組織学説の偉人たち―組織パラダイムの生成と発展の軌跡―』有斐閣, 2003 年)

Robbins, S. P. (1994; 2005) *Essentials of Organizational Behavior* (8th ed.), NJ: Pearson Education. (髙木晴夫訳『新版 組織行動のマネジメント』ダイヤモンド社, 2009 年)

Robbins, S. P., & Judge, T. (2018) *Essentials of organizational behavior* (14th ed.), Pearson.

佐伯胖 (1993)「訳者あとがき」『状況に埋め込まれた学習』産業図書

坂下昭宣 (2002)『組織シンボリズム論―論点と方法―』白桃書房

Schein, E. H. (1985) *Organizational Culture and Leadership*, A Dynamic View, San Francisco, CA: Jossey-Bass. (清水紀彦・浜田幸雄訳『組織文化とリーダーシップ』ダイヤモンド社, 1989 年)

Schumpeter, J. A. (1926) *Theorie der wirtschaftlichen Entwicklung*, 2. Aufl. 塩野谷裕一・東畑精一・中山伊知郎訳 (1977)『経済発展の理論（上）企業者利潤・資本・信用・利子および景気の回転に関する一研究』岩波書店（原著の第 2 版の訳本）

Schwandt, T. A. (2007) *The Sage Dictionary of Qualitative Inquiry* (3rd ed.), Sage Publications. (伊藤勇・德川直人・内田健訳『質的研究用語辞典』北大路書房, 2009 年)

Scott, W. G., Mitchell, T. R., & Birnbaum-More, P. H. (1981) Organization Theory: A Structural and Behavioral Analysis (IRWIN SERIES IN MANAGEMENT AND THE BEHAVIORAL SCIENCES) (百田義治訳『組織理論』八千代出版, 1997 年)

Scott, W. R. (1990) Symbols and Organization: From Barnard to the Institutionalists. In O. E. Williamson (ed.), *Organization Theory from Chester Barnard to the Present and Beyond*, pp.38-55. NY: Oxford University Press. (飯野春樹監訳『現代組織論とバー

ナード』文眞堂, 1997 年)

Selznick, P. (1957) *Leadership in Administration: A Sociological Interpretation*, IL: Row, Peterson. (北野利信訳『組織とリーダーシップ』ダイヤモンド社, 1963 年)

Senge, P. M. (1990) *The Fifth Discipline: The Art & Practice of the Learning Organization*, Doubleday Currency. (守部信之訳『最強組織の法則―真時代のチームワークとは何か―』徳間書店, 1995 年)

Senge, P. M. (2006) *The Fifth Discipline: The Art & Practice of the Learning Organization*, Revised & Updated Edition, Doubleday Currency. (枝廣淳子・小田理一郎・中小路佳代子訳『学習する組織―システム思考で未来を創造する―』英治出版, 2011 年)

篠原彰一 (2008)『学習心理学への招待―学習・記憶のしくみを探る [改訂版]』サイエンス社

下原勝憲 (2016)「人間活動が媒介するシステム境界の相互浸透―ツリーをリゾームで編む―」『計測と制御』55-8: pp.680-685.

Simon, H. A. (1945; 1957a) *Administrative Behavior: A Study of Decision-Making Processes in Administrative Organization*. (2nd ed.), NY: The Macmillan Company (松田武彦・高柳暁・二村敏子訳『経営行動―経営組織における意思決定プロセスの研究―』ダイヤモンド社, 1965 年)

Simon, H. A. (1945; 1976) *Administrative Behavior: A Study of Decision-Making Processes in Administrative Organization*. (3rd ed.), NY: The Free Press (松田武彦・高柳暁・二村敏子訳『経営行動―経営組織における意思決定プロセスの研究―』ダイヤモンド社, 1989 年)

Simon, H. A. (1957b) *Models of man: Social and Rational: Mathematical Essays on Rational Human Behavior in a Social Setting*, NY: John Wiley & Sons (宮澤光一監訳『人間行動のモデル』同文舘出版, 1970 年)

Simon, H. A. (1960; 1977) *The New Science of Management Decision*, Revised Edition, NJ: Prentice Hall. (稲葉元吉・倉井武夫訳『意思決定の科学』産業能率大学出版部, 1979 年)

Smircich, L. (1983a) Concept of Culture and Organizational Analysis. *Administrative Science Quarterly*, 28-3: pp.339-358.

Smircich, L. (1983b) Organizations as Shared Meaning. In L. R. Pondy, P. J. Frost, G. Morgan, and T. C. Dandridge (eds.), *Organizational Symbolism (Monographs in Organizational Behavior and Industrial Relations)*, 1: 55-65. Greenwich, CT: JAI Press.

祖父江孝男 (2009)『文化人類学入門　増補改訂版』中公新書

Sombart, W. (1913) *Der Bourgeois, Zur Geistesgeschichte des modernen Wirtschaftsmenschen*. (金森誠也訳『ブルジョワ―近代経済人の精神史―』講談社学術文庫, 2016 年)

総務省 (2017)『平成 29 年版 情報通信白書』日経印刷

橘玲 (2015)『「読まなくてもいい本」の読書案内』筑摩書房

高橋正泰 (1995)「管理者のシンボリックな役割」『商学討究』(小樽商科大学), 45-3: pp.

187-207.

高橋正泰（1998）『組織シンボリズム―メタファーの組織論―』同文舘出版

高橋正泰・山口善昭・磯山優・文智彦（1998）『経営組織論の基礎』中央経済社

高橋正泰（1999）「ポスト官僚制組織の展開」『明治大学社会科学研究所紀要』（明治大学社会科学研究所）38-1: pp.155-166.

高橋正泰（2003）「社会構成主義と組織論」『経営論集』（明治大学）, 50-2: pp.235-249.

高橋正泰（2006）『組織シンボリズム―メタファーの組織論―』〈増補版〉同文舘出版

高橋正泰（2010）「組織のポリフォニー論―新たな組織モデルを求めて―」『経営論集』（明治大学）57-4: pp.99-115.

高橋正泰・大月博司・清宮徹編（2020）『組織のメソドロジー』（高橋正泰監修）学文社

Takahashi, M. and Lennerfors, T. T. (2012) From "Mieruka" to "Satoruka": On a Communities Based View of Organization.（『経営論集』（明治大学）59-3・4: pp.1-9.）

高宮晋（1959）「分権的組織の意義と問題点」『一橋大學研究年報 商學研究』3: pp.89-118.

高宮晋（1961）『経営組織論』ダイヤモンド社

髙瀬武典（2015）「組織進化とエコロジカル・パースペクティヴ」『組織科学』49-2: pp.4-14.

竹中克久（2002）「組織文化論から組織シンボリズムへ―〈シンボルとしての組織〉概念の提唱―」『社会学評論』, 53-2: pp.36-51.

拓海広志（2006）『船と開運のはなし』成山堂書店

Taylor, F. W. (1911) *The Principles of Scientific Management*, New York: Harper & Row.（有賀裕子訳『新訳科学的管理法―マネジメントの原点―』ダイヤモンド社, 2009 年）

寺本直城（2014）「遊戯理論の組織化理論への展開」『経営学研究論集』（明治大学大学院経営学研究科）41: pp.115-134.

寺本義也（1990）『ネットワーク・パワー』NTT 出版

Thamhain, H. J., & Gemmill, G. R. (1974) Influence Styles of Project Managers: Some Project Performance Correlates. *Academy of Management Journal*, 17-2: pp.216-224.

Thompson, J. D. (1967) *Organizations in Action*, New York: McGraw-Hill.（高宮晋監訳『オーガニゼーション・イン・アクション―管理理論の社会科学的基礎―』同文舘出版, 1987 年／大月博司・廣田俊郎訳『行為する組織―組織と管理の理論についての社会科学的基盤―』同文舘出版, 2012 年）

Townely, B. (1994) *Refraining Human Resource Management: Power, Ethics and the Subject at Work*, London: Sage.

Trompenaars, F. and C. Hampden-Turner (1997) *Riding the Waves of Culture* (2nd edition), Nicholas Brealey Publishing Ltd.（須貝栄訳『異文化の波―グローバル社会：多様性の理解―』早川書房, 2001 年）

津田眞澂（1977）『日本的経営の論理』日本経済社

津田眞澂（1981）『現代経営と共同生活体―日本的経営の理論のために―』同文舘出版

Turner, V. (1974) *Dramas, Fields and Metaphors: Symbolic Action in Human Society*, Ithaca: Cornell University Press.（梶原景昭訳『象徴と社会』紀伊國屋書店, 1981 年）

Tushman, M. L. & Romanelli, E. (1985) Organizational evolution: A metamorphosis model of convergence and reorientation. In L. L. Cummings & B. M. Staw (eds.), *Research in Organizational Behavior*, 7: pp.171-222.

Tylor, E. B. (1920) *Primitive Culture: Researches into the Development of Mythology, Philosophy, Religion, Art, and Custom,* London: John Murray（松村一夫監訳，奥山倫明・奥山史亮・長谷千代子・堀雅彦訳『原始文化 上・下』国書刊行会, 2019 年）

上田涼（2020）「イギリスにおける庶民院の優越の歴史的変遷—日本における衆議院の優越との差異—」『憲法研究』52, pp.1-22.

Vygotsky, L. S. (1978) *Mind in Society: The Development of higher Psychological Processes,* Cambridge: Harvard University Press.（柴田義松訳『精神発達の理論』明治図書, 1970 年）

若林直樹（2009）『ネットワーク組織—社会ネットワーク論からの新たな組織像』有斐閣

Weber, M. (1920) *Die Protestantischie Ethik Und Der «Geist» Des Kapitalismus. Gesammelte Aufsätze zur Religionssoziologie, Bd.* 1, SS. pp.17-206.（大塚久雄訳『プロテスタンティズムの倫理と資本主義の精神』岩波文庫, 1989 年）

Weber, M. (1921-1922) Bürokratie (*Grundriß der Sozialökonomik*, III. Abteilung, *Wirtschaft und Gesellschaft*, Verlag von J. C. B. Mohr [Paul Siebeck], Tübingen, Dritter Teil, Kap. Ⅵ, S. 650-678). 阿閉吉男・脇圭平訳（1958）『官僚制』角川書店

Weick, K. E. (1969) T*he social psychology of organizing* (First Ed.), MA: Addison-Wesley.（金児暁嗣訳『組織化の心理学』誠信書房, 1980 年）

Weick, K. E. (1979) *The Social Psychology of Organizations,* Addison-Wesley.（遠田雄志訳『組織化の社会心理学（第 2 版）』文眞堂, 1997 年）

Weick, K. E. (1995) *Sensemaking in Organizations,* Thousand Oaks: Sage,（遠田雄志・西本直人訳『センスメーキング イン オーガニゼーションズ』文眞堂, 2001 年）

Weick, K. E. (1998) Improvisation as a Mindset for Organizational Analysis. *Organizational Science,* 9-5: pp.543-555.

Wenger, E. (1998) *Communities of Practice: Learning, meaning, and Identity,* Cambridge, UK: Cambridge University Press.

Wenger, E., McDermott, R. & Snyder, W. M. (2002) *Cultivating Communities of Practice,* Harvard Business School Press.（野村恭彦監修・野中郁次郎解説・櫻井祐子訳『コミュニティ・オブ・プラクティス—ナレッジ社会の新たな知識形態の実践—』翔泳社, 2002 年）

Wilkins, M. (2008) Chandler and global business history. *The Business History Review,* 82-2: pp.251-266.

Williamson, O. E. (1990) Introduction. In O. E. Williamson (ed.), *Organization theory from Chester Barnard to the present and beyond,* Oxford: Oxford University Press.（飯野春樹監訳『現代組織論とバーナード』文眞堂, 1997 年）

Wiley, N. (1988) The micro-macro problem in social theory. *Sociological Theory,* 6: pp.254-261.

Wren, D. A. (1994) *The Evolution of Management Thought*, New York, NY: John Wiely & Sons.（佐々木恒男監訳『マネジメント思想の進化』文眞堂, 2003 年）

Wrench, J. (2005) Diversity management can be bad for you. *Race & Class*, 46-3: pp.73-84. https: //doi. org/10. 1177/0306396805050019

矢島國雄（1996）「博物館の社会史—イギリスにおける博物館の発達史を中心として—」『明治大学人文科学研究所紀要』39: pp.75-104.

山岡徹（2015）『変革とパラドックスの組織論』中央経済社

山城慶晃（2015）「組織アイデンティティの三つの基準とは何だったのか？」『赤門マネジメント・レビュー』14-2: pp.77-88.

吉見俊哉（1994）「ドラマトゥルギーと社会」庄司興吉・矢澤修次郎編『知とモダニティの社会学』東京大学出版会, pp.7-38.

図師嘉彦（1978）「劇場概論」『演劇学論集』17: pp.22-31.

各章の「読んでもらいたい文献」一覧

序　章　組織のメタファーと組織モデル

A. ギデンズ著，松尾精文・藤井達也・小幡正敏訳（2000）『社会学の新しい方法規準―理解社会学の共感的批判』而立出版

大月博司・藤田誠・奥村哲史（2001）『組織のイメージと理論』創成社

高橋正泰（2006）『組織シンボリズム―メタファーの組織論―』〈増補版〉同文舘出版

第1章　地図としての組織

チャンドラー, A. D., Jr. 著，賀裕子訳（2004）『組織は戦略に従う』ダイヤモンド社

上野恭裕（2011）『戦略本社のマネジメント―多角化戦略と組織構造の再検討―』白桃書房

Bernstein, E., Bunch, J., Canner, N., & Lee, M. (2016) *Beyond the Holacracy HYPE*, Harvard business review, July-August 2016, pp2-13. (「ホラクラシーの光と影」『DIAMONDハーバード・ビジネス・レビュー』2016年12月号, pp.10-28.)

第2章　時計としての組織

F. W. テイラー著，有賀裕子訳（2011）『「新訳」科学的管理法―マネジメントの原点―』ダイヤモンド社

S. クレイナー著，嶋口充輝監訳，岸本義之・黒岩健一郎訳（2000年）『マネジメントの世紀―1901〜2000―』東洋経済新報社

第3章　アクアリウムとしての組織

T・クーン著，中山茂訳（1971）『科学革命の構造』みすず書房

フォン・ベルタランフィ著，長野敬・太田邦昌訳（1973）『一般システム理論』みすず書房

H・E・オルドリッチ著，若林直樹・高瀬武典・岸田民樹・坂野友昭・稲垣京輔訳（2007）『組織進化論』東洋経済新報社

第4章　船としての組織

H・A・サイモン著，稲葉元吉・吉原英樹訳（1999）『システムの科学（第3版）』パーソナルメディア

J・G・マーチ著，土屋守章・遠田雄志訳（1992）『あいまいマネジメント』日刊工業新聞社

C・R・シェンク著，山倉健嗣訳（1998）『戦略決定の本質』文眞堂

第5章　コンピュータとしての組織

J. D. トンプソン著，大月博司・廣田俊郎訳（2012）『行為する組織―組織と管理の理論についての社会科学的基盤―』同文舘出版

J. D. ガルブレイス著，梅津祐良訳（2009）『組織設計のマネジメント―競争優位の組織づくり―』生産性出版

第6章　蝶としての組織

Greiner, L. E. (1998) *Evolution and revolution as organizations grow.* Harvard Business Review, May-June 1998, 3-11.

十川廣國（2020）『変動期を乗り越えるためのマネジメント』東洋館出版社

第7章　電話としての組織

大月博司（1999 年）『組織変革とパラドックス』同文舘出版

H. E. オルドリッチ著，若林直樹・高瀬武典・岸田民樹・坂野友昭・稲垣京輔訳（2007）『組織進化論』東洋経済新報社

第8章　脳としての組織

J. レイヴ＆ E. ウェンガー著，佐伯胖・福島真人訳（1993）『状況に埋め込まれた学習―正統的周辺参加―』産業図書

野中郁次郎＆竹内弘高著，梅本勝博訳（1996）『知識創造企業』東洋経済新報社

P・M・センゲ著，枝廣淳子・小田理一郎・中小路佳代子訳（2011）『学習する組織―システム思考で未来を創造する―』英治出版

第9章　文化としての組織

M. J. ハッチ＆ A. L. カンリフ著，大月博司・日野健太・山口善昭訳（2017）『Hatch 組織論―3 つのパースペクティブ―』同文舘出版

T. ピーターズ・R. ウォーターマン著，大前研一訳（2006）『エクセレント・カンパニー』栄治出版

第10章　劇場としての組織

I. ゴッフマン著，石黒毅訳（1974）『行為と演技―日常生活における自己呈示』誠信書房

D. グラント，C. ハーディー，C. オズウィック＆ L. パットナム著，高橋正泰・清宮徹監訳（2012）『ハンドブック組織ディスコース研究』同文舘出版

高橋正泰（2006）『組織シンボリズム―メタファーの組織論―』〈増補版〉同文舘出版

第11章　ジャズバンドとしての組織

遠田雄志（2001）『ポストモダン経営学』文眞堂

K. E. ワイク＆ K. M. サトクリフ著，杉原大輔ほか高信頼性組織研究会訳（2017）『想定外のマネジメント―高信頼性組織とは何か―』文眞堂

第12章　議会としての組織

N. ルーマン著，長岡克行訳（1986）『権力』勁草書房

J. フェッファー著，奥村哲史訳（2008）『影響力のマネジメント』東洋経済新報社

M. フーコー著，田村俶訳（2020）『監獄の誕生』新潮社

第13章　道場としての組織

V. バー著，田中一彦訳（1997年）『社会的構築主義への招待—言説分析とは何か—』川島書店

J. レイブ＆ E. ウェンガー著，佐伯胖・福島真人訳（1993）『状況に埋め込まれた学習—正統的周辺参加—』産業図書

E. ウェンガー・R. マクダーモット＆ W. M. スナイダー著，野村恭彦監修・野中郁次郎解説・櫻井祐子訳（2002）『コミュニティ・オブ・プラクティス—ナレッジ社会の新たな知識形態の実践—』翔泳社，2002年）

ガーゲン, J. K. 著，東村智子訳（2004）『あなたへの社会構成主義』ナカニシヤ出版

終　章　多様化する組織

今田高俊（1986）『自己組織性—社会理論の復活—』創文社

今田高俊（1994）『混沌の力』講談社

野中郁次郎＆竹内弘高著，梅本勝博訳（1996）『知識創造企業』東洋経済新報社

事項索引

人名索引

編著者・執筆者紹介

高橋　正泰（たかはし　まさやす）：編著者・博士（経営学）

早稲田大学商学部卒業，早稲田大学大学院商学研究科修士課程修了，明治大学大学院経営学研究科博士後期課程単位取得退学，小樽商科大学短期大学部・商学部を経て，現在明治大学経営学部教授
専門分野：経営組織論，組織行動論，経営管理論，経営学
主要業績
『組織と戦略』（共編著）2004 年，文眞堂
『ポストモダン組織論』（共著）2005 年，同文舘出版
『組織シンボリズム―メタファーの組織論―』〈増補版〉2006 年，同文舘出版
『経営学―理論と体系―』〈第 3 版〉（共著）2008 年，同文舘出版
『マネジメント』2012 年，文眞堂，その他著書・論文多数
執筆分担：読者の皆さんへ・序章・第 13 章・終章

木全　晃（きまた　あきら）：編著者・博士（学術）

早稲田大学第一文学部卒業，明治大学大学院経営学研究科博士前期課程修了，東京大学大学院工学系研究科博士後期課程修了，香川大学大学院地域マネジメント研究科，新潟大学経済学部などを経て，現在明治大学研究・知財戦略機構客員研究員，明治大学経営学部・大学院経営学研究科兼任講師
専門分野：経営組織論，経営管理論，環境経営論，経営学
主要業績
『グリーンファクトリー』2004 年，日本経済新聞社
『ヒットの法則』（共著）2007 年，日本経済新聞社
『マネジメント』（共著）2012 年，文眞堂
『原子力発電企業と事業経営』（共著），2016 年，文眞堂
Mechanism of the influence of organizational culture in environmental management. *Annals of Organizational Science*/Soshiki Gakkai, 48 (5)（共著），2016 年
Interactions between organizational culture, capability, and performance in the technological aspect of society: Empirical research into the Japanese service industry. *Technology in Society*/Elsevier, 68（共著），2021 年，その他著書・論文多数
執筆分担：読者の皆さんへ・第 3 章・第 4 章・第 12 章

谷川　智彦（たにかわ　ともひこ）・博士（経営学）

明治大学経営学部卒業，明治大学大学院経営学研究科博士前期課程修了，明治大学大学院経営学研究科博士後期課程修了を経て，現在立命館大学経営学部准教授
専門分野：組織行動論，経営組織論，経営管理論
主要業績
「職場におけるダイバーシティとパフォーマンス―既存研究のレビューと今後の方向性―」（単著）2020 年，『日本労働研究雑誌』（労働政策研究・研修機構）
『ミクロ組織論』（共著）2019 年，学文社
"CEO power and top management team tenure diversity: Implications for firm performance"（共著）2018 年，*Journal of Leadership & Organizational Studies*（Sage Journals）
"Top management team (TMT) tenure diversity and firm performance: Examining the moderating

effect of TMT average age"（共著）2016 年，*International Journal of Organizational Analysis* (Emerald)，その他論文多数

執筆分担：第 2 章・第 7 章

寺本　直城（てらもと　なおき）・博士（経営学）

明治大学経営学部卒業，明治大学大学院経営学研究科博士前期課程修了，マレーシア工科大学大学院 Razak School of Engineering and Advanced Technology 修了，明治大学大学院経営学研究科博士後期課程修了，関東学園大学経済学部専任講師，拓殖大学商学部助教を経て，現在拓殖大学商学部准教授

専門分野：経営組織論，組織文化論

主要業績

『想定外のマネジメント』（共同翻訳）2017 年，文眞堂

『マクロ組織論』（共著）2019 年，学文社，その他論文多数

執筆分担：第 5 章・第 9 章・第 11 章

伊藤　真一（いとう　しんいち）・博士（経営学）

専修大学経営学部卒業，明治大学大学院経営学研究科博士前期課程修了，明治大学大学院経営学研究科博士後期課程修了後，現在関東学園大学専任講師

専門分野：組織行動論，経営組織論，経営管理論

主要業績

「リーダーシップにおけるディスコースと物質性」，『日本情報経営学会誌』，2019 年，39（3），pp.52-65

「経営組織論における言語，実践，物質論的転回─組織研究の新たな方向性を目指して─」，『経営学研究論集』（明治大学）2018 年，48，pp.1-14

「リーダーシップ研究における社会的物質性アプローチの可能性」，『経営学研究論集』（明治大学）2015 年，第 43 号，その他論文多数

執筆分担：第 8 章・第 10 章

中村　暁子（なかむら　ときこ）・修士（経営学）

明治大学経営学部卒業，明治大学大学院経営学研究科博士前期課程修了，SolBridge International School of Business MBA コース修了，東日本国際大学経済経営学部講師を経て，現在北海学園大学専任講師

専門分野：経営組織論，ジェンダー，キャリア

主要業績

『理論とケースで学ぶ　企業倫理入門』（共著）2022 年，白桃書房

「企業組織内における女性従業員の人的ネットワークに関する考察」2017 年，『経営学研究論集』（明治大学），第 45 号

「女性の垂直的キャリア形成に関する先行研究と今後の展開」2020 年，『経営学研究論集』（明治大学），第 52 号，その他論文多数

執筆分担：第 1 章・第 6 章

組織のメタファー

2022 年 3 月 31 日　第 1 版第 1 刷発行　　　　　　　　　　検印省略

編著者	高　橋　正　泰
	木　全　　　晃
発行者	前　野　　　隆
発行所	株式会社 文　眞　堂

東京都新宿区早稲田鶴巻町 533
電　話　03（3202）8480
ＦＡＸ　03（3203）2638
http://www.bunshin-do.co.jp/
〒162-0041 振替00120-2-96437

製作・モリモト印刷
©2022
定価はカバー裏に表示してあります
ISBN978-4-8309-5168-8 C3034